ITプロフェッショナル向け

Windows トラブル解決
コマンド&テクニック集

山内 和朗(山市 良) 著

日経BP社

はじめに

"まず「クリーンブート」を試してみてください"、トラブルシューティングのやり取りでよく聞く言葉です。しかし、筆者はトラブルシューティングのためにクリーンブートを実行したことがありません。なぜなら、おそらく直面しているトラブルには関係ないし、役に立たないと思っているからです。"PCの初期化を試してみてください"、そんな最終手段のようなトラブル解決方法を安易に勧めないでください。その前にできることがまだまだあるはずです。

では、トラブルを解決するために何ができるでしょうか。筆者はこれまで個人ブログやIT系メディアで、トラブル解決のヒントになる多くの記事を公開してきました。本書は、主に筆者の個人ブログと@ITの連載記事を再編集し、Windowsコンピューターで遭遇することがあるさまざまなトラブルを、主にWindowsが標準で備えるツールを使用して解決するテクニック集として1冊にまとめたものです。

本書は、Windowsのすべてのツールやコマンドを網羅するものではありません。筆者が日頃、トラブルシューティングのために実際に利用しているコマンドラインやステップを具体的に説明するものです。また、本書では、GUIの制限される、またはGUIがないServer CoreインストールやNano Server、Windows回復環境(WinRE)のコマンドプロンプト、GUIを利用できないPowerShell Remotingなどのリモート接続環境を想定して、コマンドプロンプトやWindows PowerShellでの操作を多く扱っています。難解な部分もあるかもしれませんが、魔法の呪文だと信じて試すだけでも、やってみる価値はあるでしょう。使い方を誤ると、システムを破壊してしまう可能性がある危険な操作については、その都度、警告しますので、やってみるか否かは読者の判断にお任せします。

本書のコンセプト

本書は、トラブルが発生しているコンピューターにおいて、その場で利用可能なツールやコマンドを使用して解決を試みることを基本にしています。第1章で説明するインストールメディアやWindows回復環境(WinRE)のブータブル(起動可能)メディア、およびWindows Sysinternalsツールは、トラブルが発生しているコンピューターに持ち込むことができる環境やツールです。しかし、それ以外に既存のコンピューターのローカルシステム環境に新たに追加インストールするようなことは求めません。

例えば、Windows 7には標準でWindows PowerShell 2.0が搭載されていますが、最新のWindows PowerShell 5.1やクロスプラットフォームでオープンソースのPowerShell Core 6をインストールすることが可能です。しかし、トラブルが発生しているWindows 7はWindows PowerShell 2.0のままかもしれません。そこで本書では、Windows PowerShell 2.0のままでも利用できる操作についても言及します。

本書の対象読者

　本書は、Windowsやコンピューターの初心者を対象としたものではありません。Windowsの使用歴が長く、自分のコンピューターのシステムの状況を理解し、コマンドライン操作も苦にならないパワーユーザー、友人や知人のWindowsコンピューターの問題解決を頼まれるような、第三者から見てWindowsに詳しいと思われている人、自社や顧客先のWindowsコンピューター（クライアントやサーバー）を扱うITプロフェッショナルの方々を想定しています。

　本書では、多数のコマンドラインを紹介しますが、その意味を詳細に説明していない場合もあります。詳しくは、コマンドのヘルプ（コマンドの**/?**オプションや**Get-Help**コマンドレット）を参照するか、オンラインの公式ドキュメントを見つけて確認してください。

本書の対象OS

　本書は、2018年7月時点でマイクロソフトの製品ライフサイクルのサポート対象となっている以下のWindowsバージョンを対象としています。なお、Windows 10およびWindows ServerのSemi-Annual Channel（SAC：半期チャネル）は、原則としてリリース後18か月でサポートが終了することに注意してください。また、開発中の製品のプレビュー版であるWindows 10およびWindows ServerのInsider Previewビルドは本書の対象外です。

- Windows 7 Service Pack（SP）1
- Windows 8.1
- Windows 10（SAC/LTSC）
- Windows Server 2008 SP2/2008 R2 SP1（GUIおよびServer Core）
- Windows Server 2012/2012 R2（GUIおよびServer Core）
- Windows Server 2016（GUIおよびServer Core）
- Windows Server, version 1709/1803（Server Core）（SAC）

Windowsライフサイクルのファクトシート
https://support.microsoft.com/ja-jp/help/13853/windows-lifecycle-fact-sheet

Windows PowerShellのバージョン

　本書では、Windows PowerShellのシェル環境でのさまざまなコマンドライン操作を紹介しています。Windowsには出荷時に、そのときの最新バージョンが搭載されていますが、Windows 7 SP1以降であれば最新バージョンに更新することもできます。本書は、Windows PowerShell 2.0以降が利用可能であることを前提としています。

　以下に、Windowsの各バージョンに標準搭載されているWindows PowerShellのバージョンを示します。インストールされているバージョンを調べるには、Windows PowerShellのシェル環境で**$PSVersionTable**と入力し、PSVersionの値を確認します（または、**$PSVersionTable.PSVersion**と入力します）。

表0-1　Windowsの各バージョンに標準搭載されているWindows PowerShellのバージョン

Windowsのバージョン	標準のPSVersion
Windows Vista SP2、Windows Server 2008	1.0
Windows 7、Windows Server 2008 R2	2.0
Windows 8、Windows Server 2012	3.0
Windows 8.1、Windows Server 2012 R2	4.0
Windows 10バージョン1507（ビルド10240）、バージョン1511	5.0
Windows 10バージョン1607以降、Windows Server 2016以降	5.1

　Windowsネイティブバージョンの最新バージョンは、Windows 10バージョン1607およびWindows Server 2016のWindows PowerShell 5.1です。Windows 7 SP1/8.1、Windows Server 2008 R2 SP1/2012/2012 R2には、以下のコンポーネント（および前提となる.NET Framework 4.5以降）をインストールすることで、最新バージョンにアップグレードできます。

Windows Management Framework 5.1
https://www.microsoft.com/en-us/download/details.aspx?id=54616

　なお、マイクロソフトは、Windowsだけでなく、LinuxやmacOSにも対応したクロスプラットフォームのオープンソース版PowerShell Core 6を提供していますが、PowerShell Core 6はネイティブなWindows PowerShell（バージョン5.1まで）のすべての機能を利用できるわけではないため、本書ではPowerShell Core 6の使用を想定していません。

本書で扱わないもの

　本書は、主にWindowsが搭載しているコンポーネントのソフトウェア的な問題から生じるトラブルの解決について説明しています。特定のソフトウェアとの組み合わせやハードウェアの異常に起因するトラブルについては想定していません。ただし、特定のソフトウェアとの組み合わせで発生するWindowsの更新プログラムの問題や、故障しそうなハードディスクからのシステムやデータの救出など、汎用的に役立つものは取り上げています。

本書の表記規則

■ Windows 10

　本書の執筆時点では、Windows 10の半期チャネル（Semi-Annual Channel：SAC）では、6つのバージョンがリリースされています。各リリースにはいくつかの表記方法がありますが、本書では次のように表記します。

表0-2 Windows 10の半期チャネル（SAC）リリースの本書での表記

通称	バージョン、OSビルド	本書での表記
Windows 10初期リリース（Threshold 1、TH1）	バージョン1507（便宜的な呼称）、ビルド10240.x	Windows 10初期リリース
Windows 10 November Update（Threshold 2、TH2）	バージョン1511、ビルド10586.x	Windows 10バージョン1511
Windows 10 Anniversary Update（Redstone 1、RS1）	バージョン1607、ビルド14393.x	Windows 10バージョン1607
Windows 10 Creators Update（Redstone 2、RS2）	バージョン1709、ビルド15063.x	Windows 10バージョン1703
Windows 10 Fall Creators Update（Redstone 3、RS3）	バージョン1709、ビルド16299.x	Windows 10バージョン1709
Windows 10 April 2018 Update（Redstone 4、RS4）	バージョン1803、ビルド17134.x	Windows 10バージョン1803

■ 対象バージョン

ツールやコマンドを利用可能なWindowsバージョンを次の3つのアイコンで示しています。それぞれ、WindowsクライアントとWindows Serverの特定のバージョンに対応しています。開発中のビルドであるInsider Previewビルドは、本書の対象外です。

- [W7] ･･･ Windows 7およびWindows Server 2008/2008 R2
- [W8] ･･･ Windows 8.1およびWindows Server 2012/2012 R2
- [W10] ･･･ Windows 10、Windows Server 2016、およびWindows Server Semi-Annual Channel（SAC）

なお、標準で利用可能な場合は黒のアイコン[W7]、環境によっては利用できない可能性がある（コンポーネントのアップグレードが必要など）場合はグレーのアイコン[W7]で示します。

■ コマンドプロンプトとPowerShell

本書では、コマンドプロンプト（Cmd.exe）でのコマンドライン操作を次のように記載します。＞プロンプトに続くコマンドラインを実行するという意味です。コマンドラインは改行記号（⏎）までが1行です。紙面の都合上、コマンドラインが複数行にわたる場合は改行記号で行の終わりを判断してください。

カレントディレクトリに特に意味がない場合は、C:\（Windows回復環境（WinRE）の場合はX:\）をカレントディレクトリとしています。カレントディレクトリが重要な場合は、C:\Windows\System32>のように実際のプロンプトに合わせます。また、状況に応じて異なる内容については、＜山かっこ＞のように記載します。コマンドラインの大文字と小文字の区別は、特に明記しない限りありません。例えば、以下のRENはrenと入力してかまいません。

```
C:\> REN %Windir%\SoftwareDistribution ＜変更後のディレクトリ名＞⏎
```

Windows PowerShell（PowerShell.exe）シェル環境でのコマンドライン操作については、次のようにPS C:\>プロンプトから記載します。コマンドプロンプトと同様に、カレント

ディレクトリに意味がない場合は、C:¥をカレントディレクトリとします。コマンドラインの終端は改行記号（⏎）までになります。

```
PS C:¥> Get-Help <コマンドレット名> ⏎
```

コマンドプロンプトの操作は、PowerShellのシェル環境でも実行可能ですが、まったく同じコマンドラインでは失敗することもあります。その理由の1つについては、次の「コマンドライン操作の注意点」で説明します。

■ 入力するキー

キーボードの特定のキー操作を表す際に、[キートップ文字] キーのように記述します。また、複数のキーをプラス（+）記号でつなげた場合は、それらのキーを同時に押す（すべてのキーが同時に押された状態が一瞬できる）ことを示しています。例えば、Ctrl + Alt + Del キーのように表現します。

コマンドライン操作の注意点

本書で紹介するコマンドラインの多くは、管理者権限を必要とします。Windows Vistaから搭載されたユーザーアカウント制御（UAC）の影響により、Windowsでは管理者アカウントでログオン（サインイン）しても、通常の操作は特権が無効化された状態で行われます。そのため、コマンドプロンプトやPowerShellのウィンドウを開く際には、明示的に管理者として実行して開いて作業するようにしてください。なお、Administratorとしてログオンした Windows Serverや、Windows回復環境のコマンドプロンプトでは、明示的に管理者としてコマンドプロンプトやWindows PowerShellを開く必要はありません。

図0-1　コマンドプロンプトやWindows PowerShellのウィンドウを明示的に管理者として開く

コマンドプロンプトで実行するコマンドラインは、Windows PowerShellで実行することもできます。ただし、Windows PowerShellで特別な意味を持つ記号（例：|）などについては、エスケープ処理（例：`|`）しないとエラーになります。また、コマンドプロンプトでは環境変数を%<**変数名**>%で取得できますが（例：%Windir%、%UserProfile%、%ProgramData%）、Windows PowerShellでは使えません。代わりに、**$env:<変数名>**（例：$env:WinDir、$env:UserProfile、$env:ProgramData）を使用します。

図0-2　PowerShellでの|の扱いと環境変数の違いに注意

Windows PowerShellのエイリアスとして登録されているコマンドにも注意してください。例えば、Windows PowerShellで**dir**と入力しても、コマンドプロンプトの**dir**コマンドは実行されません。なぜなら、Windows PowerShellの**dir**は**Get-ChildItem**コマンドレットのエイリアスだからです。**cmd /c "dir"**と実行すると、明示的にコマンドプロンプトの**dir**コマンドを実行できます。

本書では、Webサイトに掲載されているコマンドラインやスクリプトを紹介する場合があります。しかし、コピーしたコマンドラインに日本語環境では正しく動作しない文字列が含まれている場合があります。特に、ハイフン（-）やクォーテーションマーク（'）に注意してください。一部の記号は英語環境では許容されても、日本語環境では許容されません。

図0-3　Webからコピーしたコマンドラインは、そのままでは正しく実行できない場合がある（この例では-を書き換える必要がある）

サンプルスクリプトのダウンロード

本書の「第7章　便利なスクリプト」で紹介しているスクリプトは、以下のURLからダウンロードできます（samplescripts.zip）。本書の読者は、後述する免責事項に従う限り、サンプルスクリプトのコードの変更を含めて自由に利用できます。

http://ec.nikkeibp.co.jp/nsp/dl/05381/index.shtml

本書に掲載されているURLについて

本書に掲載されているWebサイトの情報は、本書の編集時点で確認済みのものです。Webサイトの内容やURLの変更は頻繁に行われるため、本書の発効後に内容の変更、追加、削除、URLの移動や閉鎖などが行われる場合があります。あらかじめご了承ください。

免責事項

本書の内容に従って操作した結果生じたいかなる損害についても、筆者ならびに出版社は一切責任を負いません。また、記載されている情報は制作時点のものであり、本書の発行後に変更されることがあります。あらかじめご了承ください。

謝辞

本書の書籍化に尽力していただいた日経BP社と@ITの編集担当者様、および連載記事の本書への転載を許可していただいたアイティメディア株式会社に感謝します。

2018年8月31日
山内 和朗（山市 良）

目次

はじめに ...... (3)

第1章 トラブルシューティングを始める前に 1

1.1 インストールメディアと修復ディスク/回復ドライブの準備 1
- 1.1.1 Windowsのインストールメディア (ISO、DVD、USB) 2
- 1.1.2 システム修復ディスク (CD/DVD) と回復ドライブ (USB) 4
- 1.1.3 Install.wimの準備 7

1.2 便利なショートカット 8
- 1.2.1 GUI管理ツールの開始 8
- 1.2.2 キーボードショートカット 10

1.3 便利なコマンドライン 12
- 1.3.1 Webからのダウンロード 13
- 1.3.2 ISOイメージのローカルマウント 14
- 1.3.3 イメージファイルの操作 15
- 1.3.4 tail -fコマンド風のログ参照 18
- 1.3.5 ファイルのバージョン情報の取得 19
- 1.3.6 Windows Updateの開始 20
- 1.3.7 ログオンセッションの確認、ログオフ、シャットダウン、再起動 22

1.4 お勧めのサイトとツール 25
- 1.4.1 マイクロソフトランゲージポータル 25
- 1.4.2 Windows Sysinternals 27

第2章 ターゲットのシステムを知る 29

2.1 システム情報の取得 29
- 2.1.1 Windowsのバージョン情報 29
- 2.1.2 GUI版システム情報 (Msinfo32) 31
- 2.1.3 コマンドライン版システム情報 (Systeminfo) 31
- 2.1.4 Get-ComputerInfo 32
- 2.1.5 WMIC 34
- 2.1.6 レジストリからシステム情報を取得する 35

2.2 SKU番号による識別 38

- 2.3 インストール済みの更新プログラム ……………………………………… 41
  - 2.3.1 Windowsの更新プログラム ………………………………………… 41
  - 2.3.2 Windows Defenderのエンジンおよび定義ファイル …………………… 43
  - 2.3.3 クイック実行（C2R）版Officeアプリの更新状況 ……………………… 43
- 2.4 イベントログの参照 ……………………………………………………… 45
  - 2.4.1 WMIC NTEVENT ……………………………………………………… 45
  - 2.4.2 Get-EventLog（非推奨）……………………………………………… 45
  - 2.4.3 WEVTUTIL …………………………………………………………… 46
  - 2.4.4 Get-WinEvent ………………………………………………………… 47
- 2.5 信頼性モニター …………………………………………………………… 49

第3章 システム設定の変更　51

- 3.1 コンピューター名の変更 ………………………………………………… 51
- 3.2 タイムゾーンとシステムロケールの変更 ……………………………… 52
  - 3.2.1 タイムゾーンの変更 ………………………………………………… 52
  - 3.2.2 表示言語とシステムロケールの変更 ……………………………… 52
- 3.3 ユーザーの作成 …………………………………………………………… 54
  - 3.3.1 ローカルユーザー（一般ユーザー）の作成 ………………………… 54
  - 3.3.2 ローカル管理者の作成 ……………………………………………… 55
  - 3.3.3 ローカルユーザーの削除 …………………………………………… 55
- 3.4 ネットワークの設定変更 ………………………………………………… 56
  - 3.4.1 IPv4アドレスの確認と変更 ………………………………………… 56
  - 3.4.2 ポートのリスン状況と名前解決 …………………………………… 57
  - 3.4.3 ネットワークの場所（プロファイル）の変更 ……………………… 58
  - 3.4.4 Windowsファイアウォールの一時的な無効化 …………………… 59
  - 3.4.5 Windowsファイアウォールのルールの許可/ブロック …………… 60
- 3.5 リモートデスクトップサービスの設定変更 …………………………… 62
- 3.6 リモート管理の有効化 …………………………………………………… 63
  - 3.6.1 WinRMの有効化と使用 …………………………………………… 63
  - 3.6.2 PowerShell Remotingの有効化と使用 …………………………… 65
  - 3.6.3 TrustedHostsの設定（ワークグループ環境の場合）……………… 66
- 3.7 サービスとタスクの操作 ………………………………………………… 67
  - 3.7.1 サービスの停止、開始、再起動 …………………………………… 67
  - 3.7.2 サービスのスタートアップの変更 ………………………………… 68
  - 3.7.3 タスクの無効化/有効化 …………………………………………… 70
- 3.8 システムファイルの操作 ………………………………………………… 71
  - 3.8.1 管理用テンプレートの削除 ………………………………………… 71

            3.8.2　管理用テンプレートの上書き ……………………………………………… 74
    3.9　プロセスの操作 …………………………………………………………………… 75
            3.9.1　プロセスの一覧を表示する ………………………………………………… 76
            3.9.2　特定のプロセスを強制終了する …………………………………………… 77
    3.10　プリンターの操作 ………………………………………………………………… 78
            3.10.1　ネットワークプリンターの接続 …………………………………………… 79
            3.10.2　ネットワークプリンターの削除 …………………………………………… 79
            3.10.3　ローカルプリンターの削除 ………………………………………………… 80
            3.10.4　プリンタードライバーの削除 ……………………………………………… 81
            3.10.5　既定のプリンターの設定 …………………………………………………… 81
    3.11　クリーンブートを試してみる ……………………………………………………… 82

第4章　Windows回復環境（WinRE） …………………………………………… 85

    4.1　WinREの概要と機能 ……………………………………………………………… 85
            4.1.1　WinREの場所 ………………………………………………………………… 85
            4.1.2　WinPEのバージョンと注意点 ……………………………………………… 86
    4.2　トラブル発生時のWinREの開始 ………………………………………………… 90
            4.2.1　自動回復によるWinRE開始 ………………………………………………… 90
            4.2.2　F8キーによるWinREの開始（Windows 7） ……………………………… 92
            4.2.3　外部メディアからのWinREの開始 ………………………………………… 93
            4.2.4　インストールメディアからのコマンドプロンプトの起動 ………………… 94
    4.3　利用可能な回復機能 ……………………………………………………………… 95
            4.3.1　WinREの詳細オプション …………………………………………………… 95
            4.3.2　コマンドプロンプトで利用可能な主なコマンド …………………………… 98
            4.3.3　Windows Defenderオフライン ……………………………………………… 99
    4.4　コマンドプロンプトでのオフラインメンテナンス ……………………………… 102
            4.4.1　重要データの救出 …………………………………………………………… 102
            4.4.2　オフラインのイベントログの参照 ………………………………………… 103
            4.4.3　オフラインのレジストリの編集 …………………………………………… 104
            4.4.4　オフラインのWindowsから更新プログラムをアンインストール ……… 105
            4.4.5　ブート構成ストアの編集 …………………………………………………… 106

第5章 Windows Update のトラブルシューティング 109

5.1 一般的なトラブルシューティング 109
- 5.1.1 更新プログラムの既知の問題を確認する 109
- 5.1.2 インターネットで情報を収集する 110
- 5.1.3 トラブルシューティングの公式なベストプラクティス 111
- 5.1.4 Windows Update のログを確認する 112

5.2 失敗する Windows Update の解決 113
- 5.2.1 SoftwareDistribution のクリーンアップ 113
- 5.2.2 コンポーネントストアの破損の回復 114
- 5.2.3 Microsoft Update カタログからダウンロードしてインストール 115
- 5.2.4 オフラインでの更新プログラムのインストール 116
- 5.2.5 利用可能なはずの累積更新プログラムが検出されない問題 116

5.3 問題のある更新のアンインストールとブロック 120
- 5.3.1 問題のある更新のアンインストール 120
- 5.3.2 問題のある更新のブロック 121

5.4 セーフモードでの更新のインストール/アンインストール 127
- 5.4.1 Windows インストーラー (.msi) のインストールとアンインストール 128
- 5.4.2 Windows Update スタンドアロンインストーラー (.msu) のインストール 129
- 5.4.3 Windows Update を利用可能にするには 130

5.5 Windows インストールのリフレッシュによる問題解決 133
- 5.5.1 Windows 8.1/10 標準の PC のリフレッシュ機能 134
- 5.5.2 同一バージョン/エディションへのアップグレード 137

第6章 ディスクイメージのバックアップと回復 139

6.1 Windows 標準のバックアップと復元機能 139
- 6.1.1 システムの保護の有効化 140
- 6.1.2 システムイメージの作成 141

6.2 バックアップ (システムイメージ) の操作 142
- 6.2.1 WBADMIN コマンドによるボリュームの復元 143
- 6.2.2 バックアップイメージのローカルマウント 143

6.3 DISM コマンドによるバックアップと復元の代替策 144

6.4 ディスク領域不足への対処 145
- 6.4.1 ディスククリーンアップの実行 145
- 6.4.2 コンポーネントストアの縮小 147
- 6.4.3 その他の方法 148

第7章 便利なスクリプト —— 149

- **7.1** サンプルスクリプトの実行方法 —— 149
- **7.2** CUI版イベントビューアー —— 150
- **7.3** Windows Updateスクリプト —— 158
  - 7.3.1 更新プログラムの検索とインストール —— 158
  - 7.3.2 更新の履歴 —— 164
- **7.4** WindowsクライアントのOSバージョンの識別 —— 166
- **7.5** C2R版Office 2016のバージョン確認および更新スクリプト —— 169
- **7.6** インストールされている.NET Frameworkバージョンの確認 —— 171

第8章 トラブルシューティング事例 —— 175

- **8.1** Windows 8ノート、障害ディスクの交換日記 —— 175
  - 2013年5月2日 夕方 —— トラブル発生 —— 175
  - 2013年5月3日 早朝 —— 内蔵ハードディスクが要交換と判明 —— 177
  - 2013年5月3日 午前 —— 出張修理の手配 —— 178
  - 2013年5月3日 午後 —— バックアップと復元の代わりの模索 —— 178
  - 2013年5月8日 10:00 —— 交換用のディスクが到着 —— 180
  - 2013年5月8日 10:20 —— メーカー手配の出張修理の来訪 —— 180
  - 2013年5月8日 11:10 —— WIMイメージからのベアメタル回復を開始 —— 180
  - 2013年5月8日 14:20 —— 正常起動することを確認 —— 182
  - 後日談 —— 183
- **8.2** セーフモードでも起動できないという悪夢からの脱出（Windows 7/8.1） —— 183
  - なんとなく原因がわかっているPCの起動失敗 —— 184
  - 「システムの復元」が可能なら、それが解決の早道 —— 185
  - WinREまたはWinPEのコマンドプロンプトを駆使する —— 187
  - STOPエラー発生時の自動再起動を無効化する —— 189
  - オフラインでイベントログを調査する —— 192
  - 原因を特定できたらその原因を取り除く —— 192
  - オフラインのWindowsから更新プログラムを削除する —— 193
  - オフラインのWindowsからドライバーを削除する —— 193
  - オフラインのWindowsから機能を無効化する —— 194
  - SysinternalsのAutorunsで起動問題に対処する —— 195
  - ネットからツールを直接ダウンロードしたい！ —— 197
- **8.3** Windows Updateの問題で起動不能になったWindows 10の修復 —— 198
  - ある日突然、PCが起動不能に。原因がWindows Updateだとしたら —— 199

起動しないPCから特定の更新プログラムをアンインストールする ················ 199
起動しないPCの問題を修復するために
更新プログラムをインストールする ··· 202

8.4 「イメージでシステムを回復」がエラーで失敗！
でもそれが最後の希望だとしたら… **203**

問題ないはずのバックアップからの復元になぜか失敗 ····························· 204
復元対象バージョンのWinREで起動して、パーティションを準備する ········ 205
バックアップに含まれる情報を確認し、C:ドライブだけを復元する ············· 209
システム/回復パーティションを構成する ·· 210

8.5 バックアップからの回復エラーの回避策あれこれ **213**

万が一に備えておいたバックアップに裏切られる ····································· 213
復元に失敗するバックアップからの回復（その1）──── WBADMINの使用 ········· 214
復元に失敗するバックアップからの回復（その2）──── DISMの使用 ·············· 215

8.6 「アンインストールしますか？：Y」はインストール **218**

Install-Packageの日本語メッセージと挙動が一致しない ························· 219
英語のメッセージを確認すると誤訳であることが判明 ······························ 220

8.7 未知のポリシー設定を探せ！ **221**

Windows Server 2016における
デバイスリダイレクトの仕様変更について ·· 221
調査1：イベントログから情報収集 ··· 223
調査2：Procmonで参照されるレジストリを確認 ······································ 223
調査3：管理用テンプレート（.admx）で該当ポリシーを探す ························ 225

8.8 調査4：ポリシーの説明を新旧比較 **226**

C2R版Office 2013/2016の更新問題の一時的な回避 ······························ 226
C2R版Office 2016の更新バージョンのロールバック ································ 228
C2R版Office 2013の更新バージョンのロールバック ································ 231

8.9 Windows 10 Sモード、セーフモードでもSモード **232**

Windows 10 S/Sモードでできること、できないこと ································ 233
セーフモードで起動してみたら ·· 234
Windows回復環境（WinRE）のコマンドプロンプトなら ··························· 235

8.10 もしもSTOPエラー（BSoD）が発生したら… **236**

歴代のBSoD画面とWindows 10のQRコード ··· 236
トラブルシューティング手順はWindows 10向けの汎用的なもの ············· 238
重要な情報はSTOPエラーコード ··· 238

索引 ··· **241**

著者紹介 ·· **247**

第1章
トラブルシューティングを始める前に

本章では、Windowsのトラブルシューティングに備えて、事前に手元に準備しておきたものや、覚えておくと便利なショートカットやコマンドライン操作について説明します。事前に準備しておくことで、トラブルが発生したらすぐにトラブルシューティングに取り掛かることができます。

1.1 インストールメディアと修復ディスク/回復ドライブの準備

システムファイルの修復や、正常起動できなくなったコンピューターを回復するために、DVDメディアやUSBメモリとして、WindowsのインストールメディアやWindows回復環境（WinRE）を準備しておきましょう。

メモ

インストールメディアや修復ディスク/回復ドライブのバージョンについて

最新バージョンのメディアを使用することもできますが、できれば同じバージョン、同じエディション、同じアーキテクチャ（32ビット（x86）または64ビット（x64））のメディアを用意しておくことをお勧めします。例えば、最新のメディアで旧バージョンのシステムのボリュームを操作すると、NTFSバージョンの不一致が発生し、ファイルの破損など、予期せぬ別の問題の原因になることがあります。そういったリスクを十分に承知しているのであれば、最新のメディアでも問題ないでしょう。

Windows 8.1で作成する回復ドライブとWindows 10で作成する回復ドライブでは、回復機能の一部に大きな違いがあることにも注意が必要です。回復ドライブにはPCの復旧用にシステムファイルを含めることができますが、その用途は大きく異なります。Windows 8.1がプレインストールされているPCで回復ドライブを作成すると、PCベンダーが回復用に組み込んだ回復イメージをシステムファイルとして回復ドライブにコピーできます。このシステムファイルを含む回復ドライブでは、PCのリフレッシュ/リセットや、プレインストールPCを工場出荷時の状態に戻すことが可能です。一方、Windows 10で作成する回復ドライブにシステムファイルを含めた場合、それはWindows 10の再インストールのために使用できます。ただし、PCベンダーが工場出荷時の状態に戻すことができる回復イメージを提供している場合は、そのイメージを含む回復ドライブを作成できる場合があります（通常、作成用の専用ユーティリティが提供されます）。

1.1.1 Windowsのインストールメディア（ISO、DVD、USB）

　Windowsのインストールメディアは、Windowsのクリーンインストールやアップグレードインストールに使用するだけでなく、インストールメディアに収録されているWindows回復環境（Windows Recovery Environment：WinRE）を開始して、WinREという別のOSインスタンスのコマンドプロンプトからディスク上のWindowsインストールをオフラインでメンテナンスするのに使用できます（図1-1）。また、Windowsのシステムに発生したトラブルを、同一バージョン、同一エディションのインストールメディアを使用してアップグレードインストールすることで、データやアプリを引き継ぎながらクリーンな状態にし、トラブルを解決できる場合があります。

図1-1　Windowsのインストールメディアは、アップグレードによるシステムの回復、Windows回復環境（WinRE）によるオフラインメンテナンスに利用できる

　ボリュームライセンス契約があるのであれば、複数バージョンのWindowsのインストールメディアを入手することは容易でしょう（マイクロソフトボリュームライセンスサービスセンター：VLSCのポータルから）。最新バージョンのWindows 10 Enterprise、Windows 10 Enterprise LTSB（LTSC）、Windows Serverの場合は、以下のURLから入手できる評価版で代用できる場合があります（アップグレードインストールには使用できません）。

Windows評価版ソフトウェア（Windows 10 Enterprise）
https://www.microsoft.com/ja-jp/evalcenter/evaluate-windows-10-enterprise

Windows Server評価版ソフトウェア（Windows Server、他）
https://www.microsoft.com/ja-jp/evalcenter/evaluate-windows-server

　しかし、Windows 7やWindows 8.1からアップグレードしたWindows 10や、Windows 10のプレインストールPCの場合、Windows 10のインストールメディアは付属していないはず

です。最新バージョン（2018年8月時点ではWindows 10 April 2018 Updateであるバージョン1803）のインストールメディアは、次のURLから無料で入手することができます（図1-2）。ダウンロードツールを使用すると、ISOイメージを作成することもできますし、インストール用のブータブルUSBメモリを作成することもできます。ISOイメージがあれば、ISOイメージからDVDメディアとブータブルUSBメモリの両方を作成することができるので、汎用性を考えてISOイメージを作成しておくとよいでしょう。

　ただし、過去のWindows 10バージョンのインストールメディアを入手することはできません。使用中のバージョンが過去のWindows 10バージョンの場合は、できるだけ早く最新のWindows 10バージョンにアップグレードすることをお勧めします。

Windows 10のダウンロード
https://www.microsoft.com/ja-jp/software-download/windows10

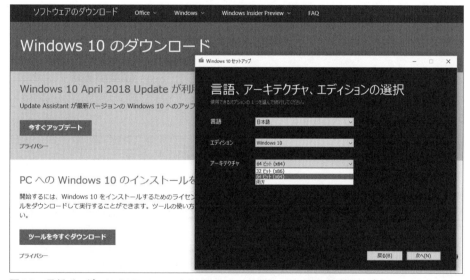

図1-2　最新バージョンのWindows 10のインストーラーは、ツールを使用してダウンロードし、ISOイメージまたはブータブルUSBメモリを作成できる

ISOイメージからブータブルUSBメモリを作成する `W7` `W8` `W10`

　WindowsのインストールメディアのISOイメージを入手したら、さまざまなトラブルのケースを想定して、DVDメディアとブータブルUSBメモリの両方を準備しておくと便利です。Windowsのインストーラーを含むブータブルUSBメモリは、光学ドライブを持たないコンピューターを起動して、インストールやWindows回復環境（WinRE）を開始するのに利用できます。

　「Windows 7 USB/DVD Download Tool」を使用すると、ISOイメージ形式のWindowsのインストールメディアからブータブルUSBメモリを作成できます（図1-3）。ツール名に「Windows 7」が付いていますが、Windows 8.1やWindows 10でも実行できますし、これらのWindowsバージョンのメディアの作成も可能です。また、書き込み可能な光学ドライブとメディアがあれば、ISOイメージをDVDメディアに書き込むことも可能です（Windows 7以降では、このツールを使用しなくても、エクスプローラーのメニューまたは**isoburn.exe**コマンドでDVDメディアに書き

込み可能です）。なお、「Download Tool」という名前ですが、ISOイメージをダウンロードする機能はありません。

Windows USB/DVD Download Tool - 日本語
https://www.microsoft.com/ja-jp/download/details.aspx?id=56485

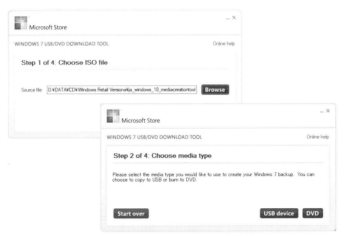

図1-3　Windows 7 USB/DVD Download Toolを使用して、ISOイメージからブータブルUSBメモリを作成する

1.1.2　システム修復ディスク（CD/DVD）と回復ドライブ（USB）

　Windows Vista以降、Windows回復環境（WinRE）は、ローカルディスク（システムパーティションまたは回復パーティション）にインストールされ、起動オプションの選択や自動回復（連続した起動失敗で開始）の詳細オプションから、Windows回復環境（WinRE）のコマンドプロンプトを開始することができます。しかし、ローカルディスクの問題でローカルのWindows回復環境（WinRE）を開始できない場合に備えて、Windowsのインストールメディアを用意しておくと安心です。

■ Windows 7/10のシステム修復ディスク

　Windows回復環境（WinRE）は、「システム修復ディスク」（CD/DVDメディア）や「回復ドライブ」（ブータブルUSBメモリ）から開始することもできます（図1-4）。これらは、Windows 7/8.1/10のコントロールパネルの「バックアップと復元」に関連するもので、システムディレクトリ（%Windir%¥System32）内に作成ツールが存在します。「バックアップと復元」は、Windows 8および10では「バックアップと復元（Windows 7）」という名前です。Windows 8.1にはありません（「ファイルの履歴」に「システムイメージのバックアップ」として機能の一部が存在します）。

図1-4　システム修復ディスクまたは回復ドライブからのWindows回復環境（WinRE）の起動。Windows 7の場合は「システム回復オプション」

　「システム修復ディスク」を作成するには、書き込み可能な光学ドライブとCD/DVDメディアが必要です。コントロールパネルから作成を開始することもできますが、次のようにRecDisc.exeを実行して直接開始することもできます。また、システムイメージを作成すると、作成完了後に「システム修復ディスク」を作成するかどうか問われるので、そのときに作成することもできます。

[W7] [W10]

```
C:¥> RecDisc.exe
```

図1-5　「システム修復ディスクの作成」（RecDisc.exe）は、Windows 7とWindows 10で利用可能

■ Windows 8.1/10の回復ドライブ

「回復ドライブ」は、USBメモリに作成できます。これは、「Windows 管理ツール」のメニュー項目から開始するか、RecoveryDrive.exeを実行して直接開始します。「回復ドライブ」にはリフレッシュや再インストール（Windows 10の場合は再インストールのみ）のためのシステムファイルを含めることもできますが、Windows回復環境（WinRE）だけであれば、省略できますし、一般的な容量の小さいUSBメモリで作成できます。

[W8] [W10]

```
C:¥> RecoveryDrive.exe
```

図1-6 「回復ドライブの作成」（RecoveryDrive.exe）を使用すると、Windows 8.1 および Windows 10 でブータブルUSBメモリを作成可能。システムファイルを含めることでリフレッシュや再インストール用のメディアとしても利用できるようになる

　システムファイルを含める場合、Windows 8.1の場合は回復パーティションの回復イメージCustomRefresh.wimのコピー、Windows 10の場合は回復ドライブ作成時のインストールイメージから作成されるReconstruct.wimが回復ドライブのSourcesディレクトリに格納されます。このイメージを格納するためには、システム構成に依存しますが、8GB、16GB、または32GB以上の容量のメディアが必要です。また、Windows 10の場合はReconstruct.wimイメージを作成するために数時間かかる場合があります。

　Windows 10のプレインストールPCを購入した場合は、通常、以前のようにリカバリメディアが提供されないため、購入時にPCベンダーが指示する方法でシステムファイルを含む回復ドライブを作成しておくとよいでしょう（RecoveryDrive.exeとは別のユーティリティを使用する場合があります）。OEMプレインストールのソフトウェアを含む工場出荷時の状態にリセットするための回復イメージをPCベンダーがダウンロード提供している場合があり

ます。PCベンダー提供の回復イメージを利用できない場合、つまり、Windows 10の標準機能だけでシステムファイルを含む回復ドライブを作成した場合、その回復ドライブのシステムファイルはWindows 10のみの再インストール用であり、アプリケーションは含まれません。

　なお、筆者はWindows 10のプレインストールPCでの回復ドライブの作成やシステムファイルを含む回復ドライブを使用したリカバリの経験がないため、そのあたりの本書の説明については正確でないかもしれません。その点はご了承ください。また、Windows 8.1とWindows 10の回復ドライブのWindows回復環境（WinRE）については多くが共通していますが、回復ドライブに含めることができるシステムファイルに含まれる内容には違いがあることに留意してください。

1.1.3　Install.wimの準備

　Windowsのインストールメディアの「Sources」ディレクトリ（32ビットと64ビットの両方に対応したメディアの場合は「x86¥Sources」または「x64¥Sources」ディレクトリ）には、Windowsのインストールイメージを含む「Install.wim」ファイルが収録されています。このファイルは、Windowsのシステムファイルの破損を修復したり、システムファイルを抽出したりなど、トラブルシューティングの場面で必要になることがあります。

　インストールメディアがあればそれで良いのですが、Windows 10のダウンロードツールを利用してダウンロードし、作成したWindows 10（Home/Pro/Education用）のインストールメディアの場合は、アップグレード配信の最適化（ダウンロード時間の短縮、作成するインストールメディアのイメージがFAT32のUSBメモリに入る4GB以下のファイルサイズ）のために圧縮率を高めた「Install.esd」が収録されています。「Install.esd」の形式のままでは、ローカルマウントができないなど、いくつか制限があるため、WIM形式に変換しておくとよいでしょう。変換後のWIMファイルは、容量に空きがあれば「回復ドライブ」内の任意のパスに保存しておくと便利です。

　「Install.wim」や「Install.esd」には、複数のWindowsエディションのイメージが収録されているので、まず、**DISM /Get-ImageInfo /ImageFile:**（または**/Get-WimInfo /WimFile:**）コマンドで目的のエディションのインデックス番号を確認し、その上で「Install.esd」からWIM形式にエクスポートします。具体的には次のコマンドラインを実行します。

```
C:¥> DISM /Get-ImageInfo /ImageFile:<メディアのドライブ:>¥Sources¥Install.esd
C:¥> DISM /Export-Image /SourceImageFile:<メディアのドライブ:>¥Sources¥Install.esd /SourceIndex:<インデックス番号> /DestinationImageFile:<保存先パス>¥install.wim /Compress:max /CheckIntegrity
C:¥> DISM /Get-ImageInfo /ImageFile:<保存先パス>¥install.wim
```

図1-7 Windows 10の「Install.esd」をWIM形式に変換する

1.2 便利なショートカット

　WindowsはGUIを備え、直感的な操作が可能です。一方で、Windowsのバージョンによって GUIや機能が変更され、以前と同じ操作では同じ場所にたどり着けないこともあります。すばやくGUI管理ツールを起動する方法や、キーボードだけによる操作を覚えておくと便利です。コンピューターの初心者の前でさっとショートカットで操作して見せれば、たとえまだ何もトラブルに対処していないとしても、羨望の眼差しを向けてくれるかもしれません（そのあとはあなたの腕次第です）。

1.2.1 GUI管理ツールの開始

　表1-8に、Windowsの管理に使用するGUI画面やGUI管理ツールにすばやくアクセスするためのコマンドラインを示します。これらはコマンドプロンプト、Windows PowerShellのシェル環境、「ファイル名を指定して実行」、または「タスクマネージャー」の「ファイル」メニューの「新しいタスクの実行」に入力して実行できます。

表1-8　Windowsの管理に使用するGUI画面やGUI管理ツールにすばやくアクセスするためのコマンド

ファイル名またはコマンド	ツール名	備考
Appwiz.cpl [W7] [W8] [W10]	コントロールパネルの「プログラムと機能」	
Control.exe [W7] [W8] [W10]	コントロールパネル	/nameオプションに続けてMicrosoft.AdministrativeToolsの指定で「管理ツール」を、Microsoft.DevicesAndPrintersの指定で「デバイスとプリンター」を、Microsoft.Systemの指定で「システム」を、Microsoft.WindowsUpdateの指定で「Windows Update」を直接開くことが可能
Certlm.msc [W8] [W10]	証明書（ローカルコンピューター）	Windows 7には存在しない
Certmgr.msc [W7] [W8] [W10]	証明書（現在のユーザー）	Windows 7の場合は、ローカルコンピューターまたは現在のユーザーにスナップインを接続する必要がある
Compmgmt.msc [W7] [W8] [W10]	コンピューターの管理	
Devmgmt.msc [W7] [W8] [W10]	デバイスマネージャー	
Eventvwr.msc [W7] [W8] [W10]	イベントビューアー	
Firewall.cpl [W7] [W8] [W10]	コントロールパネルの「Windowsファイアウォール」	Windows 10バージョン1709以降は「Windows Defenderファイアウォール」
Gpedit.msc [W7] [W8] [W10]	ローカルグループポリシーエディター	Homeエディションでは利用できない
Npca.cpl [W7] [W8] [W10]	コントロールパネルの「ネットワーク接続」	
Secpol.msc [W7] [W8] [W10]	ローカルセキュリティポリシー	Gpedit.mscのサブセット。Homeエディションでは利用できない
Services.msc [W7] [W8] [W10]	サービス	
Sysdm.cpl [W7] [W8] [W10]	システムのプロパティ	
Taskmgr.exe [W7] [W8] [W10]	タスクマネージャー	[Ctrl]+[Shift]+[Esc]キーによる直接起動、[Ctrl]+[Alt]+[Delete]キーのセキュリティで保護されたデスクトップからの起動も可能
Taskschd.msc [W7] [W8] [W10]	タスクスケジューラ	
Timedate.cpl [W7] [W8] [W10]	日付と時刻	
Wf.msc [W7] [W8] [W10]	セキュリティが強化されたWindowsファイアウォール	Windows 10バージョン1709以降は「セキュリティが強化されたWindows Defenderファイアウォール」

ファイル名またはコマンド	ツール名	備考
Wscui.cpl [W7] [W10]	コントロールパネルの「セキュリティとメンテナンス」	Windows 7の場合は「アクションセンター」 Windows 8.1およびWindows ServerにはWscui.cplは存在しない
Wuapp または Wuauclt /showWU [W7] [W8]	コントロールパネルの「Windows Update」	Windows 8.1以前およびWindows Server 2012 R2（GUI）以前 Control.exe /name Microsoft.Windows Updateで開くことも可能
ms-settings:windowsupdate [W10]	「設定」アプリの「Windows Update」	Windows 10およびWindows Server 2016（デスクトップエクスペリエンス）
ms-settings:windowsupdate-history [W10]	「設定」アプリの「更新の履歴」	Windows 10およびWindows Server 2016（デスクトップエクスペリエンス）

1.2.2 キーボードショートカット

　WindowsのGUIはマウスやタッチスクリーンで操作することが可能ですが、キーボードだけでも操作できます。もし、マウスやタッチスクリーンで問題が発生し、キーボードでの操作しかできなくなった場合は、表1-9に示すキー操作を覚えておくと何とかなるでしょう。これら以外にも利用可能なショートカットはたくさんあります。Windows 10、Windows 8.1、Windows 7で利用可能なキーボードショートカットについては、以下のサポート情報で説明されています。

Windowsのキーボードショートカット（Windowsのサポート）
https://support.microsoft.com/ja-jp/help/12445/

表1-9　キーボードだけで操作するための主なショートカットキー

ショートカットキー	操作	備考
[Ctrl]+[Shift]+[Esc]キー	タスクマネージャーの起動	
[Ctrl]+[Alt]+[Delete]キー	セキュリティで保護されたデスクトップに切り替え	リモートデスクトップ接続の場合は、[Ctrl]+[Alt]+[End]キー
[■]キー	スタートメニューを開く	Windows 8.1の場合はスタート画面
[■]+[I]キー	「設定」を開く	Windows 8.1の場合は「設定」チャーム、Windows 10の場合は「設定」アプリ
[■]+[R]キー	「ファイル名を指定して実行」を開く	
[■]+[X]キー	クイックアクセスメニュー（WinXメニュー）を開く	Windows 8.1/10のスタートボタン（タスクバーの左端）を右クリックしたときにポップアップするコンテキストメニューのこと

ショートカットキー	操作	備考
⊞ + C キー	備考を参照	Windows 8.1の場合はチャームを開き、Windows 10の場合はCortanaを「聞き取りモード」で開く
Alt + Tab キー	アクティブウィンドウの切り替え	
Alt キー	アプリのメニューバーに移動	メニュー項目は方向（←→↑↓）キーで移動、Enter キーで確定。ウィンドウ内の項目（ボタンやテキストボックス）間の移動は Tab キーで、チェックボックスのオン/オフやオプションの選択は Space キーで行う
Alt + F4 キー	アクティブウィンドウを閉じる	すべてのウィンドウを閉じると、最後にシャットダウンダイアログボックスが表示される

メモ

もしも日本語キーボードが英語配列として誤認識されていたら

日本語版のWindowsを使用していると、Windows自身やアプリの不具合の影響、あるいはWindowsのセットアップの問題で、日本語キーボード（106/109配列）が英語キーボード（101配列）に誤認識されることがあります。例えば、**http://** と入力したはずなのに**http;//** と入力される場合は、英語配列（101配列）キーボードとして誤認識されている状況です。影響を受ける記号を含むパスワードの場合、入力した文字が伏せられるため、キーボード認識の問題とは気付かずに、パスワードの入力に何度も失敗してロックされてしまったり、本当は不要なリセット操作のために時間を取られたりすることになります。

キーボードが誤認識される問題の解決も重要ですが、その前に誤認識された現状の環境で、正しく文字列を入力するのは、英語キーボード配列に慣れていないと難しいことです。表1-10に、誤認識されたキーボードでキートップどおりに入力されない文字と、その入力方法をまとめました。一時的な回避策として利用してください。

表1-10 日本語キーボードが英語配列と誤認識された場合に正しく記号を入力するためのヒント

キー操作 （キートップの印字）	実際に入力される文字	キー操作 （キートップの印字）	実際に入力される文字
Shift + ;	:	@	[
Shift + 2	@	[	]
Shift + 6	^	Shift + @	|
Shift + 7	&	Shift + [	|
Shift + 9	(	]	¥
Shift + 0	)	Shift +]	
Shift + ^	+		

コンピューターにローカルログオンしている場合（リモートデスクトップ接続でない場合）で、システム全体でキーボードの認識がおかしい場合（特定のアプリケーションへの入力ではない場合）は、キーボードドライバーが正しくない可能性があります。「デバイスマネージャー」（Devmgmt.msc）を開いて、キーボードが「標準PS/2キーボード」など、「日本語PS/2キーボード（106/109キー）」以外になっていたら、ドライバーを「（標準キーボード）」の「日本語PS/2キーボード（106/109キー）」に変更して再起動することで、正しいキーボード配列に変更できます。

それでも改善しない場合は、レジストリキー「HKEY_LOCAL_MACHINE¥SYSTEM¥CurrentControlSet¥Services¥i8042prt¥Parameters」の以下の値を確認してください。

```
LayerDriver JPN              kbd106.dll
OverrideKeyboardIdentifier   PCAT_106KEY
OverrideKeyboardSubtype      2
OverrideKeyboardType         7
```

なお、リモートデスクトップ接続の場合や、一部のアプリケーションでの入力のみでキーボード配列がおかしい場合は、リモートデスクトップ接続クライアントやアプリケーション側の問題の可能性があるため、この方法では改善できません。例えば、Windows 10バージョン1709およびバージョン1803の「Windows Defender Application Guard（WDAG）」で保護されたMicrosoft Edgeへの文字入力は、英語配列キーボードとして認識される場合があります（バージョン1803については2018年8月末の品質更新プログラムで修正されました）。また、Windows 10バージョン1803では、リモートデスクトップ接続のセッションにおいて、「設定」アプリ、Microsoft Edge、Cortana、およびUWP（ユニバーサルWindowsプラットフォーム）アプリへの英字入力が、英語配列キーボードとして認識されるという問題があります。2018年8月時点でこれらの問題は修正されていません。以下の公式ブログに、入力時の操作またはレジストリの編集による回避策が示されています。

Windows 10 RS4へのリモートデスクトップ接続時に、UWPアプリへの入力時のみキーボード配列が異なる事象について（Ask CORE ／ Microsoft Japan Windows Technology Support）
https://blogs.technet.microsoft.com/askcorejp/2018/06/08/rs4-rdp-keyboardlayout/

1.3 便利なコマンドライン

本書では、全体を通じて、さまざまなコマンドラインを紹介しますが、ここでは汎用的に利用できる便利なコマンドラインをいくつか紹介します。コマンドラインに慣れていない人は、一通り試してみることで良い練習になるでしょう。

標準的なWindows回復環境（WinRE）ではPowerShellを利用できない

コマンドやPowerShellコマンドレットは、稼働中のコンピューターで実行することができます。一部のコマンドは、Windows回復環境（WinRE）のコマンドプロンプトでも実行できます。ただし、標準的なWindows回復環境（WinRE）では、PowerShellを利用できません。Windows PowerShellをサポートするようにカスタマイズしたWindowsプレインストール環境（WinPE）であれば可能です。Windowsプレインストール環境（WinPE）のカスタマイズは、「Windowsアセスメント＆デプロイメントキット（ADK）」で行えますが、本書では説明しません。

1.3.1 Webからのダウンロード

　Webブラウザーを使用せずに、コマンドラインだけでインターネットや社内のWebサイトからファイルをダウンロードする複数の方法を紹介します。WebブラウザーやGUIを利用できない、Windows ServerのServer Coreインストール環境やPowerShell Remotingのセッションなどで、手早くファイルをダウンロードするのに便利です。ここでは、Windows Sysinternalsのいくつかのツールを別々の方法でC:¥demoディレクトリにダウンロードする例で示します。ダウンロード元URLや保存先ディレクトリは適宜変更してください。

　なお、いずれの方法も標準的なWindows回復環境（WinRE）では利用できません。稼働中のWindowsコンピューターで実行してください。

■ Invoke-WebRequest

　Windows PowerShellの**Invoke-WebRequest**（エイリアス**wget**や**curl**でも使用可）は、Windows PowerShell 3.0以降で利用できます。そのため、Windows 7標準のWindows PowerShell 2.0では利用できません。

[W7] [W8] [W10]

```
PS C:¥> Invoke-WebRequest -Uri http://live.sysinternals.com/autoruns.exe -OutFile C:¥demo¥autoruns.exe
```

■ BITSAdmin

　BITSAdminは、Windows標準のBITS（Background Intelligent Transfer Service）サービスのフロントエンドとなる標準コマンドです。BITSサービスに依存するため、BITSサービスの存在しないWindows回復環境（WinRE）では利用できません。なお、**BITSAdmin**コマンドは、Windowsの将来のバージョンで削除される可能性がありますが、現時点では最新のWindows 10でも利用可能です。

[W7] [W8] [W10]

```
C:¥> bitsadmin /transfer "mydownloadjob" http://live.sysinternals.com/procexp.exe C:¥demo¥procexp.exe
```

■ Start-BitsTransfer

　Start-BitsTransferは、BITSAdminのPowerShell版であり、Windows PowerShell 3.0以降で利用できます。そのため、Windows 7標準のWindows PowerShell 2.0からは利用できません。

[W7] [W8] [W10]

```
PS C:¥> Start-BitsTransfer -Source http://live.sysinternals.com/procmon.exe -Destination C:¥demo¥procmon.exe
```

■ WebClient.DownloadFile

　WebClientクラスは、.NETの初期のバージョン（.NET Framework 1.1以降）から利用できるものです。WebClientクラスのDownloadFileメソッドを利用することでファイルのダウンロードを実現できます。この方法は、Windows PowerShell 2.0から利用できます。

[W7] [W8] [W10]

```
PS C:\> (new-object System.Net.WebClient).DownloadFile("http://live.sysinternals.com/sigcheck.exe","C:\demo\sigcheck.exe")
```

メモ

Windows 10 バージョン1803に標準搭載されたcurl.exe

　Windows 10バージョン1803およびWindows Server, version 1803には、オープンソースの**curl**（%Windir%\System32\curl.exe）が標準搭載されました。**curl**は、コマンドプロンプトから利用できます。Windows Powershellで**curl**（パスの指定や拡張子.exeの指定なしで）と実行すると、**Invoke-WebRequest**コマンドレットのエイリアスの**curl**が動作することに注意してください。Windows PowerShellから利用する場合は、**curl.exe**のように拡張子まで指定してください。

```
C:\> curl -L -o C:\demo\procexp.exe http://live.sysinternals.com/procexp.exe
```

　Windows回復環境（WinRE）でWindows 10バージョン1803またはWindows Server, version 1803がインストールされているコンピューターをトラブルシューティングする場合、ローカルディスク上のオフラインのWindowsインストールに含まれるcurl.exe（ドライブ文字:\Windows\System32\curl.exe）を実行することで、ファイルのダウンロードなどに利用することができました。

1.3.2　ISOイメージのローカルマウント

　Windows 8以降のエクスプローラー（Explorer.exe）は、ISOイメージのローカルマウントに対応しており、ISOイメージをダブルクリックするだけで、仮想的なDVDドライブとして認識させることができます。そのため、コンピューターの起動用に使うのでなければ、ISOイメージのまま持ち歩き、必要に応じてローカルマウントして利用することができます。

■ Mount-DiskImage

　エクスプローラーを利用できない、Windows ServerのServer Coreインストール環境やPowerShell Remotingのセッションなどでコマンドラインを使用してISOイメージをマウントしたい場合は、Windows PowerShellで次のように実行します。この例では、マウント、ドライブ文字の確認、マウント解除を順番に行っています。

```
[W8] [W10]
PS C:\> Mount-DiskImage -ImagePath "C:\demo\ja_windows_10_1803_x64_dvd.iso"
PS C:\> Get-Volume | Where {$_.DriveType -eq "CD-ROM"}
PS C:\> Dismount-DiskImage -ImagePath "C:\demo\ja_windows_10_1803_x64_dvd.iso"
```

なお、**Mount-DiskImage**コマンドレットを使用すると、VHDやVHDXファイルのローカルマウントも可能です。VHDやVHDXファイルのマウントの場合は管理者権限が必要ですが、ISOイメージのマウントには必要ありません。

1.3.3 イメージファイルの操作

インストールメディアのインストールイメージ（Install.wimまたはInstall.esdまたはカスタムWIM/ESDファイル）や仮想ハードディスク（VHD/VHDXファイル）は、Windowsの標準コマンドを使用して情報を参照したり、ローカルマウントして参照または変更することができます。

■ イメージ情報の参照

WIMおよびESDファイルには、同一バージョンのWindowsエディションやインストール種類ごとの複数のイメージが格納されています。WIMまたはESDファイルに含まれるWindowsイメージの情報を参照するには、次のように**DISM /Get-WimInfo**コマンドレットを使用します。詳細情報を表示するには、インデックス番号で指定します。このコマンドラインを実行するには、管理者権限が必要です。また、ESD形式はWindows 8.1以降でサポートされます。

[W7] [W8] [W10]
```
C:\> DISM /Get-WimInfo /ImageFile:"<WIMまたはESDファイルのパス>"
C:\> DISM /Get-WimInfo /ImageFile:"<WIMまたはESDファイルのパス>" /Index:<インデックス番号>
```

Windows 8以降では、より汎用的な**Get-ImageInfo**コマンドレットも利用できます。こちらは、WIM、ESD、VHD、およびVHDXに対応しています。このコマンドラインを実行するには、管理者権限が必要です。VHDX形式はWindows 8以降でサポートされます。ESD形式はWindows 10以降でサポートされます。

[W8] [W10]
```
C:\> DISM /Get-ImageInfo /ImageFile:"<WIMまたはESDまたはVHD(X)ファイルのパス>"
C:\> DISM /Get-ImageInfo /ImageFile:"<WIMまたはESDまたはVHD(X)ファイルのパス>" /Index:<インデックス番号>
```

Windows PowerShellでは、**Get-WindowsImage**コマンドレットを使用してイメージ情報を参照できます。このコマンドラインを実行するには、管理者権限が必要です。ESD形式はWindows 10以降でサポートされます。

```
[W8] [W10]
PS C:\> Get-WindowsImage -ImagePath "<WIMまたはESDまたはVHD(X)のパス>" ⏎
PS C:\> Get-WindowsImage -ImagePath "<WIMまたはESDまたはVHD(X)のパス>" -Index <インデッ
クス番号> ⏎
```

■ マウントディレクトリへのイメージのローカルマウント

WIMファイルやVHD/VHDXファイルは、読み取り専用または変更可能な状態でローカルディスク上のマウントディレクトリ（C:\mountなど空のディレクトリ）にマウントして内容の参照や変更を行えます。変更用にローカルマウントする場合は、イメージファイルが書き込み可能なドライブ上のパスに配置されている必要があります。例えば、読み取り専用のDVDメディア内のWIMファイルを書き込み用にマウントすることはできません。

DISMコマンドを使用する場合は、次のいずれかのコマンドラインでマウントおよびマウント解除できます。以下の例は、読み取り専用でマウントする例です。変更目的でマウントするには、マウント時に/ReadOnlyを付けずに実行し、マウント解除時に/Commit（保存）または/Discard（変更を破棄）を付けて実行します。いずれの場合も、管理者権限が必要です。

```
[W7] [W8] [W10]
C:\> DISM /Mount-Wim /WimFile:"<WIMファイルのパス>" /Index:<インデックス番号> /MountDi
r:"<マウントディレクトリのパス>" /ReadOnly ⏎
C:\> DISM /Unmount-Wim /MountDir:"<マウントディレクトリのパス>" /Discard ⏎
```

```
[W8] [W10]
C:\> DISM /Mount-Image /ImageFile:"<WIMまたはVHD(X)ファイルのパス>" /Index:<インデック
ス番号> /MountDir:"<マウントディレクトリのパス>" /ReadOnly ⏎
C:\> DISM /Unmount-Image /MountDir:"<マウントディレクトリのパス>" /Discard ⏎
```

Windows PowerShellを使用する場合は、次のコマンドラインでマウントおよびマウント解除できます。以下の例は、読み取り専用でマウントする例です。変更目的でマウントするには、**Mount-WindowsImage**コマンドレットを-ReadOnlyを付けずに実行し、**Dismout-WindowsImage**コマンドレットで-Save（保存）または-Discard（変更を破棄）を付けて実行します。いずれの場合も、管理者権限が必要です。

```
[W8] [W10]
PS C:\> Mount-WindowsImage -ImagePath "<WIMまたはVHD(X)ファイルのパス>" -Index <インデ
ックス番号> -Path "<マウントディレクトリ>" -ReadOnly ⏎
PS C:\> Dismount-WindowsImage -Path "<マウントディレクトリ>" -Discard ⏎
```

■ ドライブへのイメージのローカルマウント

VHDまたはVHDXファイルは、ローカルドライブにマウントすることもできます。次の例

は、VHDまたはVHDXファイルを読み取り専用でマウントする例です。なお、VHDX形式は、Windows 8以降でサポートされます。

変更可能な状態でマウントするには、**ATTACH VDISK READONLY**の代わりに、**ATTACH VDISK**と入力します。ファイルシステムを含むVHDまたはVHDXファイルの場合、マウント先のドライブ文字は自動的に割り当てられます。ドライブ文字は**LIST VOLUME**コマンドで確認してください。**SELECT VOLUME**コマンドでマウントされたボリュームを選択し、**ASSIGN LETTER=＜ドライブ文字＞**を実行することで、別のドライブ文字に変更することができます。

`W7` `W8` `W10`

```
C:\> DISKPART
DISKPART> SELECT VDISK FILE="<VHD(X)ファイルのパス>"
DiskPart により、仮想ディスク ファイルが選択されました。
DISKPART> ATTACH VDISK READONLY
DiskPart により、仮想ディスク ファイルがアタッチされました。
DISKPART> LIST VOLUME
（マウント先ボリュームのドライブ文字を確認）
DISKPART> EXIT
```

マウントを解除するには、再び**DISKPART**コマンドを使用して、次のように実行します。

```
C:\> DISKPART
DISKPART> SELECT VDISK FILE="<VHD(X)ファイルのパス>"
DiskPart により、仮想ディスク ファイルが選択されました。
DISKPART> DETACH VDISK
DiskPart により、仮想ディスク ファイルがデタッチされました。
DISKPART> EXIT
```

Windows PowerShellでは、次のコマンドラインを実行することで、ISOイメージまたはVHDまたはVHDXファイルを読み取り専用でローカルドライブにマウントすることができます。マウント先のドライブ文字の指定はできません。マウント後に**Get-Volume**コマンドレットで確認してください。マウント後にDISMコマンドを使用して、ドライブ文字の割り当てを変更することは可能です。

VHDまたはVHDXファイルを変更可能な状態でマウントするには、**-Access ReadWrite**を指定するか、**-Access**オプションを省略します。マウント解除時には、ISOイメージのマウントの場合は、**-Access**オプションの指定に関わらず読み取り専用でマウントされます。

ISOイメージのマウントには管理者権限は必要ありませんが、VHDまたはVHDXファイルのマウントには管理者権限が必要です。

`W8` `W10`

```
PS C:\> Mount-DiskImage -ImagePath "<ISOまたはVHD(X)のパス>" -Access ReadOnly
PS C:\> Get-Volume
PS C:\> Dismount-DiskImage -ImagePath "<ISOまたはVHD(X)のパス>"
```

1.3.4 tail -fコマンド風のログ参照

Windowsのシステムやアプリには、テキスト形式のログを記録するものがあります。次々に更新されるログをTYPEコマンドで参照したり、膨大なサイズのログをメモ帳で開いて調査するのは困難な場合があります。UNIXやLinuxであれば、tail -f＜ログファイル名＞コマンドを使用することで、ログを待機状態で開き、新しいログが記録されるたびにその内容を表示させることができます。Windowsで同様のことをしたいと思ったことはないでしょうか。

■ Get-Content -Tail 0 -Fail

Windows PowerShell 3.0以降のGet-Contentコマンドレットを使用すると、tailコマンドと同じことを実現できます。-Tail＜行数＞および-Waitオプションを利用することで、ログの最後から指定の行数（0なら新しい記録から）を表示して、待機状態で新しいログの記録を待つようになります。待機を終了するには、Ctrl+Cキーを押します。

なお、Get-ContentコマンドレットはWindows PowerShell 2.0以前から存在しますが、-TailオプションはWindows PowerShell 3.0から利用可能になりました。そのため、Windows 7標準のWindows PowerShell 2.0では利用できません。

W7 W8 W10

```
PS C:¥> Get-Content -Path <テキストファイルやログのパス> -Tail 0 -Wait
```

次の図1-11は、Windows 8.1でWindows Updateの確認を開始し、C:¥Windows¥WindowsUpdate.logをリアルタイムに参照しているところです。

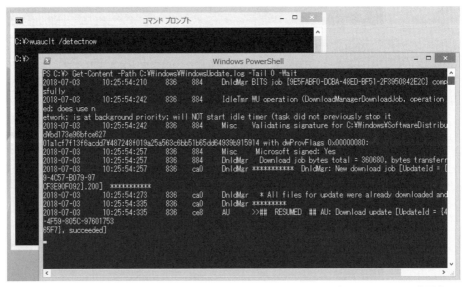

図1-11　Windows Update実行時にC:¥Windows¥WindowsUpdate.logをリアルタイムに参照する

メモ　Windows 10のWindowsUpdate.log

　Windows 8.1およびWindows Server 2012 R2以前のC:\Windows\WindowsUpdate.logは、実行中のWindows Updateに関する詳細な情報を提供します。しかし、Windows 10およびWindows Server 2016からは、ログの記録が「Windowsイベントトレーシング（Event Tracing for Windows：ETW）」に変更され、C:\Windows\WindowsUpdate.logを使用しなくなりました。Windows 10およびWindows Server 2016のC:\Windows\WindowsUpdate.logには、その変更を説明する数行の文字列が記載されているだけです。

　ETWに記録されたログは、**Get-WindowsUpdateLog**コマンドレットを使用することで、人が読めるテキスト形式に出力することができますが、Windows Updateの実行中に参照できるリアルタイムなものではありません。リアルタイムに確認できるログとしては、WindowsUpdate.logよりも情報量は少なくなりますが、C:\Windows\SoftwareDistribution\ReportingEvents.logがあるので、こちらを利用してください。

1.3.5　ファイルのバージョン情報の取得

　Windowsのシステムファイルは、更新プログラムのインストールによって更新されたものに置き換えられます。最新バージョンに更新されているかどうか、特定の脆弱性や不具合の影響を受けるバージョンのシステムファイルなのかどうかなど、ファイルのバージョン情報を参照して確認する場合があります。

　エクスプローラー（Explorer.exe）が利用可能であれば、目的のファイルのプロパティを開いて「詳細」タブを確認すればよいのですが、エクスプローラーを利用できない状況では次の方法が利用できます。

■ Get-ItemProperty

　Windows PowerShellの**Get-ItemProperty**コマンドレットは、ファイルシステムやレジストリのプロパティ情報を取得するコマンドレットです。例えば、C:\Windows\System32\ntoskrnl.exeのファイルのバージョン情報やその他のプロパティを取得するには、次のように実行します（図1-12）。

[W7] [W8] [W10]

```
PS C:\> (Get-ItemProperty C:\Windows\System32\ntoskrnl.exe).VersionInfo | Select *
PS C:\> ((Get-ItemProperty C:\Windows\System32\ntoskrnl.exe).VersionInfo).FileVersion
```

　コマンドプロンプトやWindows回復環境（WinRE）では、「1.4　お勧めのサイトとツール」で紹介する**Sigcheck**コマンドで代用できます。

図1-12 Get-ItemPropertyコマンドレットを使用すると、コマンドラインでファイルのプロパティを取得できる

1.3.6 Windows Updateの開始

Windows UpdateのGUIにすばやくアクセスする方法については、「1.2.1 GUI管理ツールの開始」でショートカットを紹介しました。ここでは、コマンドラインからWindows Updateの確認をすぐに開始するコマンドライン（GUIが開いているかどうかに関係なく）を紹介します。Windows 10以前と以後でコマンドラインが変更されていることに注意してください。

■| Windows 8.1以前

Windows 8.1以前およびWindows Server 2012 R2（GUI使用サーバー）以前の場合は、コマンドプロンプトで次のように実行します。管理者権限の有無は問いません。Server Coreインストールの場合は、Sconfigユーティリティのメニューを使用することもできます。

[W7] [W8]

```
C:¥> wuauclt /detectnow
```

■| Windows 10

Wuaucltの/detectnowオプションは、Windows 10から削除されました。Windows 10およびWindows Server 2016（デスクトップエクスペリエンス）の場合は、コマンドプロンプトまたはWindows PowerShellで次のいずれかを実行します。管理者権限の有無は問いません。Server Coreインストールの場合は、Sconfigユーティリティのメニューを使用すること

もできます。

[W10]
```
C:\> Usoclient StartScan
```

または

```
PS C:\> $AutoUpdates = New-Object -ComObject "Microsoft.Update.AutoUpdate"
PS C:\> $AutoUpdates.DetectNow()
```

Windows 10バージョン1709以降のWindowsUpdateProviderモジュール

　Windows 10バージョン1709およびWindows Server, Semi-Annual ChannelのWindows PowerShellには、WindowsUpdateProviderモジュールが追加されました。このモジュールが提供するコマンドレット（正確にはFunction）を利用すると、Windows Updateによる更新の確認、およびダウンロードとインストールを実行したり、最終チェック日時と最終インストール日時、Windows Updateエージェントのバージョン情報を確認したりすることができます。

　例えば、次のコマンドラインを順番に実行すると、利用可能な更新プログラムのチェックを開始し、1つ以上の更新プログラムが見つかった場合にダウンロードとインストールを行って、再起動が必要な場合に再起動を開始します。なお、この方法によるWindows Updateでは、毎月第2火曜日（日本では翌水曜日）以外にリリースされる累積更新プログラムは検出されないようです。

[W10]
```
PS C:\> $updates = Start-WUScan
PS C:\> if ($updates.Count -gt 0) {Install-WUUpdates -Updates $updates} else {Write-Host "No update"}
PS C:\> if (Get-WUPendingUpdate) {Restart-Computer}
```

　更新プログラムの検索、ダウンロード、インストールを行う、Windowsバージョンに依存しない汎用的なスクリプトを「第7章　便利なスクリプト」で紹介します。
　次の2つのコマンドラインを実行すると、Windows Updateの最終チェック日時と、最終インストール日時を確認できます。

[W10]
```
PS C:\> Get-WULastScanSuccessDate
2018年7月3日 8:05:19
PS C:\> Get-WULastInstallationDate
2018年6月27日 9:42:56
```

　次のコマンドラインを実行すると、Windows Updateエージェントのバージョンを確認することができます。

[W10]
```
PS C:\> Get-WUAVersion
10.0.17134.137
```

これは、Windows 10のOSビルド番号と同じように見えますが、実際にはWindows Updateエージェント APIであるC:\Windows\System32\wuapi.dllのファイルバージョンであり、OSビルド番号とは必ずしも一致しません（OSビルドの品質更新プログラムで同時にエージェントが更新された場合は一致します）。また、Windowsでは慣例的に、Windows Updateエージェントのバイナリである C:\Windows\System32\wuaueng.dll を、エージェントのバージョンとして使用してきたことにも注意してください（wuapi.dllとwuaueng.dllのファイルバージョンは一致しないこともあります）。Windows Server Update Services（WSUS）の管理コンソールの「バージョン」列にOSビルド番号が表示されると誤解している人が多いようですが、実際には、このWindows Updateエージェントのwuaueng.dllのバージョン情報を示しています。

図1-13 WSUSコンソールの「バージョン」列はWindowsのバージョンではなく、Windows Updateエージェントのバージョン

C:\Windows\System32\wuapi.dllやwuaueng.dllのファイルバージョンは、「1.3.4 ファイルのバージョン情報の取得」で説明した方法で確認することができます。Windows 7〜Windows 10バージョン1703、Windows Server 2016以前のWindows Serverの場合は、こちらの方法でWindows Updateエージェントのバージョンを確認することができます。

1.3.7 ログオンセッションの確認、ログオフ、シャットダウン、再起動

最後に、コマンドプロンプトやWindows PowerShellのシェル環境から、現在の有効なログオンセッションの確認、現在のログオンセッションからログオフする方法、およびコンピューターのシャットダウンや再起動を行う方法について説明しておきましょう。

■ ログオンセッションの確認

現在、ローカルコンピューターにログオン中のユーザーとその状態を表示するには、次のコマンドラインを実行します。これにより、ローカルコンソール（console）から対話的にログオンしているユーザーやリモートデスクトップ接続（rdp-tcp#<番号>）でログオンしているユーザーのセッションとその状態（アクティブまたは切断）を確認することができます。管理者権限は不要です。

[W7] [W8] [W10]

```
C:¥> query session ⏎
```

■ コンピューターからのログオフ

現在のログオンセッションから直ちにログオフするには、コマンドプロンプトで次のコマンドラインを実行します。管理者権限は不要です。

[W7] [W8] [W10]

```
C:¥> logoff ⏎
```

■ コンピューターのシャットダウン

コンピューターのシャットダウンを直ちに開始するには、コマンドプロンプトで次のコマンドラインを実行します。管理者権限は不要です。

[W7] [W8] [W10]

```
C:¥> shutdown /s /t 0 ⏎
```

Windows PowerShellの場合は、次のコマンドラインを実行します。こちらも管理者権限は不要です。

[W7] [W8] [W10]

```
PS C:¥> Stop-Computer ⏎
```

Windows回復環境（WinRE）やWindowsプレインストール環境（WinPE）のコマンドプロンプトからコンピューターをシャットダウンするには、次のコマンドラインを実行します。

[W7] [W8] [W10]

```
X:¥> WPEUTIL Shutdown ⏎
```

■ コンピューターの再起動

コンピューターの再起動を直ちに開始するには、コマンドプロンプトで次のコマンドラインを実行します。管理者権限は不要です。

[W7] [W8] [W10]

```
C:¥> shutdown /r /t 0 ⏎
```

Windows PowerShellの場合は、次のコマンドラインを実行します。こちらも管理者権限は不要です。

```
[W7] [W8] [W10]
PS C:¥> Restart-Computer
```

Windows回復環境（WinRE）やWindowsプレインストール環境（WinPE）のコマンドプロンプトからコンピューターを再起動し、ローカルディスクからWindowsを通常起動するには、次のコマンドラインを実行します。

```
[W7] [W8] [W10]
X:¥> WPEUTIL Reboot
```

■│次回の再起動時にWindows回復環境（WinRE）で起動

次のコマンドラインを順番に実行すると、次回起動時にローカルディスクにインストールされているWindows回復環境（WinRE）で起動することができます。以下の**reagentc**コマンドを実行するには、管理者権限が必要です。

```
[W7] [W8] [W10]
C:¥> reagentc /boottore
C:¥> shutdown /r /t 0
```

Windows 8.1やWindows 10でこのコマンドラインを実行すると、再起動時に「詳細ブートオプション」メニューが表示されるので、「トラブルシューティング」「詳細オプション」「コマンドプロンプト」の順番に選択します。これは、Windows 10で、「設定」アプリの「更新とセキュリティ」の「回復」を開き、「PCの起動をカスタマイズする」にある「今すぐ再起動」をクリックしたときと同じ動作になります。Windows 7の場合は、「詳細ブートオプション」メニューではなく、「システム回復オプション」が起動します。

Windows 8およびWindows Server 2012からは、**shutdown**コマンドに**/o**オプションが追加されました。このオプションを使用すると、再起動時に「詳細ブートオプション」メニューに入ります。管理者権限は必要ありません。ただし、Windows ServerのServer Coreインストールでは、**/o**オプションは無視されるようで、通常の再起動が行われます。そのため、Server Coreインストールでは、前述の**reagentc**コマンドの方法を使用してください。

```
[W8] [W10]
C:¥> shutdown /r /o /t 0
```

メモ

Windows 8以降の高速スタートアップの影響について

Windows 8およびWindows Server 2012以降のWindowsで、トラブル（特に、コンピューターに接続されたデバイスの問題）の解決のために、コンピューターの電源を入れ直したい場合は、シャットダウンして電源オンよりも、再起動のほうが有効な場合があります。Windowsの標準の操作でシャットダウンして電源オンして起動するのと、同じくWindowsの標準の操作で再起動を開始することは、一見、同じに見えますが、実は異なります。

Windows 8以降のWindowsには「高速スタートアップ」と呼ばれる機能が導入され、高速ス

タートアップにシステムが対応している場合、既定で有効になっています。高速スタートアップは、次回のコンピューターの起動時間を短縮するために、シャットダウン時にデバイスの状態を保存します。そのため、シャットダウンして電源オンで起動するのと、稼働中のコンピューターを再起動するのとでは、起動処理に違いが生じます。これが、トラブル解決のためにはシャットダウンよりも、再起動をお勧めする理由です。

図1-14　Windows 8以降、利用可能な場合、高速スタートアップが既定で有効

　システムで高速スタートアップが利用可能であるかどうかは **powercfg /a** コマンドで確認できます。システム構成（仮想マシン環境、VHDネイティブブート環境、Windows To Goなど）によっては、高速スタートアップは利用できません。
　なお、**shutdown /s** コマンドによるシャットダウンでは、次回電源オン時に高速スタートアップは行われません（一方で高速スタートアップのためには **/hybrid** オプションを追加します）。また、Windows回復環境（WinRE）で再起動することを選択し、オプションの選択で「PCの電源を切る」で電源をオフにした場合も、次回電源オン時に高速スタートアップは使用されません。

1.4　お勧めのサイトとツール

　第1章の最後に、トラブルの調査に役立つサイトとツールを紹介します。

1.4.1　マイクロソフトランゲージポータル

　Windowsやアプリケーションからのエラーメッセージは、トラブルの原因の究明につなが

る、重要なヒントです。エラーメッセージの一部を検索サイトやユーザーフォーラム（TechNetフォーラムなど）で検索すれば、同様のトラブルが報告されているかもしれませんし、解決策を得られるかもしれません。

そのとき、日本語のエラーメッセージで検索するのはもちろん、オリジナル（英語）のエラーメッセージを検索することで、より多くの、そしてより役に立つ情報がヒットするかもしれません。オリジナルのエラーメッセージを知る方法の1つは、英語（en-us）言語パックを追加して英語環境を構築することですが、もっと手軽な方法があります。それは、マイクロソフトランゲージポータルを活用することです。日本語のメッセージの一部で検索することで、英語のメッセージを知ることができる場合があります（図1-14）。

マイクロソフトランゲージポータル
https://www.microsoft.com/ja-jp/language

TechNetフォーラム（日本）
https://social.technet.microsoft.com/Forums/ja-JP/

TechNetフォーラム（米国）
https://social.technet.microsoft.com/Forums/en-US/

図1-15　マイクロソフトランゲージポータル

1.4.2　Windows Sysinternals

　Windowsのトラブルシューティングの現場で欠かせないツールに、マイクロソフトが提供するWindows Sysinternalsのツール群があります。Windowsで発生するさまざまなトラブルの原因を調査し、問題解決の方法を支援する、豊富なツールが無料で提供されています。Windows Sysinternalsのツールの多くは、Windows回復環境（WinRE）のコマンドプロンプトでも利用可能です。

　Windows Sysinternalsのユーティリティは、マイクロソフトの製品ライフサイクルのサポート対象のすべてのWindowsバージョンで利用できます。インストールすることなく使用できるので、USBメモリなどで持ち歩き、トラブルが発生しているコンピューターのWindowsや、Windows回復環境（WinRE）で利用できます（図1-15）。また、「1.3.1　Webからのダウンロード」の例に示したように、**http://live.sysinternals.com/＜ツールのファイル名＞**のURLを使用して、最新バージョンを簡単にダウンロードすることもできます。

　Windows Sysinternalsのツールについては、本書では内容を補助するために利用している箇所はありますが、詳しく説明することはしません。詳しくは、筆者が翻訳を担当した以下の書籍をお勧めします。この書籍では、Windows Sysinternalsのツールごとの使い方に関する詳細なリファレンスに加えて、ツールを利用した原因不明のシステムトラブルの原因調査や解決、マルウェア駆除の方法を具体的に説明しています。

Windows Sysinternals徹底解説 改定新版（日経BP社）
https://shop.nikkeibp.co.jp/front/commodity/0000/P98960/

図1-16　Windows SysinternalsのSigCheckコマンドは、デジタル署名の正常性を確認するツールであるが、ファイルのバージョン情報の参照も可能（-aオプションを付けるとさらに詳細な情報を表示）

第2章
ターゲットのシステムを知る

　コンピューターにある程度詳しい人であれば、自分のコンピューターにインストールされているWindowsのバージョン、エディション、アーキテクチャ（32ビット（x86）か64ビット（x64）か）、ファームウェアの種類（BIOSかUEFIか）を把握している人は多いでしょう。もちろん、そうでない人もいるでしょうし、購入したばかりのコンピューターだとまだ把握していないかもしれません。

　自分のコンピューターをトラブルシューティングするとき、あるいは第三者のコンピューターのトラブルシューティングを頼まれたとき、まずはいま挙げたシステム情報を把握する必要があります。第2章では、情報収集のためのテクニックを紹介します。

2.1 システム情報の取得

　Windowsには、GUIやコマンドラインでシステム情報を取得する標準的な方法がいくつか用意されています。中にはWindowsのバージョンによって場所や方法が変更されている場合があります。そこで、可能な限り、Windowsのバージョンに依存しない、汎用的な方法を紹介します。

2.1.1 Windowsのバージョン情報

　Windowsのバージョン情報を取得する最も汎用的な方法は、「Windowsバージョン情報」（Winver.exe）をコマンドプロンプトや「ファイル名を指定して実行」から実行することです。Windowsのバージョン、詳細なOSビルド番号（Windows 7やWindows Server 2008はService Packレベルも）、エディションを確認することができます。

　この簡易的なコマンドライン版がコマンドプロンプト（cmd.exe）の**Ver**コマンドであり、OSビルド番号を確認することができます（Windows PowerShellで**ver**は実行できません）。Windows 10バージョン1703以前およびWindows Server 2016までは[Version 10.0.15063]や[Version 10.0.14393]のようにメジャーなビルド番号までの表示でしたが、Windows 10

バージョン1709およびWindows Server, Semi-Annual Channelからは[Version 10.0.16299.492]や[Version 10.0.17134.137]のように、Windows 10の詳細なビルド番号まで表示されるようになりました。

図2-1　Windows 10バージョン1709以降はVerコマンドが詳細なOSビルド番号を表示するように

Windows 10とWindows Server 2016以降の詳細なビルド番号を取得する

　Windows 10およびWindows Server 2016以降の詳細なビルド番号をコマンドラインから取得する方法としては、レジストリの「HKEY_LOCAL_MACHINE\SOFTWARE\Microsoft\Windows NT\CurrentVersion」キーにある「CurrentBuild」値（メジャービルド番号）と「UBR」値（マイナービルド番号）を参照します。例えば、Windows PowerShellで次のコマンドラインを実行します。

```
PS C:\> (Get-ItemProperty "HKLM:\SOFTWARE\Microsoft\Windows NT\CurrentVersion").CurrentBuild + "." + (Get-ItemProperty "HKLM:\SOFTWARE\Microsoft\Windows NT\CurrentVersion").UBR
17134.137
```

2.1.2 GUI版システム情報（Msinfo32）

Windowsの現在の全体的なシステム情報を確認するには、「システム情報」(Msinfo32.exe)をコマンドプロンプトや「ファイル名を指定して実行」から開始します。Windowsのバージョン情報に加えて、ハードウェアの情報、ファームウェアの種類を示すBIOSモード（BIOSを示す「レガシ」または「UEFI」）、ファームウェアのバージョン、セキュアブートの状況、仮想化対応状況などを1つの画面で参照できます。

```
C:¥> Msinfo32
```

図2-2 「システム情報」(Msinfo32.exe)

2.1.3 コマンドライン版システム情報（Systeminfo）

「Systeminfo.exe」は、「システム情報」(Msinfo32.exe)のコマンドライン版と言えるものです。その出力結果は「システム情報」と完全に一致するものではありませんが、ドメイン情報（Active Directoryドメインまたはワークグループ）、ホットフィックス情報（インストール済みの更新プログラムのKB番号）、ネットワーク情報など追加の情報もあります。

[W7] [W8] [W10]
```
C:¥> Systeminfo
```

図2-3　Systeminfo.exeの出力結果

ホットフィックス情報の表示バッファーの制約

　Systeminfo.exeのホットフィックス情報は表示用バッファーに制約があり、インストール済みの更新プログラムの数が多くなると（特に、長く運用しているWindows 7コンピューターの場合）、すべての更新プログラムの情報を表示できません。代わりに、「2.3 インストール済みの更新プログラム」の方法を使用してください。

2.1.4　Get-ComputerInfo

　Get-ComputerInfoコマンドレットは、Systeminfo.exeのPowerShell版とも言えるもので、Windows PowerShell 5.1から利用可能になりました。Windows 10バージョン1607およびWindows Server 2016以降では標準で利用できます。Windows 7 SP1/8.1、Windows Server 2008 R2 SP1/2012/2012 R2の場合は、Windows PowerShell 5.1を導入することで利用可能になります（「はじめに」を参照）。Windows 10初期リリースおよびバージョン1511のWindows PowerShell 5.0では利用できません（これらのWindows PowerShell 5.1は提供されていません）。

　Get-ComputerInfoコマンドレットが提供する情報の一部は、Windowsリモート管理（WinRM）サービスから取得しています。取得できる情報が少ない場合は、「第3章　システム設定の変更」の「3.6　リモート管理の有効化」で説明する方法でWinRMサービスを構成する必要があります。

[W7] [W8] **[W10]**

```
PS C:\> Get-ComputerInfo
```

```
管理者: Windows PowerShell                                                              －  □  ×
PS C:¥> Get-ComputerInfo

WindowsBuildLabEx                      : 17134.1.amd64fre.rs4_release.180410-1804
WindowsCurrentVersion                  : 6.3
WindowsEditionId                       : Professional
WindowsInstallationType                : Client
WindowsInstallDateFromRegistry         : 2018/05/01 2:04:36
WindowsProductId                       :
WindowsProductName                     : Windows 10 Pro
WindowsRegisteredOrganization          :
WindowsRegisteredOwner                 : yamauchi
WindowsSystemRoot                      : C:¥WINDOWS
WindowsVersion                         : 1803
BiosCharacteristics                    : {5, 7, 11, 12...}
BiosBIOSVersion                        : {DELL    - 1072009, BIOS Date: 08/03/12 11:29:22 Ver: 04.06.04, BIOS D
                                         ate: 08/03/12 11:29:22 Ver: 04.06.04}
BiosBuildNumber                        :
BiosCaption                            : BIOS Date: 08/03/12 11:29:22 Ver: 04.06.04
BiosCodeSet                            :
BiosCurrentLanguage                    : eng
BiosDescription                        : BIOS Date: 08/03/12 11:29:22 Ver: 04.06.04
BiosEmbeddedControllerMajorVersion     : 0
BiosEmbeddedControllerMinorVersion     : 5
BiosFirmwareType                       : Bios
BiosIdentificationCode                 :
BiosInstallableLanguages               : 1
BiosInstallDate                        :
```

図2-4 Get-ComputerInfoコマンドレットは、Windows PowerShell 5.1で利用可能

Windows PowerShellのコマンドレットが返すのは標準出力へのテキストではなく、オブジェクトです。そのため、**Get-ComputerInfo**コマンドレットの結果から必要な情報だけを取り出すことが容易に行えます。例えば、次のようなことができます。

W7 W8 **W10**

```
PS C:¥> (Get-ComputerInfo).OSName ↵
Microsoft Windows 10 Pro
C:¥> Get-ComputerInfo | select OSName, OSOperatingSystemSKU, OSVersion, WindowsCurrentV
ersion,WindowsVersion, OSArchitecture, BIOSFirmwareType, OSServerLevel ↵
OsName                 : Microsoft Windows 10 Pro
OsOperatingSystemSKU   : 48
OsVersion              : 10.0.17134
WindowsCurrentVersion  : 6.3
WindowsVersion         : 1803
OsArchitecture         : 64 ビット
BiosFirmwareType       : Bios
OsServerLevel          :
```

なお、WindowsVersionはWindows 10バージョン1703からサポートされた属性であり、1703、1709、1803のようなYYMM形式のバージョン番号を提供します（YYは西暦の下2桁、MMは月の2桁表記の月、そのビルドが完成した年月に由来）。以前のバージョンでは空欄になります。OSOperatingSystemSKUおよびOsServerLevelについては、後述します。

Windows 10のWindowsCurrentVersionが6.3（Windows 8.1）？

図2-4のWindowsCurrentVersionの値に注目してください。図2-4は、Windows 10バージョン1803の実行結果です。Windows 10の内部バージョンは10.0.xであり、6.3はWindows 8.1の内部バージョンです。これは一体どういうことでしょうか。

Windows 8以降、Win32 APIのGetVersionEx関数は、実際のOSとは関係なくWindows 8を示す6.2を返すようになりました（また、この関数の使用は非推奨になりました）。この動作は、アプリ互換性問題を最小限に抑えるためのものです。アプリケーションマニフェストに指定がない

場合、この関数は6.2を返します。また、マニフェストの指定によって、Windows 8.1の内部バージョンを示す6.3またはWindows 10の内部バージョンを示す10.0を返します。

WindowsCurrentVersionの情報を提供する目的はわかりませんが、少なくとも、異常ではないことを指摘しておきます。

2.1.5 WMIC

WMICコマンドは、Windowsのシステム管理情報へのアクセスを提供する「Windows Management Instrumentation（WMI）」サービスのフロントエンドクライアントとして使用できる標準コマンドです。システム情報を取得するには、次のようにOSエイリアスやCOMPUTERSYSTEMエイリアスを使用します。その他の利用可能なエイリアスについては、WMIC /?を実行してください。

[W7] [W8] [W10]

```
C:¥> WMIC <エイリアス> GET
C:¥> WMIC <エイリアス> <プロパティ名>, <プロパティ名>...
```

例えば、OSの情報とコンピューター名やドメイン／ワークグループの構成情報を取得するには、次のコマンドラインを実行します（図2-5）。

```
C:¥> WMIC OS GET Caption, OperatingSystemSKU, OSArchitecture, Version
C:¥> WMIC COMPUTERSYSTEM GET Domain, Name, PartOfDomain
```

図2-5　WMICコマンドによるシステム情報の取得

WMICコマンドの/NAMESPACEオプションを使用すると、WMIの任意の名前空間にアクセスできます。ちなみに、OSエイリアスは¥¥root¥CIMv2のWin32_OperatingSystemクラスを、COMPUTERSYSTEMエイリアスはWin32_ComputerSystemクラスを参照しています。次のようにWMICコマンドやGet-WmiObjectコマンドレット（エイリアスgwmi）を使用して情報を取得することもできます。次ページのgwmiの例は、そのコンピューターがActive Directoryドメインに参加しているか、ワークグループ構成であるかを判定しています。

[W7] [W8] [W10]

```
C:¥> WMIC /NAMESPACE:¥¥root¥cimv2 PATH Win32_OperatingSystem Get Caption, OperatingSystemSKU, OSarchitecture, Version
```

[W7] [W8] [W10]
```
PS C:¥> if ((gwmi win32_ComputerSystem).PartOfDomain) {Write-Host "Domain Join"} else {
"Workgroup"} ⏎
Workgroup
```

Windows 10のAzure AD参加デバイスを識別するには

　Windows 10 Pro以上のエディション（バージョン1511以降）は、Azure Active Directory参加（Azure AD参加、Azure AD Join）をサポートしています。Azure AD参加をセットアップしたコンピューターをWin32_ComputerSystemのPartOfDomainプロパティで識別することはできません。次のコマンドラインを実行することでAzure AD参加の状態（デバイスの登録状態や組織のアカウント、テナント情報など）を確認できます。

[W10]
```
C:¥> dsregcmd /status ⏎
```

2.1.6 レジストリからシステム情報を取得する

　ここまで説明してきたツールやコマンドが提供するシステム情報の多くは、レジストリの「HKEY_LOCAL_MACHINE¥SOFTWARE¥Microsoft¥Windows NT¥CurrentVersion」キー内に格納されています。レジストリは「レジストリエディター」（Regedit.exe）で参照、編集することができますが、操作を誤るとシステムに致命的な影響を与えかねません。参照するだけであれば、コマンドラインからのほうが簡単かつ安全に行えます。

　なお、コマンドラインからレジストリに変更を加えることはリスクを伴うため、本書では汎用的な方法としては紹介せずに、その都度、実際のコマンドラインを紹介します。

■ オンラインのレジストリ

　コマンドプロンプトからレジストリキーの特定の値を参照するには、次のようなコマンドラインを実行します。HKEY_LOCAL_MACHINEハイブはHKLM、HKEY_CURRENT_USERハイブはHKCRの短い形式で指定できます。

[W7] [W8] [W10]
```
C:¥> REG QUERY "HKLM¥SOFTWARE¥Microsoft¥Windows NT¥CurrentVersion" /v ProductName ⏎
HKEY_LOCAL_MACHINE¥SOFTWARE¥Microsoft¥Windows NT¥CurrentVersion
    ProductName    REG_SZ    Windows 10 Pro
```

　Windows PowerShellの場合は、**Get-ItemProperty**コマンドレットを使用します。Windows PowerShellでは、HKEY_LOCAL_MACHINEハイブがHKLM:ドライブに、HKEY_CURRET_USERハイブがHKCR:ドライブにマップされているので（**Get-PSDrive**コマンドレットで確認可能）、そのドライブからのパスを指定する点に注意してください（図2-6）。

```
[W7] [W8] [W10]
PS C:\> (Get-ItemProperty -Path "HKLM:\SOFTWARE\Microsoft\Windows NT\CurrentVersion").P
roductName
Windows 10 Pro
```

図2-6 参照目的でレジストリにアクセスするには、レジストリエディター（Regedit.exe）よりもコマンドラインが安全

■| オフラインのレジストリ

　Windows回復環境（WinRE）で起動したコンピューターのローカルディスクにインストールされているWindowsのシステム情報、あるいはローカルマウントしたVHD、VHDX、WIMイメージのシステム情報は、レジストリにオフラインでアクセスすることで確認できます。

　レジストリエディター（Regedit.exe）や**REG**コマンドは、現在、稼働中のシステムとユーザーのレジストリハイブを読み込んでいます（Windows回復環境（WinRE）の場合は、Windowsプレインストール環境（WinPE）インスタンス）。オフラインのイメージのレジストリを参照、編集するには、ハイブファイルの場所を確認して、それを現在のレジストリの一時的なパスに読み込み、作業後にアンロードします。

　HKEY_LOCAL_MACHINE\SYSTEMハイブ、およびHKEY_LOCAL_MACHINE\SOFTWAREハイブは、オフラインのイメージの「（マウント先パスまたはドライブ:)\Windows\System32\config」ディレクトリの「SYSTEM」および「SOFTWARE」にあります。レジストリエディター（Regedit.exe）の「ファイル」メニューの「ハイブの読み込み」を使用してこれらのハイブを読み込むことで、オフラインレジストリの参照は編集が可能です。操作後、「ハイブのアンロード」を実行する必要があります。なお、ユーザーのレジストリハイブは、ユーザープロファイルディレクトリのNTUSER.DATにありますが、アクセス許可の問題でアクセスが拒否される可能性があります。

　REGコマンドの場合は、**REG LOAD**および**REG UNLOAD**コマンドを使用します。次の例は、オフラインのシステムのSOFTWAREハイブ（D:\Wndows\System32\Config\SOFTW

AREに存在すると仮定します）からProductName値を取得して、Windowsの製品名を確認するものです（図2-7）。

`W7` `W8` `W10`
```
X:¥> REG LOAD HKLM¥MySoftwareHive D:¥Windows¥System32¥config¥SOFTWARE ↵
X:¥> REG QUERY "HKLM¥MySoftwareHive¥Microsoft¥Windows NT¥CurrentVersion" /v ProductName ↵
X:¥> REG UNLOAD HKLM¥MySoftwareHive ↵
```

図2-7　Windowsのインストールメディアから起動して、コマンドプロンプトでオフラインのWindowsのバージョンを確認する

インストールされている.NET Frameworkのバージョンを知るには

　必要な.NET Framework用更新プログラムを判断したいときなど、コンピューターにインストールされている.NET Frameworkのバージョンを取得したいときがあります。.NET Frameworkのバージョン情報は、レジストリの適切な場所を参照することで取得できます。ただし、参照するべき場所とレジストリ値の読み取り方は、インストールされているバージョンによってさまざまです。詳しくは、以下のドキュメントで確認してください。

How to: Determine which .NET Framework versions are installed
https://docs.microsoft.com/en-us/dotnet/framework/migration-guide/how-to-determine-which-versions-are-installed

　例えば、このドキュメントにある次のコマンドラインをオンラインのWindowsで実行すると、Windowsバージョンに関係なく、.NET Framework 4.6.2またはそれ以上がインストールされているかどうかをTrueまたはFalseで識別できます。なお、この場所には言語サポートごとのサブキーがあるため、日本語環境ではTrueまたはFalseが二重に出力されることがあります。

[W7] [W8] [W10]

```
PS C:\> Get-ChildItem "HKLM:SOFTWARE\Microsoft\NET Framework Setup\NDP\v4\Full\" | Get-ItemPropertyValue -Name Release | ForEach-Object { $_ -ge 394802 }
```

「第7章 便利なスクリプト」では、上記ドキュメントに基づいて作成した、NET Framework 2.0 ～ 4.7.2 までに対応したバージョン識別スクリプト「Get-DotNetVer.ps1」を紹介しています。

2.2 SKU番号による識別

　Windowsのエディションとその機能は、SKU（Stock Keeping Unit、製品単位）で区別されます。すべてのWindowsリリースには、固有のSKU番号が割り当てられており、**Get-ComputerInfo**コマンドレットのOSOperatingSystemSKUプロパティ（「2.1.4 Get-ComputerInfo」を参照）、または**WMIC**コマンドの**OS**エイリアスのOperatingSystemSKUプロパティ（「2.1.5 WMIC」を参照）から取得できます。例えば、WindowsのEnterpriseエディションはSKU番号「4」（Windows 8以降のEnterprise評価版は「72」であることに注意）です。

　SKU番号は、バイナリ形式のシステムライセンスファイル（tokens.dat）に格納されており、レジストリ（HKLM\SYSTEM\CurrentControlSet\Control\ProductOptionsキーのProductPolicy）にもバイナリ形式で読み込まれるため、SKU番号をレジストリから直接取得することはできません（他の入手可能な情報に基づいて予測することはできます）。

　SKU番号は数字であるため、バッチファイルやスクリプト内で識別するのに便利です。Active DirectoryのグループポリシーでWMIフィルターを利用して、特定のWindowsバージョンの特定のエディションだけをポリシーの対象にしたい場合にも利用できます（図2-8）。「Microsoft Windows 10 Enterprise」のような製品名を解釈することでもエディションを識別することが可能ですが、ミスが生まれる可能性がありますし、新しい製品に対応できない場合があります。

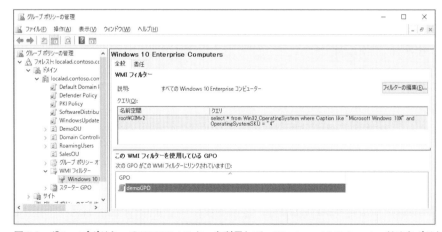

図2-8　グループポリシーのWMIフィルターを利用して、Windows 10 Enterpriseだけをポリシーの適用対象にする。このとき、SKU番号を条件にすると確実

表2-9と表2-10に、主要なWindowsバージョンおよびエディションについて、WMIから取得できるCaption、OperatingSystemSKU、Versionの値を、クライアントSKUとサーバーSKUに分けてまとめました。バッチやスクリプト、WMIフィルターなどでシステムを識別する際の参考にしてください。評価版は実環境では利用されないはずなので、省略します。

表2-9 クライアントSKU

Windows	Caption	Operating SystemSKU	Version
Windows 7	Microsoft Windows 7 Ultimate	1	6.1.7601
	Microsoft Windows 7 Home Basic ※1	2	6.1.7601
	Microsoft Windows 7 Home Premium	3	6.1.7601
	Microsoft Windows 7 Enterprise	4	6.1.7601
	Microsoft Windows 7 Starter	101	6.1.7601
	Microsoft Windows 7 Professional	48	6.1.7601
Windows 8.1	Microsoft Windows 8.1 Enterprise	4	6.3.9600
	Microsoft Windows 8.1 Pro	48	6.3.9600
	Microsoft Windows 8.1 ※2	101	6.3.9600
	Microsoft Windows 8.1 Pro with Media Center	103	6.3.9600
Windows 10 (SAC)	Microsoft Windows 10 Enterprise	4	10.0.x
	Microsoft Windows 10 Pro (Microsoft Windows 10 Business) ※3 (Microsoft Windows 10 Pro Education) ※4	48	10.0.x
	Microsoft Windows 10 Home	101	10.0.x
	Microsoft Windows 10 Education	121	10.0.x
	Microsoft Windows 10 Pro for Workstations	161	10.0.x
Windows 10 (LTSB)	Microsoft Windows 10 Enterprise 2015 LTSB	125	10.0.10240
	Microsoft Windows 10 Enterprise 2016 LTSB	125	10.0.14393

※1 Windows 7 Home Basicは日本市場向けには販売されませんでした。

※2 Windows 7のHome Premium、Windows 10のHomeエディションに相当します。通称、Windows 8.1無印とも呼ばれています。

※3 Windows 10 Businessは、中小規模企業向けのサービスである「Microsoft 365 Business」で管理されるWindows 10 Pro (バージョン1703以降) デバイスのエディション表示です。Windows 10 Businessになっても、SKU番号が変わることはありません。デバイスが管理対象でなくなると、エディション表示はWindows 10 Proに戻ります。

※4 Windows 10 Pro Educationは、Windows 10バージョン1607から追加されたエディションであり、Windows 10 Proがベースとなっています。SKU番号はWindows 10 Proと共通であり、プロダクトキーの変更や「教育機関向け Microsoft Store」(https://educationstore.microsoft.com/) の機能で双方向に切り替えることができます。

表2-10 サーバーSKU

Windows	Caption（かっこ付きはCaption未確認）	Operating SystemSKU	Version
Windows Server 2008 SP2	MicrosoftR WindowsR ServerR 2008 Standard	7	6.0.6002
	MicrosoftR WindowsR ServerR 2008 Datacenter	8	6.0.6002
	MicrosoftR WindowsR ServerR 2008 Enterprise	10	6.0.6002
	（Datacenter Server Coreインストール）	12	6.0.6002
	（Standard Server Coreインストール）	13	6.0.6002
	（Enterprise Server Coreインストール）	14	6.0.6002
Windows Server 2008 R2	Microsoft Windows Server 2008 R2 Standard	7	6.1.7601
	Microsoft Windows Server 2008 R2 Datacenter	8	6.1.7601
	Microsoft Windows Server 2008 R2 Enterprise	10	6.1.7601
	（Datacenter Server Coreインストール）	12	6.1.7601
	（Standard Server Coreインストール）	13	6.1.7601
	（Enterprise Server Coreインストール）	14	6.1.7601
Windows Server 2012	Microsoft Windows Server 2012 Standard	7	6.2.9200
	Microsoft Windows Server 2008 Enterprise	8	6.2.9200
Windows Server 2012 R2	Microsoft Windows Server 2012 R2 Standard	7	6.3.9600
	Microsoft Windows Server 2008 R2 Enterprise	8	6.3.9600
Windows Server 2016（LTSC）	Microsoft Windows Server 2016 Standard	7	10.0.14393
	Microsoft Windows Server 2016 Datacenter	8	10.0.14393
	（Datacenter Nano Server）	143	10.0.14393
	（Standard Nano Server）	144	10.0.14393
Windows Server, Semi-Annual Channel（SAC）	Microsoft Windows Server Datacenter	145	10.0.x（16299以降）
	Microsoft Windows Server Standard	146	10.0.x（16299以降）

メモ

Server Coreインストールを識別するには

　Server Coreインストールオプションは、Windows Server 2008から利用可能になった、GUIの大部分のコンポーネントを削除したコンパクトなインストールオプションです。Windows Server 2008およびWindows Server 2008 R2では、フルインストールとServer CoreインストールでSKU番号が異なるため、SKU番号で容易に識別できました。

　Windows Server 2012/2012 R2のGUI使用サーバーとServer Coreインストールは、SKU番号が共通です。なぜなら、このバージョンのWindows Serverは、GUI使用サーバーとServer Coreインストールを、後から切り替えることができるからです。現在、どちらの環境であるのかは、サーバーグラフィックシェル（Server-Gui-Shell）の機能がインストール済みであるか否かで判断できます。

```
PS C:¥> if((Get-WindowsFeature -name Server-Gui-Shell).InstallState -eq "Installed") {
Write-Host "GUI Install"} else {Write-Host "Server Core Install"}
```

　Windows Server 2016では、デスクトップエクスペリエンスとServer Coreインストールが

再び切り替えできなくなりましたが、SKU番号は引き続き共通です。**Get-ComputerInfo**コマンドレットのOsServerLevelプロパティで識別することができます。OSServerLevelはFullInstallまたはServerCoreを返します（Nano ServerはNanoServerを返します）。

```
PS C:\> if((Get-ComputerInfo).OsServerLevel -eq "FullServer") {Write-Host "DesktopExperience"} else {Write-Host "Server Core Install"}
```

Windows Server, Semi-Annual Channelは、Server Coreインストールのみがサポートされます（Nano ServerはDockerイメージとしてのみ提供されます）。そのため、インストールオプションの識別は不要です。次期LTSCバージョンであるWindows Server 2019については、正式にリリースされるまでどうなるかわかりませんが、おそらくWindows Server 2016と同じ方法で識別できるでしょう。

2.3 インストール済みの更新プログラム

ローカルコンピューターにインストール済みのWindowsおよびマイクロソフト製品の更新プログラムは、コントロールパネルの「プログラム」―「プログラムと機能」―「インストールされた更新プログラム」から確認することができ、ここからアンインストールすることもできます。ここでは、コマンドラインからインストール済みの更新プログラムの一覧を取得したり、特定の更新プログラムがインストールされているかどうかを確認する方法について説明します。

正常に起動しなくなったコンピューターにインストール済みの更新プログラム、アンインストールを目的としたコマンドラインによるインストール済み更新プログラムの確認とアンインストールの手順については、「第5章　Windows Updateのトラブルシューティング」で説明します。

2.3.1 Windowsの更新プログラム

インストール済みの更新プログラムの情報は、WMI（**WMIC**など）から取得できます。コマンドプロンプトで次の1つ目のコマンドラインを実行することで、インストール済みのすべての更新プログラムの一覧を取得できます。特定の更新プログラムのインストールの有無を確認するには、2つ目のコマンドラインのように、**FINDSTR**（または**FIND**）コマンドを使ってKB番号でフィルターします。管理者権限は必要ありません。

[W7] [W8] [W10]

```
C:\> WMIC QFE LIST BRIEF
C:\> WMIC QFE LIST | FINDSTR "KB4284848"
```

Windows PowerShellの場合は、**Get-Hotfix**コマンドレットを使用します。**Get-Hotfix**コマンドレットはKB番号を**-ID**オプションで受け付けます。管理者権限は必要ありません。

```
[W7] [W8] [W10]
PS C:\> Get-Hotfix
PS C:\> Get-Hotfix -ID "KB4284848"
```

図2-11 WMICコマンドまたはGet-Hotfixコマンドレットでインストール済みの更新プログラムを検索する

　WMIC QFE LISTおよびGet-Hotfixは、CBS（Component Based Servicing）を使用するWindowsの品質更新プログラムを対象としています。Office製品やその他のマイクロソフト製品は、Windows Updateで更新されますが、それらの製品の更新プログラムの情報は含まれません。

　また、Windows 8およびWindows Server 2012以降は、自動または手動によるコンポーネントストア（C:\Windows\WinSxS）のクリーンアップの影響で、古い更新プログラムの情報は表示されない場合があります。コンポーネントストアのクリーンアップは、スケジュールされたタスク（\Microsoft\Windows\Servicing\StartComponentCleanup）として定期的に自動実行されます。

累積更新プログラムによる更新モデルの影響について

　WMIC QFE LISTおよび**Get-Hotfix**が報告するインストール済み更新プログラムのうち、累積更新プログラム（Windows 7/8.1のセキュリティマンスリー品質ロールアップやセキュリティのみの更新ロールアップを含む）については、最後にインストールされた最新の累積更新プログラムの情報のみが報告されることにも注意してください。

　例えば、Windows 10の場合、最後の累積更新プログラム（Latest Cumulative Update：LCUとも呼ばれます）、履歴として残っているすべてのサービススタックの更新プログラム（Servicing Stack Update：SSUとも呼ばれます）、履歴として残っているすべてのAdobe Flash Playerの更新プログラム、およびその他の個別の更新プログラムの情報が取得されることになるでしょう。前月の累積更新プログラムの情報は**WMIC QFE LIST**および**Get-Hotfix**では取得できません。そのため、「設定」アプリの「更新の履歴」の情報とは一致しません。Windows 7/8.1の場合も、コントロールパネルの「更新履歴の表示」の情報とは一致しません。

　Windows 10の「設定」アプリの「更新の履歴」や、Windows 7/8.1のコントロールパネルの「更新履歴の表示」では、更新プログラムのインストールの成功や失敗の状況、およびWindows以外の更新プログラムのインストール履歴を確認できます。この情報については、「第7章　便利なスクリプト」で紹介するWindowsUpdateHistory.vbsで取得できます。

2.3.2 Windows Defenderのエンジンおよび定義ファイル

　Windows 8以降のWindows、およびWindows Server 2016以降のWindows Serverには、Windows Defenderウイルス対策機能が標準搭載されており、他社のウイルス対策製品がインストールされていない場合は既定で有効化されます（Windows Server 2016では「Windows DefenderのGUI」はオプション機能です。Windows Server 2019ではWindows DefenderのGUI機能はデスクトップエクスペリエンスの「Windowsセキュリティ」アプリに統合される予定です）。

　Windows 8.1以降およびWindows Serverでは、Windows PowerShell用のDefenderモジュールが提供されており、エンジンや定義ファイルの更新、スキャンの開始、詳細な設定オプションの参照と変更が可能です。例えば、次のコマンドラインを順番に実行すると、エンジンと定義ファイルを更新し（利用可能な場合）、現在のエンジンや定義ファイルのバージョンやその作成日などを確認することができます。その他の利用可能なコマンドレットは、**Get-Command -Module Defender**で確認してください。

[W8] [W10]

```
PS C:\> Update-MpSignature
PS C:\> Get-MpComputerStatus
```

　Microsoft Security EssentialsまたはSystem Center Endpoint ProtectionがインストールされたWindows 7の場合は、コマンドプロンプトで次のコマンドラインを実行することで、エンジンと定義ファイルの更新を開始できます。MpCmdRun.exeのその他のオプション（**-Scan**によるスキャン開始など）については、**MpCmdRun.exe /?**で確認してください。Windows 8以降もMpCmdRun.exeを実行することが可能ですが、その場合はパスを"%ProgramFiles%\Microsoft Defender\MpCmdRun.exe"に置き換えてください。

[W7] [W8] [W10]

```
C:\> "%ProgramFiles%\Microsoft Security Client\MpCmdRun.exe" -SignatureUpdate -MMPC
```

2.3.3 クイック実行（C2R）版Officeアプリの更新状況

　Office 2013以降は、クイック実行（Click to Run：C2R）版が標準となり、インストールと更新の方法が大きく変更されました。Office 2013以降のパッケージ製品、プレインストール製品、Office 365サブスクリプション製品のほとんどはクイック実行（C2R）版であり、Officeアプリに組み込まれた更新機能で最新バージョンに更新されます。クイック実行（C2R）版Officeの更新のために、Windows Updateが使用されることはありません。

　Office 2010以前は、従来のWindowsインストーラー（MSI）版であり、Windows Updateを通じて更新されます。Office 2013以降、Windowsインストーラー（MSI）版は、ボリュームライセンス製品など一部の製品に限られます。

　インストールされているOffice製品が、クイック実行（C2R）版であるか、Windowsインストーラー（MSI）版であるかどうかは、任意のOfficeアプリの「ファイル」メニューから「ア

カウント」（Outlookの場合は「Officeアカウント」）を開き、「更新オプション」ボタンが存在するかどうかで確認することができます（図2-12）。現在の更新バージョンと更新チャネル（月次チャネル、半期チャネル、半期チャネル（対象限定））の確認や、手動更新の開始もここから行えます。

図2-12 クイック実行（C2R）版Officeアプリには「更新オプション」ボタンが存在する

クイック実行（C2R）版Officeのバージョン情を確認するために、Officeアプリを開くのは時間がかかります。すばやく確認する方法がないか考えてみました。

Office 2016の場合は、「アカウント」ページのビルド番号が、レジストリの「HKEY_LOCAL_MACHINE\SOFTWARE\Microsoft\Office\ClickToRun\Configuration」キーにある「VersionToReport」値と一致することがわかりました。コマンドプロンプトからであれば、次のようなコマンドラインで確認することができます。なお、これはOffice 2016で確認したものです。Office 2013の場合はレジストリの場所や値の名前が異なる可能性があります。

[W7] [W8] [W10]

```
C:\> REG QUERY HKLM\Software\Microsoft\Office\ClickToRun\Configuration /v VersionToReport
```

「第7章 便利なスクリプト」では、クイック実行（C2R）版Office 2016の現在の更新チャネルとバージョン（ビルド）を確認し、更新の確認とインストールを開始するスクリプトを紹介しています。

C2R版Officeアプリの更新で発生した問題をロールバックして一時回避する

メモ　クイック実行（C2R）版Officeアプリは、個別の更新プログラムで更新されるのではなく、更新されたイメージとの差分をダウンロードして置き換えます。そのため、Officeアプリの更新の影響で問題（例えば、Wordで日本語が入力できない、Outlookでメールが転送できないなど）が発生したとしても、Windowsインストーラー（MSI）版のように更新プログラムをアンインストールして問題を一時的に回避するという方法が使えません。

クイック実行（C2R）版Officeアプリの特定の更新バージョンで問題が発生した場合は、それ以前の問題が発生していないバージョンにロールバックするという方法で、問題を一時的に回避することができます。過去のバージョンを指定しての更新というわけです。具体的な方法については、「第8章　トラブルシューティング事例」の「8.8　C2R版Office 2013/2016の更新問題の一時的な回避」を参照してください。

2.4　イベントログの参照

Windowsのイベントログには、さまざまな情報レベルのものから重大なものまで、大量の情報が記録されています。その中には、システムやアプリケーションで発生するトラブルやその予兆が記録されていることがあります。「イベントビューアー」（Eventvwr.msc）は、イベントログを参照するための標準的なGUI管理ツールですが、コマンドラインからイベントログにアクセスする方法も複数用意されています。

ここでは、2018年7月1日以降に「システム」（System）ログに記録された、「エラー」（Error）および「重大」（Warning）レベルのイベントを参照する例で説明します。「セキュリティ（Security）」ログを対象としない限り、管理者権限は不要です。

2.4.1　WMIC NTEVENT

WMICコマンドのNTEVENTエイリアス（WMI名前空間￥￥root￥CIMv2のWin32_NTEventLogFileクラスを参照）を利用して、イベントログを参照する例です。なお、この例におけるTimeGeneratedは日本時間（UTC+9:00）ではなく、UTC（協定世界時）であることに注意してください。その部分が、他のコマンドラインの結果と違ってきます。

[W7] [W8] [W10]

```
C:¥> WMIC NTEVENT WHERE "(LogFile='System' and TimeGenerated >= '20180701' and (EventType='1' or EventType='2'))" list full ⏎
```

「第7章　便利なスクリプト」では、WMI経由でイベントログから情報を取得して、CUIメニュー形式で参照を可能にするスクリプトを紹介しています。

2.4.2　Get-EventLog（非推奨）

Get-EventLogコマンドレットはWindows PowerShellの初期バージョン（1.0）から利用可能なコマンドレットです。先ほどと同じ条件（ただし日付は日本時間）で実行するには、次のコマンドラインのいずれかを実行します。なお、Get-EventLogコマンドレットの-InstanceIDオプションおよび出力結果InstanceID列はイベントIDのように見えますが、イベントIDを示さないものもあります。イベントIDを正しく出力するには、次の2つ目のコマンドライン

のように、EventIDプロパティを選択してください。

[W7] [W8] [W10]

```
PS C:\> Get-EventLog -LogName System -After (Get-Date 2018/07/01) -EntryType Error,Warning
または
PS C:\> Get-EventLog -LogName System -After (Get-Date 2018/07/01) -EntryType Error,Warning | Select TimeGenerated, EntryType, Source, EventId, Message
```

　Get-EventLogコマンドレットは、クラシックなログ（Application、System、Security）にのみ対応しており、「アプリケーションとサービスログ」に対応していません。後述するGet-WinEventコマンドレットの使用を推奨します。

システム時刻の変更がなぜか"CVEの検出の可能性"
　Get-EventLogコマンドレットには、次のような不具合もあります。Windows 10バージョン1607以降において、ソース「Microsoft-Kernel-General」からのイベントID「1」として記録されるシステム時刻の同期イベントの説明が、「CVEの検出の可能性：...」と誤って表示されるという問題です。これは**Get-EventLog**コマンドレットの問題であり、脆弱性を検出しているわけではまったくありません。このような問題があるため、**Get-EventLog**コマンドレットの使用は推奨されません。

図2-13　Get-EventLogコマンドレットのMessageが、イベントログの説明とまったく違う

2.4.3　WEVTUTIL

　WEVTUTIL（Wevtutil.exe）コマンドは、ログまたはログファイルからイベントログを検索する「Windowsイベントコマンドラインユーティリティ」です。この例では、条件式を/qオプションにXPathクエリ形式で指定しています。XPathクエリ形式については、後述します。

筆者はよく「WEBTUTIL」とタイプミスをしてしまいます。「WEVTUTIL」（Windows EVenT commandline UTILity）なので注意してください。

[W7] [W8] [W10]

```
C:¥> WEVTUTIL qe System /rd:true /f:text /q:"*[System[(Level=1 or Level=2) and TimeCreated[@SystemTime>='2018-06-30T15:00:00.000Z']]]"
```

WEVTUTILコマンドは、オフラインのシステムのイベントログを参照することも可能です。詳しくは、「第4章 Windows回復環境（WinRE）」で説明します。

2.4.4 Get-WinEvent

Get-WinEventコマンドレットは、Windows PowerShell 2.0から利用可能になった、Get-EventLogの後継です。この例でも、条件式を -FilterXPath オプションにXPathクエリ形式で指定しています。XPathクエリ形式については、後述します。

[W7] [W8] [W10]

```
PS C:¥> Get-WinEvent -LogName System -FilterXPath "*[System[(Level=1 or Level=2) and TimeCreated[@SystemTime>='2018-06-30T15:00:00.000Z']]]"
```

メモ

難解なXPathクエリ、イベントビューアーの力を借りれば簡単

　　WEVTUTILコマンドおよびGet-WinEventコマンドレットで使用したXPathクエリは、難解に見えるでしょう。実は、このクエリは、「イベントビューアー」（Eventvwr.msc）の「現在のログをフィルター」ダイアログボックスで簡単に作成できます。「現在のログをフィルター」ダイアログボックスを開いたら、「フィルター」タブのGUIを使用して、フィルター条件を作成します（図2-14）。

図2-14　「現在のログをフィルター」の「フィルター」タブで条件を作成する

次に、「XML」タブに切り替えます。＜Select＞セクションに目的のXPathクエリがあるので、これを Ctrl + C キーでクリップボードにコピーして利用します（図2-5）。「現在のログをフィルター」ダイアログボックスは「キャンセル」ボタンで閉じてしまって構いません。あとはクリップボードからメモ帳などに貼り付けて再利用します。このとき、テキストに「>」と「<」が含まれる場合は、それぞれ「>」「<」に置き換えてください。

図2-15 ＜Select＞セクションからXPathクエリをコピーする

カスタムイベントログの書き込み

Windows標準の **EVENTCREATE** コマンドを利用すると、イベントログのApplicationまたはシステムログに、カスタムイベントを作成することができます。この機能を活用すると、バッチスクリプトの実行（開始と終了）の履歴をイベントログに記録したり、システム変更の記録としてイベントログにマークを残すことができます。

例えば、次のコマンドラインを実行すると、システム（SYSTEM）ログにイベントID「999」の情報（INFORMATION）イベントをカスタムイベントとして書き込むことができます（図2-16）。実行するには、管理者権限が必要です。

[W7] [W8] [W10]

```
C:\> EVENTCREATE /T INFORMATION /ID 999 /L SYSTEM /SO "<任意のイベントソース名>" /D "<イベントの説明>"
```

/T オプションには、SUCCESS（成功）、ERROR（エラー）、WARNING（警告）、INFORMATION（情報）のいずれかを指定します。**/ID** オプションにはイベントIDを1～1000の範囲で任意に指定できますが、他のイベントIDで使用されていないものを確認してから（通常のイベントのフィルターや検索に影響するため）、どのイベントIDを使用するか判断することをお勧めします。**/L** オプションにはAPPLICATIONまたはSYSTEMを指定します。**/SO**（エス・オー）オプションには任意のイベントソース名を指定できますが、ログごとに一意である必要があります。イベントソースが存在しない場合、作成されます。

図2-16　EVENTCREATEコマンドによるカスタムイベントの書き込み

　Windows PowerShellでカスタムイベントログを書き込むには、次の1つ目コマンドラインのように**New-EventLog**コマンドレットで特定のログ（ApplicationやSystemなど）にイベントソースを作成した上で（作成はイベントソースごとに1回）、2つ目のコマンドラインのように**Write-EventLog**コマンドレットでイベントを書き込みます。**-EventID**オプションには0～65535の範囲から指定できます。なお、**New-EventLog**コマンドレットの実行には管理者権限が必要です。**Write-EventLog**コマンドレットの実行には管理者権限は必要ではありませんが、対象のログ（Security）によっては必要です。

W7 W8 W10

```
PS C:\> New-EventLog -LogName Application -Source "<作成するイベントソース名>"
PS C:\> Write-EventLog -LogName Application -Source "<イベントソース名>" -EventID 998 -EntryType INFORMATION -Message "<イベントの説明>"
```

2.5　信頼性モニター

　「信頼性モニター」は、過去1か月のシステムの全体的な安定性を数値化し、システムに影響を与えた可能性のある特定の問題や情報イベントをレポートしてくれるWindowsの標準機能です。コントロールパネルの深くに隠れるように存在するため、その存在や利用価値を知らない人も多いようです。
　「信頼性モニター」は、コントロールパネルの「システムとセキュリティ」にあるWindows 8.1およびWindows Server 2012 R2以前の「アクションセンター」、Windows 10およびWindows Server 2016以降の「セキュリティセンター」（これらのバージョンでは「アクションセンター」はタスクバーの右端にある通知機能の名前になりました）で、「メンテナンス」を展開し、「問題の報告」のところにある「信頼性履歴の表示」をクリックすることで開始できます。

「信頼性」イベントの「情報」と「警告」イベントには、主にWindows Updateによる更新プログラムのインストール、アプリケーションのインストール、またはドライバーのインストールの履歴（成功または失敗）をレポートするものであり、トラブルの発生した時期とWindows Updateの関連性を調べるのに便利です。「アプリケーションエラー」「Windowsエラー」「その他のエラー」イベントでは、アプリケーションやシステムのクラッシュ、ハードウェアのエラーを確認することができます（図2-17）。

原因不明のシステムトラブルが発生している場合、システムを正常に起動できる、あるいはセーフモードで起動できるなら、「信頼性モニター」を確認することで、問題の発生状況やタイミングが判明するかもしれません。

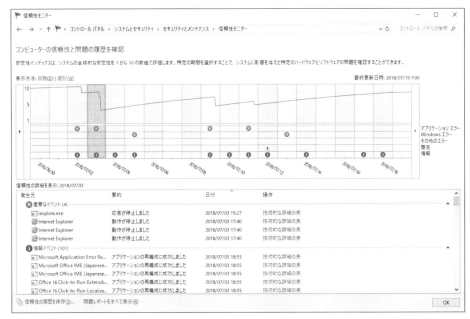

図2-17　「信頼性モニター」のレポートを確認することで、過去1か月のシステム全体の安定性とそれに影響を与えた可能性があるイベントを確認できる

第3章
システム設定の変更

　第3章では、GUIが応答しない、あるいはServer Coreインストール環境やPowerShell Remotingによるリモートから操作など、GUI管理ツールを利用できない状況を想定し、コマンドラインによるシステム設定の変更や操作のテクニックを紹介します。

　この章ではトラブルが発生しているコンピューターがオンライン（通常に稼働している状態）であることを想定しています。多くのコマンドラインは、セーフモードで起動したシステムでも利用できるはずです。ただし、セーフモードで起動しないサービスやドライバーに依存するものは利用できない場合があります。セーフモードで制限されるサービスを許可する方法について、「第8章　トラブルシューティング事例」で説明しています。Windows回復環境（WinRE）でのコマンドライン操作については、「第4章　Windows回復環境（WinRE）」で説明します。

　また、この章では、Active Directoryドメインに参加していないコンピューターでのシステム設定の変更を想定しています。Active Directoryドメインのメンバーで操作すると問題があるものについては、その都度、明記します。

3.1 コンピューター名の変更

　Windows 10をクリーンインストールした場合、DESKTOP-XXXXXXのようなランダムなコンピューター名が自動設定されます。しかし、そのままだとトラブルシューティング作業が面倒な場合があります。ワークグループ構成のWindowsのコンピューターは、次の方法でコマンドラインから変更することができます。コマンドラインを実行するには、管理者権限が必要です。

[W7] [W8] [W10]

```
C:\> WMIC COMPUTERSYSTEM where name="%COMPUTERNAME%" call rename name="<新しいコンピューター名>"
...
{
```

```
        ReturnValue = 0;
}
C:\> shutdown /r /t 0
```

Windows ServerであればNETDOMコマンド（netdom renamecomputer…）で簡単にできるのですが、WindowsクライアントにはNETDOMコマンドは搭載されていません。ご覧のように、WMICコマンドを利用した呪文のようなコマンドラインになります。%COMPUTERNAME%の部分は、実行時に現在のコンピューター名に置き換えられるので、＜新しいコンピューター名＞の部分だけを書き換えてください。前後のダブルクォーテーションは必須です。ReturnValueが0以外の場合は失敗したことを示します。

なお、Active Directoryドメインのメンバーの場合は、この方法で変更することはできません。

3.2 タイムゾーンとシステムロケールの変更

3.2.1 タイムゾーンの変更

何らかの理由でタイムゾーンが「(UTC+09:00) 大阪、札幌、東京」以外に設定されている場合、ローカル時刻の表示が正しくありません。コマンドラインでタイムゾーンを確認、変更するには、次のコマンドラインを実行します。/gオプションは現在のタイムゾーン設定の表示、/sオプションはタイムゾーンの変更指定です。タイムゾーンの変更に、管理者権限は必要ありません。

[W7] [W8] [W10]

```
C:\> tzutil /g
Korea Standard Time
C:\> tzutil /s "Tokyo Standard Time"
C:\> tzutil /g
Tokyo Standard Time
```

3.2.2 表示言語とシステムロケールの変更

Windowsは言語パックを追加することで、複数の言語に対応することができます。例えば、日本語版（ja-jp）のWindowsに英語（en-us）言語パックを追加することで、UIの表示言語やシステムロケールを変更することが可能です。英語（en-us）を利用可能にすることで、そのトラブルが日本語環境固有の問題なのかどうかを切り分けるのに役立つことがあります。

Windows 7では、EnterpriseおよびUltimateエディションに限り、Windows Updateを通じてオプションの更新プログラムとして言語パックを入手できます。Windows 8以降はすべ

てのエディションで、コントロールパネルの「時計、言語、および地域」─「言語」から言語パックの追加が行えます。ただし、Windows 10バージョン1803以降ではコントロールパネルから「言語」は削除されました。Windows 10バージョン1803では、「設定」アプリの「時刻と言語」─「地域と言語」から追加することができます。

　ここでは、複数の言語パック（ja-jpとen-us）がインストール済みであることを前提に、表示言語とシステムロケールをコマンドラインで変更する方法について説明します。

■｜表示言語の変更

　表示言語を「英語」（en-us）に変更するには、Windows PowerShellで次のコマンドラインを実行します。管理者権限は必要ありません。次回ログオン時に表示言語が切り替わります。元に戻すには、以下のコマンドラインの**en-us**を**ja-jp**に置き換えてください。

[W8] [W10]

```
PS C:¥> Set-WinUILanguageOverride en-us
PS C:¥> logoff
```

■｜システムロケールの変更

　システムロケールを「英語（米国）」（English（United States））に変更するには、Windows PowerShellで次のコマンドラインを実行します。管理者権限は必要ありません。再起動後にシステムロケールが切り替わります。元に戻すには、以下のコマンドラインの**en-us**を**ja-jp**に置き換えてください。

[W8] [W10]

```
PS C:¥> Get-WinSystemLocale
LCID             Name             DisplayName
----             ----             -----------
1041             ja-JP            日本語（日本）
PS C:¥> Set-WinSystemLocale en-us
PS C:¥> Restart-Computer
（コンピューターの再起動）
PS C:\> Get-WinSystemLocale
LCID             Name             DisplayName
----             ----             -----------
1033             en-us            English (United States)
```

■｜コマンドプロンプトのコードページを一時的に変更する

　Windows標準の**CHCP**コマンドを使用すると、コマンドプロンプトのコードページを一時的に別の言語に変更することができます。例えば、英語のコードページ（437）に変更することで、コマンドラインの出力結果やエラーメッセージを英語で確認できることができます。

　次のコマンドラインは、英語（437）、UTF8（65001）、日本語シフトJIS（932）の順番にコードページを変更します。日本語版Windowsの既定のコードページは日本語シフトJIS（932）です。なお、コマンドプロンプトではメッセージが指定したコードページで表示され

ますが、Windows PowerShellのローカルコンソールでの操作では日本語のメッセージのまま文字化けするなどして、あまり意味がありません。

⟦W7⟧ ⟦W8⟧ ⟦W10⟧

```
C:¥> chcp 437
C:¥> chcp 65001
C:¥> chcp 932
```

図3-1 CHCP 437で英語コードページに切り替え、英語のエラーメッセージを確認する。英語(en-us)言語パックのインストールは不要

3.3 ユーザーの作成

ユーザー固有の問題であるかどうかを切り分けるには、ローカルユーザーを作成して、ログオンし、トラブルが再現するかどうかを確認するのも1つの手です。また、トラブルシューティング作業を円滑に進めるために、一時的にローカル管理者を作成して作業したい場合もあるでしょう。

3.3.1 ローカルユーザー（一般ユーザー）の作成

ローカルユーザーを作成するには、**NET USER**コマンドを使用します。次のコマンドラインを実行することで、ユーザー名localuser（ユーザー名は適当に置き換えてください）を作成し、パスワードを設定することができます。作成したユーザーは、既定でローカルUsersグループのメンバーになり、一般ユーザーとしてログオンできるようになります。

[W7] [W8] [W10]
```
C:\> net user localuser * /add
ユーザーのパスワードを入力してください: <パスワード>
確認のためにパスワードを再入力してください: <パスワード>
コマンドは正常に終了しました。
```

3.3.2 ローカル管理者の作成

ローカル管理者を作成するには、ローカルユーザーを作成し、ローカルAdministratorsグループのメンバーに追加します。次の例は、ユーザー名localadmin（ユーザー名は適当に置き換えてください）を作成し、パスワードを設定して、ローカルAdministratorsグループに追加します。

[W7] [W8] [W10]
```
C:\> net user localadmin * /add
ユーザーのパスワードを入力してください: <パスワード>
確認のためにパスワードを再入力してください: <パスワード>
コマンドは正常に終了しました。
C:\> net localgroup Administrators localadmin /add
コマンドは正常に終了しました。
```

3.3.3 ローカルユーザーの削除

一時的に作成したローカルユーザーは、次のコマンドラインで削除することができます。

[W7] [W8] [W10]
```
C:\> net user localuser /delete
コマンドは正常に終了しました。
C:\> net user localadmin /delete
コマンドは正常に終了しました。
```

ユーザーがローカルコンピューターにログオンすると、ユーザープロファイルのフォルダー（C:\Users\<ユーザー名>）が作成されます。これをクリーンアップする場合は、「システムのプロパティ」（Sysdm.cpl）の「詳細設定」タブにある「設定」をクリックし、該当するユーザー（ユーザーを削除した後の場合は「不明なアカウント」）のプロファイルを削除してください（図3-2）。

図3-2　不要なユーザープロファイルを削除する

3.4 ネットワークの設定変更

　ネットワークが関連するトラブルを調査するために、ネットワークの設定の確認や変更が必要になることがあります。また、トラブルにリモートで対応しなければならない場合は、トラブルが発生する前に事前に準備しておくか、あるいは遠隔地にいる支援者にリモート接続のための作業をしてもらう必要があるでしょう。なお、ここで言う「遠隔地にいる支援者」とは、企業内ネットワークに接続された別のコンピューターを利用している支援者（IT管理者など）を想定しています。Windowsのリモートアシスタンス機能などを利用した、インターネット経由での遠隔支援については、さまざまなケースがあるため本書では説明していません。

3.4.1 IPv4アドレスの確認と変更

　コマンドラインからのIPアドレスの確認は、基本中の基本であり、説明するまでもないでしょう。最も標準的なのは、次のコマンドラインです。

[W7] [W8] [W10]

```
C:¥> ipconfig /all
```

　特定のネットワークインターフェイスにIPアドレスとDNSサーバーのアドレス（いずれも

IPv4の場合）を設定するには、**NETSH**コマンドを次のように実行します。この例では、「ローカル エリア接続」（半角スペースが存在することに注意）に、IPアドレス「192.168.1.100」、サブネットマスク「255.255.255.0」、デフォルトゲートウェイ「192.168.1.1」、プライマリDNSサーバー「192.168.1.1」を設定しています。

[W7] [W8] [W10]

```
C:¥> netsh interface ipv4 show interfaces ↵
Idx     Met         MTU        状態           名前
---  ----------  ----------  -----------  ---------------------------
 1      35         1500       connected    Loopback Pseudo-Interface 1
11      25         1500       connected    ローカル エリア接続
C:¥> netsh interface ipv4 set address "ローカル エリア接続" static 192.168.1.100 255.25
5.255.0 192.168.1.1 ↵
C:¥> netsh interface ipv4 add dnsserver "ローカル エリア接続" address=192.168.1.1 index
=1 ↵
```

次の例は、「ローカル エリア接続」（半角スペースが存在することに注意）のIPアドレスとDNSサーバーをDHCP割り当てに切り替える例です。

[W7] [W8] [W10]

```
C:¥> netsh interface ipv4 set address "ローカル エリア接続" source=dhcp ↵
C:¥> netsh interface ipv4 set dnsserver "ローカル エリア接続" source=dhcp ↵
```

3.4.2 ポートのリスン状況と名前解決

■ TCP/UDPポートの接続とリスン状況の参照

TCP/IPネットワークにおけるTCPポート間の接続状況、および TCP/UDPポートのリスン状況を参照するには、次のコマンドラインを実行します。アドレスとポート番号を数字形式で表示するには、**-n**オプションを使用します（**-a -n**または**-an**、またはその他のオプションとの組み合わせ）。

[W7] [W8] [W10]

```
C:¥> netstat -a ↵
または
C:¥> netstat -an ↵
```

■ 名前解決の確認

コンピューター名やFQDN指定によるネットワークの接続性に問題がある場合は、名前からIPアドレスへの名前解決ができるかどうかを確認します。DNSの名前解決には**nslookup**コマンドを、NetBIOSの名前解決には**NBTSTAT**コマンドを使用します。

```
[W7] [W8] [W10]
C:\> nslookup <コンピューター名またはFQDNまたはIPアドレス>
C:\> nbtstat -a <コンピューター名>
C:\> nbtstat -A <IPv4アドレス>
```

　Windows 8以降では、Windows PowerShellでより高機能な**Resolve-DnsName**コマンドレットを利用できます。このコマンドレットは、DNS、DNSSEC、LLMNR（Link-Local Multicast Name Resolution）、NetBIOS、マルチキャストDNS（Windows 10バージョン1607以降のみ）、およびHOSTSファイル（%Windir%\System32\Drivers\Etc\hosts）による、IPv4およびIPv6の名前解決をテストできます。DNSの名前解決だけに限定するには、**-DNSOnly**オプションを指定します。その他のオプションについては、**Get-Help Resolve-DNSName**で確認してください。

```
[W8] [W10]
PS C:\> Resolve-DnsName <コンピューター名またはFQDNまたはIPアドレス>
```

3.4.3 ネットワークの場所（プロファイル）の変更

　Windowsは、「Network Location Awareness」（NlaSvc）サービスにより、接続先のネットワークを識別し、新たな接続についてはユーザーにパブリック（Public）かプライベート（Private）な接続か、ネットワークプロファイルの選択を求めます。ネットワークプロファイルの選択は、Windowsファイアウォール（Windows 10バージョン1709以降はWindows Defenderファイアウォール）のファイアウォールプロファイルの選択基準となります。

　ネットワークプロファイル「プライベート」（Private）の接続には、ファイアウォールプロファイル「プライベートプロファイル」（Private）または「ドメインプロファイル」（Domain、Active Directoryメンバーの場合のみ）が、ネットワークプロファイル「パブリック」（Public）には、「パブリックプロファイル」（Public）が適用されます。ネットワークを識別できない場合（利用可能なデフォルトゲートウェイが存在しないを含む）は、「識別されていないネットワーク」と識別され、Windowsファイアウォールの「パブリックプロファイル」（Public）が適用されます。

　ネットワークプロファイルとファイアウォールプロファイルは関連性がありますが、別のプロファイルです。しかし、どちらにも「プライベート」と「パブリック」があるため混乱するかもしれません。重要なことは、適切なファイアウォール設定を適用するために、適切なネットワークプロファイルをネットワークに接続に対して設定することです。

　ネットワーク接続のネットワークプロファイルは、後から変更することができます。Windows 7の場合は、コントロールパネルの「ネットワーク共有センター」から直感的にできました（図3-3）。しかし、Windows 8以降は、方法が変更され、わかりにくくなっています。また、Windowsのバージョンによって、度々、その設定場所と方法が変更されてきました。

　Windows 8以降では、Windows PowerShellの**Get-NetConnectionProfile**/**Set-NetConnectionProfile**コマンドレットを利用することで、共通の方法でネットワークプロファイ

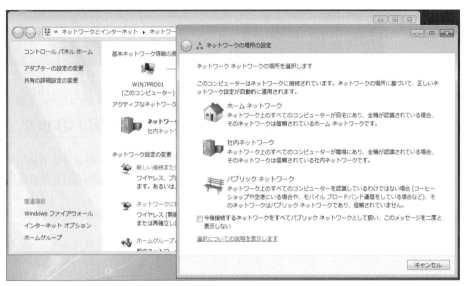

図3-3 Windows 7のネットワークプロファイルの変更は、「ネットワークの共有センター」から直感的に行えた

ルを切り替えることができます。次の例は、現在のネットワークプロファイルを確認した上で、プライベートに設定を変更します。パブリックに変更する場合は、コマンドラインのPrivateをPublicに置き換えてください。なお、**Get-NetConnectionProfile**コマンドレットの実行には、管理者権限が必要です。

[W8] [W10]

```
PS C:¥> Get-NetConnetionProfile ↵
 (ネットワーク名（Name）と現在のプロファイル（NetworkCategory）の確認）
PS C:¥> Set-NetConnectionProfile -Name "<ネットワーク名>" -NetworkCategory Private ↵
```

3.4.4 Windowsファイアウォールの一時的な無効化

　ネットワークの接続性の問題を切り分けるために、Windowsファイアウォール（Windows 10バージョン1709以降はWindows Defenderファイアウォール）を一時的に無効化することで、問題が再現するかどうかを確認することは有効です。あるいは、トラブルシューティングのためのリモート接続を許可するために、一時的に無効にしたい場合もあるでしょう。

　Windowsファイアウォールを無効化/有効化するには、次のコマンドラインを実行します。1つ目のコマンドラインはすべてのファイアウォールプロファイルをオフにします。2つ目のコマンドラインは、オンにて元に戻します。ファイアウォールプロファイルをオフにすることは危険を伴う行為であるため、必ず、安全なネットワーク（インターネットに直結ではない、ルーターなどのファイアウォールで分離された社内や家庭内のネットワーク）でのみ行うようにしてください。

```
[W7] [W8] [W10]
C:\> netsh advfirewall set allprofiles state off
C:\> netsh advfirewall set allprofiles state on
```

3.4.5　Windowsファイアウォールのルールの許可／ブロック

　Windowsファイアウォール（Windows 10バージョン1709以降はWindows Defenderファイアウォール）を無効化／有効化するのではなく、一部の通信だけを許可またはブロックするには、組み込みのルールを有効化／無効化するか、カスタムルールを作成します。

■｜ルールグループによる許可／ブロック

　Windowsファイアウォールには、既定で多数の規則が定義済みとなっており、関連するものでグループ化されています。各グループには、ファイアウォールのドメイン、パブリック、プライベートプロファイル別に、ポートやサービスの通信を許可する受信の規則および発信の規則が含まれています。既定の規則をグループ単位で有効化（**new enable=yes**）／無効化（**new enable=no**）するには、次のコマンドラインを使用します。グループ名は、Windowsのインストール時の言語によって異なるので、最初に確認してください。ルールグループの有効化／無効化は、管理者として実行する必要があります。

```
[W7] [W8] [W10]
C:\> netsh advfirewall firewall show rule name=all
C:\> netsh advfirewall firewall set rule group="<グループ名>" new enable=yes
C:\> netsh advfirewall firewall set rule group="<グループ名>" new enable=no
```

　Windows 8以降のWindows PowerShellで同様のことを行うには、次のコマンドラインを使用します。ルールグループの有効化／無効化は、管理者として実行する必要があります。

```
[W8] [W10]
PS C:\> (Get-NetFirewallRule).DisplayGroup | Sort-Object -Unique
 (グループ名 (DisplayGroup) の確認)
PS C:\> Enable-NetFirewallRule -DisplayGroup "<グループ名>"
PS C:\> Disable-NetFirewallRule -DisplayGroup "<グループ名>"
```

■｜カスタムルールによる許可／ブロック

　カスタムルールは、さまざまな条件で作成できます。ポート番号による許可またはブロックが、最もよく使うルールでしょう。次の例は、マルチキャストDNS（Windows版のBonjour、UDPポート5353）を送信の規則、受信の規則の両方でブロックする例です。

[W7] [W8] [W10]

```
C:¥> netsh advfirewall firewall add rule name="Block_mDNS_in" dir=in action=block protocol=UDP localport=5353
C:¥> netsh advfirewall firewall add rule name="Block_mDNS_out" dir=out action=block protocol=UDP localport=5353
```

　受信の規則はdir=in、発信の規則はdir=out、接続をブロックするにはaction=block、接続を許可するにはaction=allow、プロトコルはprotocol=TCPまたはprotocol=UDP、ローカルポートはlocalport=＜ポート番号またはポート範囲＞、宛先ポートはremoteport=ポート番号またはポート範囲＞、ローカル／リモートのポートを指定しない場合の既定はany（すべてのポート）です。この他にもさまざまなオプションがありますが、**netsh advfirewall firewall add rule /?** で確認することができます。しかしながら、複雑なルールを作成する場合は、GUI管理ツール（Wf.msc）を利用するほうが簡単でしょう。

　Windows PowerShellでカスタムルールを作成するには、**New-NetFirewallRule**コマンドレットを使用します。以下は、NETSHコマンドと同じカスタムルールを作成する例です。この例では、接続の許可（-Action Allow）について補足しておけばよいでしょう。あとは想像でわかると思います。

[W8] [W10]

```
PS C:¥> New-NetFirewallRule -DisplayName "Block_mDNS_in" -Direction Inbound -LocalPort 5353 -Protocol UDP -Action Block
PS C:¥> New-NetFirewallRule -DisplayName "Block_mDNS_out" -Direction Outbound -LocalPort 5353 -Protocol UDP -Action Block
```

メモ

マルチキャストDNSのブロック規則は、バージョン1803間のRDP接続問題の回避策

　筆者の家庭内LAN環境では、Windows 10バージョン1803を導入以降、Windows 10バージョン1803のコンピューター間のリモートデスクトップ接続で、次のようなエラーで初回接続が失敗することが多くなりました（図3-4）。

> リモート デスクトップはコンピューター "＜コンピューター名＞" を検出できません。"＜コンピューター名＞" が指定のネットワークに属していないことが考えられます。接続しようとしているコンピューターの名前とドメインを確認してください。（mstsc.exeの場合）
>
> 接続できませんでした。リモート PC が見つかりませんでした。PC名が正しいことを確認し、もう一度接続してください。接続できない場合は、リモートPCのIP アドレスを使用して試してください。（UWPアプリの場合）

　IPアドレス指定では接続できます。また、複数回試行することで接続できる場合があり、名前解決のタイミングが影響しているように見えます。しかし、はっきりとした原因はつかめていません。カスタムルールの作成例に挙げた、「Block_mDNS_in」「Block_mDNS_out」規則は、この問題の回避策として実際に利用しているものです。リモートデスクトップ接続の接続元、または接続先のいずれかで規則を設定することで、この問題を回避できました。ただし、マルチキャストDNSによる名前解決はできなくなります。

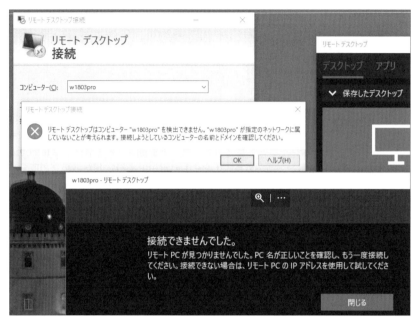

図3-4　Windows 10バージョン1803間のコンピューター名によるRDP接続が失敗するように

3.5　リモートデスクトップサービスの設定変更

　コマンドラインからこのコンピューターへのリモートデスクトップ接続を許可するには、次のコマンドラインを実行します。この例ではREGコマンドとNETSHコマンドを使用していますが、もうおわかりのように、**Set-ItemProperty**と**Enable-NetFirewallRule**コマンドレットで行うこともできます。

[W7] [W8] [W10]

```
C:¥> REG ADD "HKLM¥SYSTEM¥CurrentControlSet¥Control¥Terminal Server" /v "fdenyTSConnect
ions" /t REG_DWORD /d 0 /F
C:¥> netsh advfirewall firewall set rule group="リモート デスクトップ" new enable=yes

(※次のコマンドラインはネットワークレベル認証（NLA）を無効にする場合のみ)
C:¥> REG ADD "HKLM¥SYSTEM¥CurrentControlSet¥Control¥Terminal Server¥WinStations¥RDP-Tcp
" /v "UserAutentication" /t REG_DWORD /d 0 /F
```

　最後のコマンドラインは、リモートデスクトップ接続において、ネットワークレベル認証（NLA）を要求しない設定です。通常は、セキュリティの高いネットワークレベル認証（NLA）の使用を推奨します。

第3章 システム設定の変更

CredSSP脆弱性に未対策だと、ネットワークレベル認証（NLA）は既定でブロック

　Windows 7およびWindows Server 2008以降で、2018年3月以降の品質更新プログラムがインストールされていない場合、2018年5月以降の品質更新プログラムがインストールされたWindowsからのリモートデスクトップ接続がブロックされることがあります（図3-5）。詳しくは、以下の公式ブログを参照してください。接続される側でネットワークレベル認証（NLA）を求めないようにセキュリティを緩和することで、接続可能になります（ただし、推奨されません）。

2018年5月の更新プログラム適用によるリモートデスクトップ接続への影響
https://blogs.technet.microsoft.com/askcorejp/2018/05/02/2018-05-rollup-credssp-rdp/

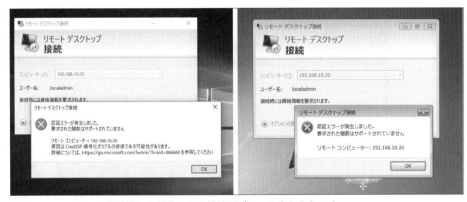

図3-5 CredSSPの脆弱性に未対策のため接続がブロックされたところ

3.6 リモート管理の有効化

　コンピューターが遠隔地にある場合やキーボード、ディスプレイ、マウスの異常など、トラブルが発生しているコンピューターのローカルコンソールが利用できない場合は、別のコンピューターからリモートで接続して、問題を調査したり、対処したりする方法があります。先ほどのリモートデスクトップ接続はその手段の1つですが、その他に、Windowsリモート管理（WinRM）やPowerShell Remotingという手段も標準で用意されています。

3.6.1 WinRMの有効化と使用

　Windowsは、「Windowsリモート管理（WinRM）」というリモート管理のための標準的なサービスを搭載しています。

■ WinRMの有効化

　WinRMのサービスは、Windowsクライアントでは既定で無効になっています。WinRMを有効化するには、リモートからの接続を受ける側で、管理者権限で次のいずれかのコマンドラインを実行します。Windows Serverの場合はバージョンによっては既定で有効になっている場合がありますが、このコマンドラインを繰り返し実行しても問題ありませんので、既に有効になっているかどうか不明な場合は実行してみてください。

[W7] [W8] [W10]
```
C:\> winrm quickconfigまたはqc
```

[W7] [W8] [W10]
```
PS C:\> Set-WSManQuickConfig
```

　上記のコマンドラインを実行すると、WinRMサービスの有効化（サービスのスタートアップの種類の変更と開始）、リモート接続のためのリスナー（受信を受け付けるTCPポート5985）の作成、Windowsファイアウォールの例外のルール（ドメインおよびプライベートプロファイルの「Windowsリモート管理（HTTP受信）」）の構成を行います。ただし、パブリックプロファイルに設定されているネットワーク接続が存在する場合、Windowsファイアウォールのルールの構成がエラーになります。その場合は、該当するネットワーク接続を一時的に無効化した上で（コントロールパネルの「ネットワーク接続」(Npca.cpl)などを使用して）、もう一度、コマンドラインを実行し、その後、ネットワーク接続を有効化してください。

■ WinRSによるコマンドラインのリモート実行

　WinRMのサービスと対になるクライアント機能の1つに、Windowsリモートシェル(WinRS)のコマンドがあります。次のようなコマンドラインを実行することで、リモートでコマンドラインを実行し、コマンドの実行結果の標準出力（標準エラー）はローカルコンピューター側に返されます（図3-6）。＜管理者の資格情報＞には、＜コンピューター名＞¥＜ローカル管理者アカウント名＞または＜ドメイン名＞¥＜ドメイン管理者のユーザー名＞を指定します。Windows 8.1/10でMicrosoftアカウントでサインインしている場合は、Microsoftアカウントに関連付けられたメールアドレスである＜ユーザー名＞@＜ドメイン名＞形式で指定できます。-pオプションを省略すると、パスワードの入力が要求されます。

[W7] [W8] [W10]
```
C:\> winrs -r:<リモートコンピューター名またはIPアドレス> -u:<管理者の資格情報> -p:<パスワード> "<リモートコンピューターで実行するコマンドライン>"
（次の例は、リモートコンピューターYOURPCでYOURNAMEユーザーとしてipconfigコマンドを実行し、ネットワーク接続のアドレス情報を取得する）
C:\> winrs -r:YOURPC -u:YOURPC\YOURNAME -p:P@ssw0rd "ipconfig /all"
```

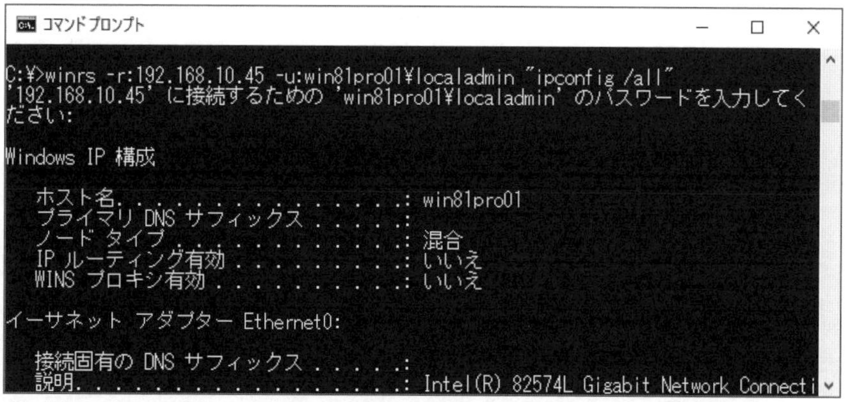

図3-6　WinRSを使用して、WinRMに接続し、コマンドラインをリモート実行する

3.6.2 PowerShell Remotingの有効化と使用

　Windows PowerShell 2.0以降は、PowerShell Remoting機能を利用できます。PowerShell Remotingを利用すると、リモートコンピューターでコマンドラインを実行して結果を得たり、リモートコンピューターのPowerShellセッションに対話的に接続してコマンドライン操作を実行できます。

■ PowerShell Remotingの有効化

　リモートコンピューターからのPowerShell Remotingによる接続を許可するには、リモートからの接続を受ける側で**Enable-PSRemoting**コマンドレットを管理者権限で実行し、PowerShell Remotingを有効化します。**Enable-PSRemoting**コマンドレットには、WinRMの構成（**winrm qc**と同等）とWindowsファイアウォールのルールの許可設定が含まれます。

[W7] [W8] [W10]

```
PS C:\> Enable-PSRemoting
```

■ PowerShell Remotingによるコマンドラインのリモート実行

　PowerShell Remotingを利用してリモートコンピューターから接続する方法としては、**Invoke-Command**コマンドレットによるコマンドライン（またはスクリプト）のリモート実行、**Enter-PSSession**コマンドレットによるリモートのPowerShellセッションへの対話的な接続、**New-PSSession**コマンドレットによるセッションの作成、接続、切断、削除の方法があります。

　Invoke-Commandコマンドレットおよび**Enter-PSSession**コマンドレットは、次のようなコマンドラインで実行できます（図3-7）。実行すると、「Windows PowerShell資格情報の要求」ダイアログボックスが表示されるので、**-Credential**オプションに指定したユーザーのパスワードを入力してください。**-Credential**オプションを省略すると、現在の資格情報を利用

して接続しようとします。Invoke-CommandコマンドレットはWinRSと同じような使い方、Enter-PSSessionコマンドレットはtelnet接続やssh接続のような使い方と考えるとわかりやすいでしょう。

[W7] [W8] [W10]

```
PS C:\> Invoke-Command -ScriptBlock {<実行するコマンドラインやスクリプト>} -ComputerName <リモートコンピューター名またはIPアドレス> -Credential <管理者の資格情報（例：コンピューター名\管理者ユーザー名）> ↵
（コマンドラインの実行結果）
PS C:\>
PS C:\> Enter-PSSession -Computer <リモートコンピューター名またはIPアドレス> -Credential <管理者の資格情報（例：コンピューター名\管理者ユーザー名）> ↵
[コンピューター名またはIPアドレス]: PS C:\...> （対話的なPowerShellセッション）
[コンピューター名またはIPアドレス]: PS C:\...> EXIT ↵
PS C:\>
```

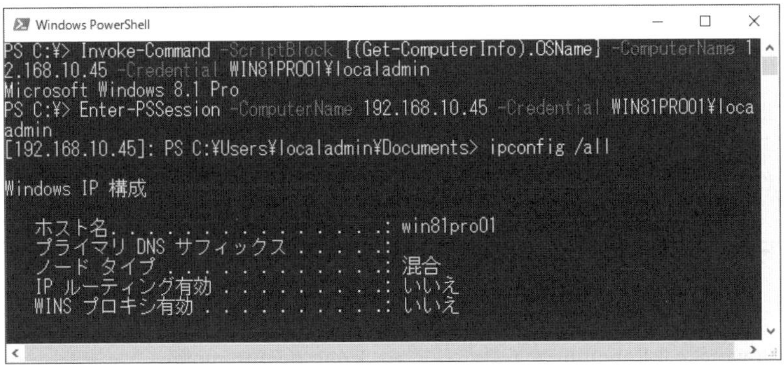

図3-7 PowerShell Remotingによるリモートコマンドの実行例

3.6.3 TrustedHostsの設定（ワークグループ環境の場合）

　WinRSとPowerShell Remotingが依存するWinRMサービスは、Active Directoryドメイン環境ではKerberos認証の委任、ワークグループ環境ではNTLM認証が使用されます。ワークグループ環境では、NTLM認証のために、WinRMのTrustedHostsという信頼されたホストの一覧に、リモートコンピューターのコンピューター名またはFQDNまたはIPアドレスを事前に登録しておく必要があります。TrustedHostsが適切に構成されていない場合、リモート接続を開始すると次のようなエラーで失敗します。

> "Winrs error:WinRM クライアントは要求を処理できません。認証スキームが Kerberos と異なる場合、またはクライアント コンピューターがドメインに参加していない場合は、HTTPS トランスポートを使用するか、または宛先コンピューターが TrustedHosts 構成設定に追加されている必要があります。"

　　TrustedHostsの設定は、次のように**WinRM**コマンドまたは**Set-Item**コマンドレットで行います。接続先のコンピューターを個別に登録することもできますが、"*"ですべてのホストを信頼するのが簡単です。TrustedHostsを空にするには、""に設定します。

W7 W8 W10

```
C:¥> winrm set winrm/config/client @{TrustedHosts="<信頼されたホスト1>,<信頼されたホスト2>,..."}
または
C:¥> winrm set winrm/config/client @{TrustedHosts="*"}
```

W7 W8 W10

```
PS C:¥> Set-Item WSMan:¥localhost¥Client¥TrustedHosts "<信頼されたホスト1>,<信頼されたホスト2>,..." -Force
または
PS C:¥>
PS C:¥> Set-Item WSMan:¥localhost¥Client¥TrustedHosts "*" -Force
```

3.7 サービスとタスクの操作

　　Windowsのサービスや自動開始するタスクに依存する機能をトラブルシューティングする際に、サービスの停止や再起動、スタートアップの変更、タスクの無効化などの操作をコマンドラインから実行できると、GUI管理ツール（Services.mscやTaskschd.msc）を開く必要がないため、素早い対応ができます。

3.7.1 サービスの停止、開始、再起動

　　サービスの実行制御は、主に、**NET**コマンド、**SC**コマンド、およびWindows PowerShellのコマンドレットの3つの方法のいずれかで行えます。

■ **NET STOP/STARTコマンド**

　　サービスの停止と開始は、**NET STOP**コマンド、**NET START**コマンドで行えます。サービスの再起動は、これらを順番に実行するだけです。コマンドラインの実行には、管理者権限が必要です。

```
[W7] [W8] [W10]
C:\> net stop <サービス名（例：wuauserv）または表示名（"Windows Update"）>
C:\> net start <サービス名または表示名>
```

サービスの指定には、サービス名（例：wuauserv）または表示名（例：Windows Update）の両方を使えます。サービス名とは、「HKEY_LOCAL_MACHINE\SYSTEM\CurrentControlSet\Services」に登録されているサービスのキー名と一致する名前です。GUI管理ツール「サービス」（Services.msc）の一覧にある「名前」列は表示名です。サービス名と表示名は、サービスのプロパティの「全般」タブで確認できます。

■ SC STOP/START/QUERYコマンド

SCコマンドは、Windowsのサービスコントロールマネージャー（SCM）のクライアントプログラムであり、サービスの照会と操作を行うさまざまな機能を備えています。サービスの停止と開始には、**SC STOP**コマンド、**SC START**コマンドを使用します。サービスの再起動は、これらを順番に実行するだけです。サービスの現在の実行状態は、**SC QUERY**コマンドで確認できます。コマンドラインの実行には、管理者権限が必要です。サービスの指定に表示名は使用できません。

```
[W7] [W8] [W10]
C:\> sc stop <サービス名>
C:\> sc start <サービス名>
C:\> sc query <サービス名>
```

■ Stop/Start/Restart/Get-Service コマンドレット

Windows PowerShellでサービスの停止、開始、再起動、実行状態の確認を行うには、次のコマンドラインを実行します。コマンドラインの実行には、管理者権限が必要です。

```
[W7] [W8] [W10]
PS C:\> Stop-Service -Name <サービス名または表示名>
PS C:\> Start-Service -Name <サービス名または表示名>
PS C:\> Restart-Service -Name <サービス名または表示名>
PS C:\> Get-Service -Name <サービス名または表示名>
```

3.7.2 サービスのスタートアップの変更

トラブルを一時的に回避するために、サービスのスタートアップの種類を変更する必要がある場合があります。サービスのスタートアップの種類には、「自動」「自動（遅延開始）」「手動」「無効」があります。

スタートアップの種類の「手動」の意味

スタートアップの種類の「手動」については、誤解している人が多いようです。この種類は、ユーザーがGUI管理ツール「サービス」(Services.msc)やコマンドを使って"手動"で開始するという意味ではありません。もちろん手動で開始することもできますが、サービスコントロールマネージャー(SCM)によって必要に応じて自動開始されるという意味です。スタートアップの種類が「手動」なのにも関わらず、サービスがいつの間にか「開始」状態になっているのを目にするのはこのためです。また、このことは、**SC CONFIG**コマンドの**start= demand**という指定からもわかるでしょう。

■ SC CONFIGコマンド

サービスのスタートアップの種類を変更するには、SC CONFIGコマンドを次のように実行します。次のコマンドラインは、順番に「自動」(start= auto)、「自動（遅延開始）」(start= delayed-auto)、「手動」(start= demand)、「無効」(start= disabled)に設定します。コマンドラインの実行には、管理者権限が必要です。なお、start= の後ろには、半角スペースが必須であることに注意してください。

`W7` `W8` `W10`

```
C:\> sc config <サービス名> start= auto
C:\> sc config <サービス名> start= delayed-auto
C:\> sc config <サービス名> start= demand
C:\> sc config <サービス名> start= disabled
```

スタートアップの種類の設定にはこの他、「ブート」(start= boot)と「システム」(start= system)がありますが、これらはドライバーのための設定であり、通常のサービスには設定できません。

■ レジストリの直接編集

サービスのスタートアップの種類は、レジストリに定義されています。具体的には、サービスごとのHKEY_LOCAL_MACHINE¥SYSTEM¥CurrentControlSet¥Services¥<サービス名（例：wuauserv）>キーの中にあるStart値に設定されています。「自動」はStart値「2」、「手動」はStart値「3」、「無効」はStart値「4」です。「自動（遅延開始）」は、Start値「2」に加えて、DelayedAutostart値「1」を設定します。自動（遅延開始）以外の場合、DelayedAutostart値は無視されます。

次の例は、**REG**コマンドを使用してwuauserv（表示名：Windows Update）サービスのスタートアップの種類を変更する例です。1つ目のコマンドラインは「無効」(4)に、2つ目のコマンドラインは「自動」(2、既定)に設定します。コマンドラインを実行するには、管理者権限が必要です。

`W7` `W8` `W10`

```
C:\> REG ADD "HKLM\SYSTEM\CurrentControlSet\Services\wuauserv" /v "Start" /t REG_DWORD /d 4 /f
C:\> REG ADD "HKLM\SYSTEM\CurrentControlSet\Services\wuauserv" /v "Start" /t REG_DWORD /d 2 /f
```

次の例は、Windows PowerShellを使用してwinrm（表示名：Windows Remote Management (WS-Management)）サービスのスタートアップの種類を「自動（遅延開始）」に設定します。なお、「自動（遅延開始）」は、winrmサービスの既定の設定です。

[W7] [W8] [W10]

```
PS C:\> Set-ItemProperty -Path "HKLM:\SYSTEM\CurrentControlSet\Services\winrm" -Name "DelayedAutostart" -Value 1 -Force
PS C:\> Set-ItemProperty -Path "HKLM:\SYSTEM\CurrentControlSet\Services\winrm" -Name "Start" -Value 2 -Force
```

3.7.3 タスクの無効化／有効化

Windowsのタスクスケジューラ（Taskschd.msc）に登録されているタスクは、SCHTASKSコマンドを使用して参照および設定の変更ができます。以下の例は、登録済みのタスクを確認し（/query）、特定のタスクを無効化（/change /disable）または有効化（/change /enable）する例です。設定の変更操作を実行するには、管理者権限が必要です。

[W7] [W8] [W10]

```
C:\> Schtasks.exe /query
 （タスクの場所（フォルダー）とタスク名の確認）
C:\> Schtasks.exe /change /disable /tn "<場所>\<タスク名>"
C:\> Schtasks.exe /change /enable /tn "<場所>\<タスク名>"
 （以下は、\Microsoft\Windows\ServicingのStartComponentCleanupを無効化する例）
C:\> Schtasks.exe /change /disable /tn "\Microsoft\Windows\Servicing\StartComponentCleanup"
```

Windows Powershellの場合は、Get-ScheduledTask、Disable-ScheduledTask、Enable-ScheduledTaskコマンドレットを使用します。設定の変更操作を実行するには、管理者権限が必要です。

[W7] [W8] [W10]

```
PS C:\> Get-ScheduledTask
 （タスクのパス（TaskPath）とタスク名（TaskName）の確認）
PS C:\> Disable-ScheduledTask -TaskName "<タスク名>" -TaskPath "<タスクのパス>"
PS C:\> Enable-ScheduledTask -TaskName "<タスク名>" -TaskPath "<タスクのパス>"
 （以下は、\Microsoft\Windows\Servicing\のStartComponentCleanupを有効化する例）
PS C:\> Enable-ScheduledTask -TaskName "StartComponentCleanup" -TaskPath "\Microsoft\Windows\Servicing\"
 （以下は、\Microsoft\Windows\Servicing\のすべてのタスクを無効化する例）
PS C:\> Get-ScheduledTask -TaskPath "\Microsoft\Windows\Servicing\" | Disable-ScheduledTask
```

3.8 システムファイルの操作

アクセス許可の影響で、システムファイルに対する変更操作は大幅に制限されています。しかし、問題を解決するために、システムファイルの変更操作が必要になる場合もあります。ただし、ここではシステムファイルのバイナリ（.exeや.dll）を置き換えるようなことを想定していません。グループポリシー管理用テンプレート（%Windir%¥PolicyDefinitionsディレクトリ内の.admxや.adml）やPowerShellモジュール（%Windir%¥System32¥WindowsPowerShell¥v1.0¥modules¥＜モジュール名＞ディレクトリ内の.psd1、.psm1など）など、テキスト形式の定義ファイルの問題に対処することを想定した操作です。

以降では、Windowsに同梱されているグループポリシー管理用テンプレートの削除と変更という、具体的な例で説明します。標準の管理用テンプレートは、Windows Updateの品質更新プログラムや機能更新プログラムによって上書きされることがあります。以下の方法は、管理用テンプレートに問題があった場合に、修正版が提供されるまでの一時的な回避策として利用できる場合があります。

3.8.1 管理用テンプレートの削除

以前のバージョンから機能更新プログラムやインストールメディアでアップグレードを繰り返してきたWindows 10コンピューターでは、「ローカルグループポリシーエディター」（Gpedit.msc）を開いたときに、図3-8のようなエラーが表示される場合があります（Homeエディションはグループポリシーに非対応のため影響しません）。

図3-8　複数の管理用テンプレートで同じ定義が含まれる場合に発生するエラー

これは既知の問題であり、名前の異なる複数の管理用テンプレートで、同じポリシーを定義していることが原因で発生します。このような問題に遭遇した場合は、古い管理用テンプレートを削除することで、問題を解消できます。既知の問題ですが、これが未知の問題だと仮定して、問題の調査と回避策の実施の流れを見ていきましょう。以下のステップはコマンドプロンプトを管理者権限で開いて実施します。

最初のステップは、%Windir%¥PolicyDefinitionsディレクトリにある管理用テンプレートファイル（.admx）の中から、エラーメッセージに含まれる、問題となっている名前空間を定義しているファイルを見つけます。それには、**FIND**コマンドを利用できます（検索文字列は必ず前後をダブルクォーテーションで囲んでください）。

[W7] [W8] [W10]

```
C:¥> CD %Windir%¥PolicyDefinitions ↵
C:¥Windows¥PolicyDefinitions> FIND "Microsoft.Policies.Sensors.WindowsLocationProvider" *.admx ↵
```

FINDコマンドの結果から、LocationProviderAdm.admxとMicrosoft-Windows-Geolocation-WLPAdm.admxの2つのファイルがヒットしました（図3-9）。

図3-9　LocationProviderAdm.admxとMicrosoft-Windows-Geolocation-WLPAdm.admxの2つのファイルが問題の定義を含むことがわかる

次に、**DIR**コマンドなどでこれらのファイルのタイムスタンプを確認します。その結果から、Microsoft-Windows-Geolocation-WLPAdm.admxが非常に古いファイル（Windows 10初期リリースの公開直前の日付）であることがわかります（図3-10）。これが既知の問題でない場合は、なぜ同じ定義を含む2つの管理用テンプレートが存在するのかどうかを調査する必要がありますが、今回は省略します。不明な場合は、両方のファイルのバックアップコピーを別の場所に作成してから、次の操作に進んでください。

第3章 システム設定の変更

図3-10　Microsoft-Windows-Geolocation-WLPAdm.admxは非常に古いファイルなので不要と判断

　最後に、古いほうの管理用テンプレート（Microsoft-Windows-Geolocation-WLPAdm.admx）とその言語サポートファイル（ja-jp¥Microsoft-Windows-Geolocation-WLPAdm.adml）を削除します。ただし、このファイルはWindowsとともにインストールされたもので、他のシステムファイルと同じようにTrustedInstallerが所有権とフルコントロールのアクセス許可を持つため単純には削除できません（アクセスが拒否されます）。所有権を取得し、アクセス許可を変更して削除するには、%Windir%¥PolicyDefinitionsをカレントディレクトリとして、次のコマンドラインを実行します（図3-11）。

W7　W8　W10

```
C:¥Windows¥PolicyDefinitions> takeown /F Microsoft-Windows-Geolocation-WLPAdm.admx /A
C:¥Windows¥PolicyDefinitions> takeown /F ja-jp¥Microsoft-Windows-Geolocation-WLPAdm.adml /A
C:¥Windows¥PolicyDefinitions> cacls Microsoft-Windows-Geolocation-WLPAdm.admx /E /G Administrators:F
C:¥Windows¥PolicyDefinitions> cacls ja-jp¥Microsoft-Windows-Geolocation-WLPAdm.adml /E /G Administrators:F
C:¥Windows¥PolicyDefinitions> del Microsoft-Windows-Geolocation-WLPAdm.admx
C:¥Windows¥PolicyDefinitions> del ja-jp¥Microsoft-Windows-Geolocation-WLPAdm.adml
```

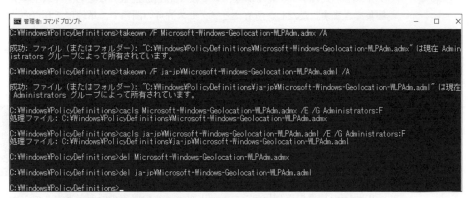

図3-11　問題のある不要な管理用テンプレート（.admxおよび.adml）を削除する例

この問題の回避策を説明するサポート情報が既に公開されていますが、これはWindows 10 バージョン1511のときの、グループポリシーのセントラル（中央）ストアに対する対処方法となっている点に注意が必要です。

Windowsでのポリシーの編集時に "'Microsoft.Policies.Sensors.WindowsLocationProvider' は既に定義されています" というエラーが発生する
https://support.microsoft.com/ja-jp/help/3077013/

　Windows 8.1以前にあったLocationProviderADM.admxは、Windows 10初期リリースのときにMicrosoft-Windows-Geolocation-WLPAdm.admxにリネームされました。それが原因で、Active Directoryのグループポリシーのセントラルストアにwindows 10の管理用テンプレートをコピーすると、LocationProviderADM.admxとMicrosoft-Windows-Geolocation-WLPAdm.admxが存在することになり、定義の重複エラーが発生しました。そこで、Windows 10バージョン1511でLocationProviderADM.admxという名前に再び戻されたという経緯があります。しかし、このときWindows 10初期バージョンからバージョン1511にアップグレードしたコンピューターでは、Microsoft-Windows-Geolocation-WLPAdm.admxが残されてしまい、今度はローカル環境で重複エラーが発生するようになったわけです。これまでこの問題に対処していない場合、最新のWindows 10バージョンでも発生する場合があります。その場合、古い管理用テンプレートを削除するだけで問題を解消できます。
　同様の問題が別の管理用テンプレートで今後も発生する可能性があります。その際のヒントにしてください。

3.8.2 管理用テンプレートの上書き

　続いて、Windows Update用のグループポリシー管理用テンプレートの言語サポートファイル（WindowsUpdate.adml）に何らかの不具合が存在し、それを修正して修正版を上書きする方法を説明します。この例は、システムファイルを上書きする方法として紹介するもので、この言語サポートファイルに実際に何か問題があるわけではありません。
　グループポリシー管理用テンプレート（.admx）および言語サポートファイル（.adml）は、テキスト形式のファイルであり、メモ帳（notepad.exe）などのテキストエディターで簡単に編集できます。ただし、所有権とアクセス許可の関係で、単純にこれらのファイルを直接開き、上書き保存することはできません。
　次の例は、WindowsUpdate.admlを一時ディレクトリにコピーして、メモ帳（notepad.exe）で編集した上で、修正版を元の場所に上書き保存するものです。

`W7` `W8` `W10`

```
C:\>mkdir C:\work
C:\>copy %Windir%\PolicyDefinitions\ja-jp\WindowsUpdate.adml C:\work
C:\>notepad C:\work\WindowsUpdate.adml
C:\>robocopy C:\work %Windir%\PolicyDefinitions\ja-jp WindowsUpdate.adml /B
```

　Windows標準の管理用テンプレートファイルの既定の所有者とフルコントロールアクセス

許可はTrustedInstallerです。これを上書きするには、通常、所有権を取得してアクセス許可を変更し、上書き保存した上で、所有権とアクセス許可を元の状態に復元します。しかし、その操作は少し面倒です。この例のように、**ROBOCOPY**コマンドの**/B**オプション（バックアップモードでファイルをコピー）を使用すると、簡単に上書き保存することができます（図3-12）。この方法を利用すると、所有権とアクセス許可をそのままに、ファイルの内容だけを変更することができます。

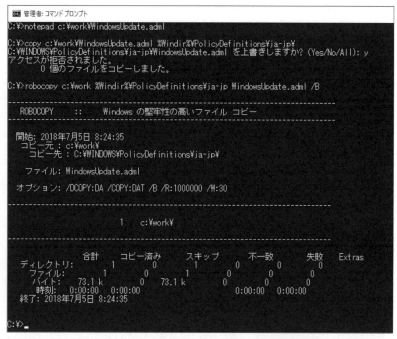

図3-12　システムファイルの上書きには、ROBOCOPYの/Bオプションが便利

3.9 プロセスの操作

　Windowsのシステム、サービス、およびアプリケーションはプロセス（Process）として実行されます（正確には実行されるのはプロセスではなく、プロセスに含まれる1つ以上のスレッド）。アプリケーションが応答しなくなったり、通常の方法でサービスの制御ができなくなったり、特定のプロセスがプロセッサやメモリリソースを大量に消費し、他のアプリケーションやシステム全体の応答性に影響を与えていたりする場合は、対応するプロセスを強制終了することで、当面の問題（応答なし状態など）を回避することができます。

　実行中のプロセスの一覧参照やプロセスの強制終了には、通常、「タスクマネージャー」（Taskmgr.exe）を使用するのが一般的ですが、Windows標準のコマンドやWindows PowerShellのコマンドレットで行うことも可能です。

3.9.1 プロセスの一覧を表示する

コマンドプロンプトで実行中のプロセスの一覧を参照するには、**TASKLIST**コマンドを使用します。詳細情報を参照するには/Vオプションを、サービスをホストしているプロセス（svchost.exeなど）とサービスの対応を表示するには/SVCオプションを使用します。すべてのプロセスの情報を参照するには、管理者権限が必要です。

[W7] [W8] [W10]

```
C:\> tasklist
イメージ名                    PID セッション名    セッション# メモリ使用量
========================= ======== ================ =========== ============
System Idle Process            0 Services              0         8 K
System                         4 Services              0    13,384 K
...
C:\> tasklist /v
イメージ名                    PID セッション名    セッション# メモリ使用量 状態
ユーザー名                                              CPU 時間 ウィンドウ タイトル
========================= ======== ================ =========== ============
System Idle Process            0 Services              0         8 K Unknown
NT AUTHORITY\SYSTEM                                 35:39:34 N/A
System                         4 Services              0    13,384 K Unknown
N/A                                                  1:33:08 N/A
...
C:\> tasklist /svc
イメージ名                    PID サービス
========================= ======== ============================================
System Idle Process            0 N/A
...
svchost.exe                  328 BrokerInfrastructure, DcomLaunch, Power,
                                 SystemEventsBroker
...
```

Windows PowerShellでプロセスの一覧を参照するには、**Get-Process**コマンドレットを使用します。**Get-Process**コマンドレットで利用可能なプロパティの一覧は、**Get-Process | Get-Member**で確認してください。

[W7] [W8] [W10]

```
PS C:\> Get-Process
Handles  NPM(K)    PM(K)     WS(K)    CPU(s)     Id  SI ProcessName
-------  ------    -----     -----    ------     --  -- -----------
    501      31    16180     34856     10.50   2416   1 ApplicationFrameHost
    167       9     2056      7456      0.19   6488   1 AppVShNotify
...
PS C:\> Get-Process | Get-Member
   TypeName: System.Diagnostics.Process
Name                      MemberType     Definition
```

```
----                    ----------         ----------
Handles                 AliasProperty      Handles = Handlecount
Name                    AliasProperty      Name = ProcessName
...
```

3.9.2 特定のプロセスを強制終了する

　特定のプロセスを強制終了するには、**TASKLIST**コマンドでプロセスIDを確認した上で、**TASKKILL**コマンドを次のように実行します。プロセスのすべての子プロセスを含めて強制終了するには、**/T**オプションを追加します（図3-13）。現在のユーザーとは別のユーザー（SYSTEMやLOCAL SERVICEなど）のプロセスを強制終了するには、管理者権限が必要です。

[W7] [W8] [W10]

```
C:¥> taskkill /PID <プロセスID> /F
C:¥> taskkill /PID <プロセスID> /T /F
```

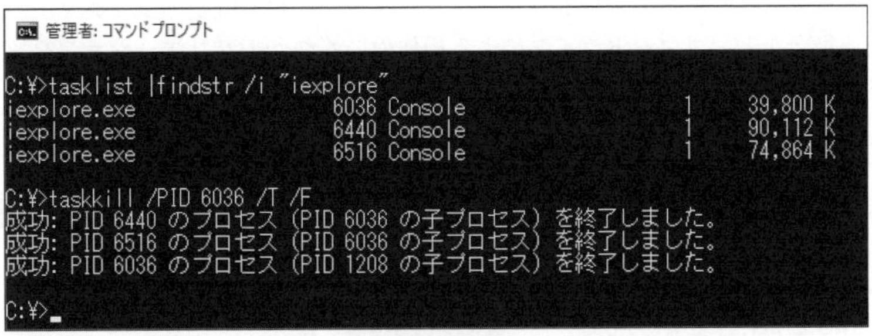

```
管理者: コマンド プロンプト

C:¥>tasklist |findstr /i "iexplore"
iexplore.exe                  6036 Console                    1     39,800 K
iexplore.exe                  6440 Console                    1     90,112 K
iexplore.exe                  6516 Console                    1     74,864 K

C:¥>taskkill /PID 6036 /T /F
成功: PID 6440 のプロセス (PID 6036 の子プロセス) を終了しました。
成功: PID 6516 のプロセス (PID 6036 の子プロセス) を終了しました。
成功: PID 6036 のプロセス (PID 1208 の子プロセス) を終了しました。

C:¥>_
```

図3-13　TASKKILLコマンドでプロセスとその子プロセスを強制終了する

　Windows PowerShellでプロセスを強制終了するには、**Stop-Process**コマンドレットを使用します。プロセスIDを指定して強制終了するほかに、**Get-Process**コマンドレットの実行結果をパイプ（|）で**Stop-Process**コマンドレットに渡して強制終了させることができます（図3-14）。

[W7] [W8] [W10]

```
PS C:¥> Stop-Process -Id <プロセスID> -Force
PS C:¥> Get-Process -Name "<プロセス名（例：iexplore）>" | Stop-Process -Force
```

図3-14 Get-Process およびStop-Process コマンドレットでInternet Explorer（iexplore.exe）のプロセスを強制終了

3.10 プリンターの操作

　Windowsコンピューターで利用するローカルプリンター、ネットワークプリンターのトラブルは、ハードウェアに依存する場合もあるため、本来なら本書の範囲外です。しかしながら、不要なプリンター接続設定を削除したい、プリンタードライバーを含めて削除したい、企業ネットワーク環境でネットワークプリンターの接続や既定のプリンターの設定を自動化したい場合など、コマンドラインによる操作のいくつかのバリエーションを紹介しておくことは意味があるかもしれません。

　プリンターの接続をコマンドラインから操作する方法としては、「プリンターユーザーインターフェイス」（rundll32 printui.dll,PrintUIEntry...）という呪文のようなコマンドライン（rundll32 printui.dll,PrintUIEntry /?でヘルプを確認できます、図3-15）の他に、WSH（Windows Script Host）のCOMオブジェクト、WMIインターフェイス、Windows PowerShellのコマンドレットを使用した方法があります。

　プリンターの接続形態はさまざまです。ここで紹介した方法で期待通りにいかないことがあるかもしれま

図3-15 「プリンターユーザーインターフェイス」（rundll32 printui.dll,PrintUIEntry...）のヘルプ（PrintUIEntryは大文字と小文字を区別するため正確に入力すること）

せん。企業の場合は仮想マシンなどを活用して、十分にテストした上で、運用環境に展開することをお勧めします。

3.10.1 ネットワークプリンターの接続

コマンドプロンプトからネットワークプリンター（¥¥<リモートコンピューター名またはIPアドレス>¥<共有名>）に接続するには、次のコマンドラインを実行します。1つ目のコマンドラインはネットワークプリンターに接続します。2つ目のコマンドラインは、「プリンターユーザーインターフェイス」を開いて、「コンピューターごとのプリンター接続」の情報を表示します。なお、「プリンターユーザーインターフェイス」のコマンドラインのオプション（/ga、/cなど）は、PrintUIEntryの部分と同様に大文字と小文字を区別するため注意してください。また、この方法で接続したプリンターに対する操作（切断や既定のプリンターの設定）には、同じく「プリンターユーザーインターフェイス」を使用してください。

[W7] [W8] [W10]
```
C:¥> rundll32 printui.dll,PrintUIEntry /ga /c¥¥%COMPUTERNAME% /n¥¥<リモートコンピューター名またはIPアドレス>¥<共有名>↵
C:¥> rundll32 printui.dll,PrintUIEntry /ge /c¥¥%COMPUTERNAME%↵
```

Windows 8以降の場合は、Windows PowerShellの**Add-Printer**コマンドレットを使用して、次のコマンドラインのように簡単にネットワークプリンターに接続できます。

[W8] [W10]
```
PS C:¥> Add-Printer -ConnectionName ¥¥<リモートコンピューター名またはIPアドレス>¥<共有名>↵
```

Windows PowerShellでは、WSHのCOMオブジェクトを利用した次のコマンドラインでネットワークプリンターに接続することもできます。この方法は、Windows 7でも利用できます。

[W7] [W8] [W10]
```
PS C:¥> (New-Object -ComObject WScript.Network).AddWindowsPrinterConnection("¥¥<リモートコンピューター名またはIPアドレス>¥<共有名>")↵
```

3.10.2 ネットワークプリンターの削除

「プリンターユーザーインターフェイス」のコマンドラインで接続したネットワークプリンターは、次のコマンドラインを使用して切断することができます。

[W7] [W8] [W10]
```
C:¥> rundll32 printui.dll,PrintUIEntry /gd /c¥¥%COMPUTERNAME% /n¥¥<リモートコンピュータ
ー名またはIPアドレス>¥<共有名>
C:¥> rundll32 printui.dll,PrintUIEntry /ge /c¥¥%COMPUTERNAME%
```

　Windows 8以降の場合は、Windows PowerShellの**Remove-Printer**コマンドレットを使用して、次のコマンドラインのように簡単にネットワークプリンターを切断できます。

[W8] [W10]
```
PS C:¥> Remove-Printer -ConnectionName ¥¥<リモートコンピューター名またはIPアドレス>¥<共
有名>
```

　Windows PowerShellでは、WSHのCOMオブジェクトを利用した次のコマンドラインでネットワークプリンターを切断できます。この方法は、Windows 7でも利用できます。

[W7] [W8] [W10]
```
PS C:¥> (New-Object -ComObject WScript.Network).RemovePrinterConnection("¥¥<リモートコ
ンピューター名またはIPアドレス>¥<共有名>")
```

　ネットワークプリンターの切断は、次に説明するローカルプリンターの削除と同じ方法で切断することもできます。

3.10.3 ローカルプリンターの削除

　ローカルプリンターの削除とは、ローカルコンピューターに直結されたプリンターの他に、TCP/IPポート経由で接続されたプリンターの削除のことですが、共有されたネットワークプリンターへの接続の切断にも利用できます。

　Windows 8以降の場合は、Windows PowerShellの**Get-Printer**コマンドレットでプリンターの名前（Name）を確認し、**Remove-Printer**コマンドレットで削除します。プリンターの名前には、ネットワークプリンターへの接続名（¥¥<コンピューター名>¥<共有名>）は使用できないことに注意してください。

[W8] [W10]
```
PS C:¥> Get-Printer
PS C:¥> Remove-Printer -Name "<プリンターの名前>"
PS C:¥> Get-Printer -Name "<プリンターの名前>" | Remove-Printer
```

　次の例は、WMIのWin32_Printerクラスを利用してプリンターを削除する方法です。プリンターの名前を取得済みである場合は、最後のコマンドラインのように1行で実行できます。この方法はWindows 7で利用できます。

```
[W7] [W8] [W10]
PS C:\> $printers = (Get-WmiObject -Class Win32_Printer -ComputerName $env:COMPUTERNAM
E)
PS C:\> $printers
（削除したいプリンターの名前（Name）を確認する）
PS C:\> $printer = $printer | Where {$_.Name -eq "<プリンターの名前>"}
PS C:\> $printer.Delete()
または
PS C:\> (Get-WmiObject -Class Win32_Printer -ComputerName $env:COMPUTERNAME | Where {$_
.Name -eq "<プリンターの名前>"}).Delete()
```

3.10.4 プリンタードライバーの削除

　削除したプリンターのプリンタードライバーは、次のいずれかのコマンドラインで削除することができます。<ドライバー名>は、プリンターを削除する前に、プリンターのプロパティの「全般」タブにある「モデル」や**Get-Printer**コマンドレットのDriverNameプロパティで確認しておいてください。

[W7] [W8] [W10]
```
C:\> rundll32 printui.dll,PrintUIEntry /dd /c\\%COMPUTERNAME% /m "<ドライバー名>"
```

[W8] [W10]
```
PS C:\> Remove-PrinterDriver -Name "<ドライバー名>"
```

3.10.5 既定のプリンターの設定

　「プリンターユーザーインターフェイス」で接続したネットワークプリンターを既定のプリンターとして設定するには、次のコマンドラインを実行します。ネットワークプリンターの接続や切断のときとは異なり、/nの後ろには半角スペースが入ります。

[W7] [W8] [W10]
```
C:\> rundll32 printui.dll,PrintUIEntry /y /n \\<リモートコンピューター名またはIPアドレス>\<共有名>
```

　Windows PowerShellの場合は、WMIのWin32_Printerクラスを利用して、特定のローカルプリンターまたはネットワークプリンターを既定のプリンターとして設定できます。プリンターの名前を取得済みである場合は、最後のコマンドラインのように1行で実行できます。

```
W7 W8 W10
PS C:\> $printers = (Get-WmiObject -Class Win32_Printer -ComputerName $env:COMPUTERNAME
)
PS C:\> $printers
（削除したいプリンターの名前（Name）を確認する）
PS C:\> $printer = $printer | Where {$_.Name -eq "<プリンターの名前>"}
PS C:\> $printer.SetDefaultPrinter()
または
PS C:\> (Get-WmiObject -Class Win32_Printer -ComputerName $env:COMPUTERNAME | Where {$_
.Name -eq "<プリンターの名前>"}).SetDefaultPrinter()
```

3.11 クリーンブートを試してみる

　更新プログラムのインストールや特定のアプリケーションの実行時のトラブルを解決する方法として、トラブルシューティングの現場では、よくクリーンブートを試してみることを勧められます。筆者は、トラブルシューティングのために、これまでクリーンブートを試したことはありませんが（後述するAutorunsのほうが便利だということもその理由の1つです）、一応、その方法を紹介しておきます。Windows 7、Windows 8.1、およびWindows 10のそれぞれの具体的な手順は、以下のサポート情報で説明されています。なお、クリーンブートをWindows Serverで使用することは想定されていないことに留意してください。

Windowsでクリーンブートを実行する方法
https://support.microsoft.com/ja-jp/help/929135/

　いずれの場合も「システム構成」ツール（Msconfig.exe）を開始して、「サービス」タブと「スタートアップ」タブで自動開始されるサービス（Microsoftのサービスを除く）とスタートアップ項目を無効化（スタートアップ項目の無効化はタスクマネージャーで行います）して再起動することで、クリーンブートすることが可能です（図3-16）。クリーンブートをしてトラブルシューティング作業を終えたら、もう一度、「システム構成」ツールを開始して、「全般」タブで「通常スタートアップ」を選択し、再起動します（図3-17）。
　筆者がクリーンブートを利用しない理由の1つが、クリーンブートと同様のことをWindows SysinternalsのAutorunsユーティリティを使用して実行できるからです。AutoRunsでは、サービスやスタートアップ項目だけでなく、Windowsのコンピューターおよびユーザーごとの、さまざまな場所に存在する広範囲の自動開始エントリを一時的に無効化したり、削除したりできます。Autorunsについては、「第8章　トラブルシューティング事例」でも紹介しています。

第3章 システム設定の変更

図3-16　クリーンブートを実行するには、Microsoftのサービス以外をすべて無効化し、スタートアップ項目も無効にして再起動する

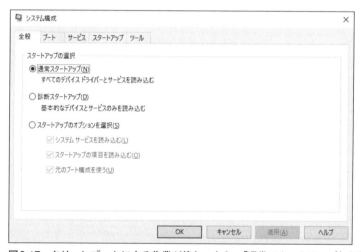

図3-17　クリーンブートによる作業が終わったら、「通常スタートアップ」を選択して再起動する

第4章
Windows回復環境（WinRE）

Windows回復環境（Windows Recovery Environment：WinRE）は、Windowsプレインストール環境（Windows Preinstall Environment：WinPE）でWindows用のさまざまな回復機能とコマンドプロンプトを利用可能にした、ローカルコンピューターのWindowsインストールとは別のOSインスタンスです。

Windows回復環境（WinRE）の使い方をマスターすることは、特に正常起動しなくなったWindowsを回復したり、ハードウェア的な故障（ハードディスクの破損など）が進みつつあるコンピューターから重要データを救出するのに大いに役立ちます。

4.1　WinREの概要と機能

Windows回復環境（WinRE）は、Windowsセットアップや企業におけるOSのイメージ展開のプラットフォームであるWindowsプレインストール環境（WinPE）をベースに、Windowsの問題を回復するさまざまな回復機能を利用可能にしたものです。Windows回復環境（WinRE）のコマンドプロンプトは、Windowsプレインストール環境（WinPE）の標準のコンソールです。

以降では、Windowsプレインストール環境（WinPE）の機能である場合でも、Windows回復環境（WinRE）の機能として区別することなく説明している場合があることに留意してください。

4.1.1　WinREの場所

Windows回復環境（WinRE）は、Windowsとともにローカルディスク上のシステムパーティションや回復パーティション（ローカルのWindowsインストールとは別パーティション）に準備されるイメージ（￥Recovery￥WindowsRE￥WinRE.wim）、「第1章　トラブルシューティングを始める前に」で説明したシステム修復ディスクや回復ドライブ内のイメージ（￥Sources￥boot.wim）、またはWindowsインストールメディアのWindowsセットアップ

内のイメージ（￥Sources￥boot.wim）から開始することができます。

　Windows回復環境（WinRE）のイメージは、メモリ上のRAMディスク（X:￥Windows）に展開されてからブートし、ローカルディスク上のWindowsインストールをオフラインでメンテナンスする環境として利用可能になります。ローカルディスク上のWindowsインストールの回復用に構成された、ローカルディスクのシステムパーティション（BIOSシステムの標準）または回復パーティション（UEFIシステムの標準）に配置されたWindows回復環境（WinRE）の場所は、オンラインまたはオフラインの環境で**reagentc /info**コマンドで確認することができます。オンラインの現在のWindowsインストールの情報を確認する場合は、**/target**オプションは省略できます。

W7 W8 W10

```
C:￥> reagentc /info /target C:￥Windows ⏎
Windows 回復環境（Windows RE）およびシステム リセット構成
情報:
    Windows RE の状態:       Enabled
    Windows RE の場所:       ￥￥?￥GLOBALROOT￥device￥harddisk0￥partition4￥Recovery￥WindowsRE
    ブート構成データ（BCD）ID: 72ee3b79-4d02-11e8-9d8e-97b0ea59718a
    回復イメージの場所:
    回復イメージ インデックス: 0
    カスタム イメージの場所:
    カスタム イメージ インデックス: 0
REAGENTC.EXE: 操作は成功しました。
```

　なお、Windows 7用の「Windows自動インストールキット（AIK）」やWindows 8.1/10用の「Windowsアセスメント＆デプロイメントキット（ADK）」を使用すると、Windows回復環境（WinRE）を含むWindowsプレインストール環境（WinPE）のカスタムイメージを作成することもできますが、それは本書の範囲を超えるものです。その場で利用可能なツールやコマンドを使用して解決を試みることが、本書のコンセプトです。

4.1.2 WinPEのバージョンと注意点

　Windowsのトラブルシューティングを行うには、対象のWindowsバージョンと一致するWindowsプレインストール環境（WinPE）をベースにしたWindows回復環境（WinRE）を利用することを、強く推奨します。

■ WinPEのバージョン

　表4-1に、主要なWindowsバージョンとWindowsプレインストール環境（WinPE）バージョンの対応をまとめました。ローカルディスクのシステムパーティションや回復パーティションに配置されたWindows回復環境（WinRE）のWindowsプレインストール環境（WinPE）バージョンは、ローカルディスクにインストールされているWindowsバージョンと対応するものです。Windowsのインストールメディアやシステム修復ディスク、回復ドライブから開始するWindows回復環境（WinRE）を利用する場合は、回復対象のWindowsイ

ンストールと同じバージョン、同じアーキテクチャ（32ビットまたは64ビット）のものを使用することをお勧めします。

表4-1 WindowsバージョンとWindowsプレインストール環境（WinPE）バージョンの対応

Windowsバージョン	WinPEのバージョン
Windows Vista SP2、 Windows Server 2008 2.0 SP2	2.2（RTMは2.0、SP1は2.1）
Windows 7 SP1、Windows Server 2008 R2 SP1	3.1（Windows 7 RTMは3.0）
Windows 8、Windows Server 2012	4.0
Windows 8.1、Windows Server 2012 R2	5.0
Windows 10、Windows Server 2016、 Windows Server, Semi-Annual Channel	10.0.x.y （x.yはOSビルド番号、xまで一致していればよい）

　Windows回復環境（WinRE）から開始したコマンドプロンプトでも、レジストリエディター（Regedit.exe）や**REG**コマンドを使用できます。例えば、次のコマンドラインを実行すると、現在、実行中のWindowsプレインストール環境（WinPE）のバージョンを確認することができます。これは、コンピューターにインストールされているWindowsの情報ではありません。

[W7] [W8] [W10]

```
X:\> REG QUERY "HKLM\SOFTWARE\Microsoft\Windows NT\CurrentVersion\WinPE" /v Version ↵
```

■ **WinREの起動に必要なメモリ**

　Windows回復環境（WinRE）は、物理メモリの領域をRAMディスク（X:ドライブ）として利用し、その領域にイメージを展開して起動します。そのため、Windows回復環境（WinRE）を起動するには、512MB以上の物理メモリが利用可能である必要があります。ただし、Windows 7以降のWindowsがインストールされている物理コンピューターが、512MB以上の物理メモリを搭載していないということはまずないでしょう。Windows 7以降のシステム要件は、物理メモリ1GBだからです。

■ **不適切なバージョンの組み合わせに注意**

　より新しいバージョンのWindows回復環境（WinRE）のほうが、更新された回復機能やコマンドを利用できますが、古いバージョンのWindowsをメンテナンスするには不適切な場合があります。逆に、古いバージョンのWindows回復環境（WinRE）では、新しいバージョンのWindowsのファイルシステムを正しく扱えない場合があります。

　例えば、NTFSバージョンの不一致がファイルシステムを破損させてしまうかもしれません。また、対象のWindowsパーティションがBitLockerドライブ暗号化で保護されている場合、Windows回復環境（WinRE）のコマンドプロンプトは回復キーの入力を要求します。しかし、Windows 10バージョン1511以降、新しい暗号化モード（XTS AES）が導入された影響で、Windows 8.1ベースのWindows回復環境（WinRE）はロックを解除することができません（図4-2）。同様に、Windows 8.1以降で利用可能になったBitLockerデバイス暗号化は、Windows 7ベースのWindows回復環境（WinRE）からはアクセスできません。

図4-2　Windows 10バージョン1511以降の新しい暗号化モード（XTS AES）は、Windows 10初期リリースやWindows 8.1以前のWindows回復環境（WinRE）では扱えない

■ **SMB1プロトコルのサポートについて**

　Windows回復環境（WinRE）のコマンドプロンプトでは、ネットワークを有効化することで、共有フォルダーにアクセスなど、ネットワーク機能を利用することができます。しかし、Windows 10バージョン1709（10.0.16299.x）以降のWindows回復環境（WinRE）は、標準ではSMB1プロトコル（CIFS/SMB 1.0）をサポートしていません。そのため、古いNAS（ネットワーク接続型ストレージ）デバイスへのアクセスがブロックされるなどの影響があります（図4-3）。

　SMB1プロトコルが無効になっているWindows回復環境（WinRE）で、後からSMB1プロトコルを有効化する方法はありません。SMB1プロトコルを利用可能にする方法を考えるなんて無駄なことです（旧バージョンのイメージを使用する、SMB1Protocol-clientコンポーネントを有効化したカスタムイメージを作成するなど）。USBメモリでのやり取りやFTPコマンドによる送受信など、別の手段を探しましょう。

図4-3　バージョン10.0.16299.x以降のWindowsプレインストール環境（WinPE）は、標準ではSMB1プロトコルをサポートしない

■ 64ビットWinREは32ビットサブシステム（WOW64）を非搭載

通常の64ビット版Windowsインストールは、WOW64（Windows 32-bit On Windows 64-bit）という32ビットサブシステムを搭載しており、これで32ビットバイナリの実行をサポートしています。

32ビット（x86）版のWindowsインストールのWindows回復環境（WinRE）は32ビットOS、64ビット（x64）版のWindowsインストールのWindows回復環境（WinRE）は64ビットOS環境であり、後者はWOW64を搭載していません。そのため、64ビットのWindows回復環境（WinRE）のコマンドプロンプトで、外部の32ビットツール（Windows Sysinternalsのユーティリティなど）を実行しようとしても、互換性がないため実行することができません。

現在実行中のWindows回復環境（WinRE）が32ビットなのか64ビットなのかは、次のコマンドラインを実行することで確認できます。

[W7] [W8] [W10]

```
X:\> WMIC OS GET OSArchitecture ↵
```

Windows Sysinternalsのユーティリティ（例えば、Autoruns.exe）は、32ビットと64ビットの両方に対応しており、開始時は32ビットバイナリとしてスタートしますが（64ビットOSではWOW64で32ビットバイナリを開始します）、64ビットOS環境である場合は64ビットバイナリを展開して実行を切り替えるようにできています。

比較的新しいバージョンのWindows Sysinternalsユーティリティは、WOW64を利用できない環境の登場（WOW64を削除したWindows ServerやWOW64をサポートしないNano Serverなど）に対応するために、32ビットと64ビットの両方に対応した標準の32ビット版（Autorun.exe、Strings.exeなど）の他に、ネイティブな64ビット版（Autoruns64.exe、Strings64.exeなど）も提供するようになりました（図4-4）。

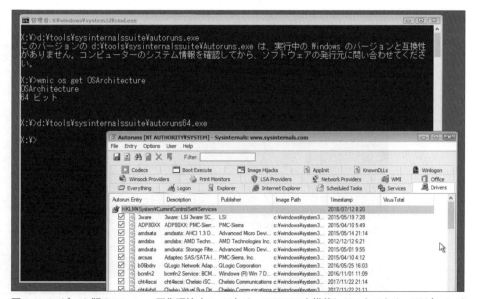

図4-4　64ビット版のWindows回復環境（WinRE）は、WOW64を搭載していないため、32ビットバイナリを実行できない。そのため、Windows Sysinternalsには64ビット版が用意された

■ 日本語入力システムは非サポート

　Windows回復環境（WinRE）およびWindowsプレインストール環境（WinPE）は、日本語の表示は可能ですが、日本語入力システム（Microsoft IME）を搭載していません。そのため、日本語の入力はできません。コマンドラインで日本語を入力する必要がある場合は、コマンドプロンプトの機能を利用して日本語テキストをコピーし貼り付ける、あるいはメモ帳（Notepad.exe）の「ファイル」メニューの「開く」を利用してパスをコピーするなど、工夫する必要があります。

4.2　トラブル発生時のWinREの開始

　オンラインのWindowsからWindows回復環境（WinRE）で再起動する方法については、「1.3.7　ログオフ、シャットダウン、再起動」で説明しました。ここでは、正常に起動しなくなったWindowsコンピューターや、Windowsがインストールされていないベアメタル（ベアメタルとは、ハードディスクにOSやソフトウェア、データが一切入っていないこと）コンピューターを、Windows回復環境（WinRE）で起動するいくつかの方法を紹介します。

4.2.1　自動回復によるWinRE開始

　Windowsは、正常に起動できなかった場合（または電源のオン／オフによる複数回のリセット）、自動修復処理を開始します。Windows 8.1やWindows 10の場合は、最後に表示される「PCが正常に起動しませんでした」や「自動修復でPCを修復できませんでした」のページで「詳細オプション」ボタンをクリックすることで、Windows回復環境（WinRE）の「オプショ

図4-5　「自動修復」の最後の画面で「詳細オプション」をクリックする

ンの選択（トラブルシューティング）」メニューに入ることができます（図4-5）。Windows Serverの場合は、自動修復後にそのまま「オプションの選択（トラブルシューティング）」メニューに進みます。選択した詳細オプションの項目によっては、準備するために再起動され、ローカル管理者の資格情報の入力（アカウントの選択とパスワードの入力）や、BitLockerの回復キーの入力（暗号化保護されている場合）が要求されます（図4-6）。

図4-6　ローカル管理者のパスワードの入力や、BitLocker回復キーの入力（前出の図4-2）が要求される

　Windows 7の場合は、複数回、起動に失敗すると、「Windowsエラー回復処理」のメニューが表示されるので、「スタートアップ修復の起動（推奨）」を選択します（図4-7）。「スタートアップの修復」の処理にしばらく時間がかかります。「スタートアップ修復」による修復が失敗したあと、「システムの復元とサポートの詳細オプションの表示」をクリックすることで、「システム回復オプション」に入ることができます（図4-8）。

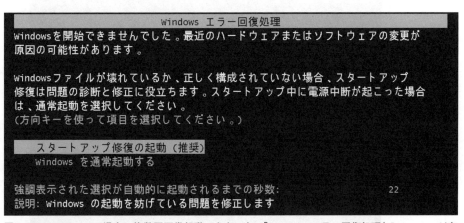

図4-7　Windows 7の場合、複数回正常起動できないと、「Windowsエラー回復処理」のメニューが表示される

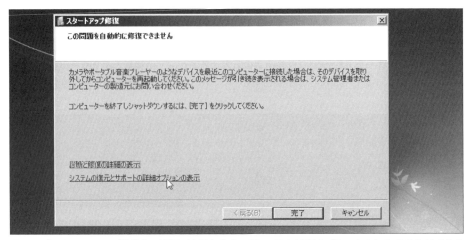

図4-8 「スタートアップ修復」の試行が完了したら、「システム回復オプション」に入ることができる

4.2.2　F8キーによるWinREの開始（Windows 7）

　Windows 7の場合は、電源オン直後にF8キーを連打することで、「詳細ブートオプション」メニューに入ることができます。ここで「コンピューターの修復」を選択することで、直ちに「システム回復オプション」に入ることができます（図4-9）。なお、Windows 8およびWindows Server 2012以降は、F8キーの連打の方法は利用できなくなりました。

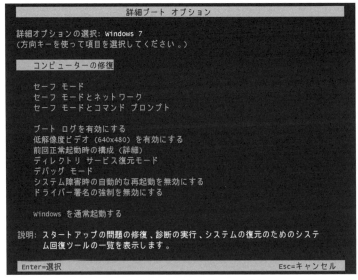

図4-9　Windows 7では、電源オン直後にF8キーを連打すると、「詳細ブートオプション」メニューが表示される。Windows 8以降、この方法は利用できない

4.2.3 外部メディアからのWinREの開始

　ローカルディスクの障害、管理者アカウントのパスワードがわからないなど、何らかの理由でローカルディスク上のWindows回復環境（WinRE）を利用できない場合は、「第1章　トラブルシューティングを始める前に」で説明したWindowsのインストールメディア（CD/DVD/USB）、システム修復ディスク（CD/DVD）、または回復ドライブ（USB）からWindows回復環境（WinRE）を開始できます。

　Windowsのインストールメディアから開始する場合は、「Windowsセットアップ」の最初の画面（言語やキーボードの種類の選択の画面）で「次へ」ボタンをクリックし、次に表示される「今すぐインストール」の画面の下部にある「コンピューターを修復する」をクリックして、Windows回復環境（WinRE）の「トラブルシューティング」メニューに進みます（図4-10）。Windows 8.1/10のシステム修復ディスクや回復ドライブから開始する場合は、「キーボードレイアウトの選択」画面で「Microsoft IME」を選択することで、Windows回復環境（WinRE）の「トラブルシューティング」メニューに入ることができます（図4-11）。なお、「Microsoft IME」はキーボードレイアウトであって、日本語入力システムが利用可能になるわけではありません。Windows 7の場合は、システム修復ディスクからの起動で「システム回復オプション」が開始します。

　外部メディアからWindows回復環境（WinRE）を開始した場合、ローカル管理者の資格情報の入力は求められることなく、ローカルディスク上のWindowsイメージにアクセスすることができます。もちろん、BitLockerドライブ暗号化やデバイス暗号化で保護されている場合は、回復キーの入力によるロックの解除が要求されます。回復キーが不明の場合、ロックされたドライブの内容を読み書きすることは決してできません。

図4-10　インストールメディアから起動する場合は、「今すぐインストール」の画面で「コンピューターを修復する」を選択する

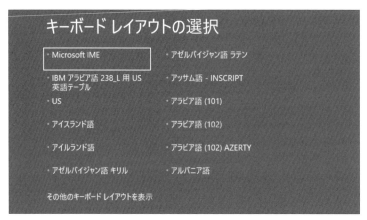

図4-11　Windows 8.1/10のシステム修復ディスクや回復ドライブから起動した場合は、キーボードレイアウトを選択すると、すぐにWindows回復環境（WinRE）に入る

4.2.4　インストールメディアからのコマンドプロンプトの起動

　Windowsのインストールメディアから起動した場合、Windowsプレインストール環境（WinPE）のコマンドプロンプトにすばやくアクセスするショートカットがあります。「Windowsセットアップ」の最初の画面（次の画面でもよい）で Shift + F10 キーを押すと、直ちにコマンドプロンプトが開きます（図4-12）。このとき、カレントディレクトリがX:¥Windows¥System32ではなく、X:¥Sourcesで開くことに注意してください（適宜、**CD**コマンドで移動してください）。なお、BitLockerドライブ暗号化やデバイス暗号化で保護されたボリュームにアクセスする場合は、Windows回復環境（WinRE）を使用してください。

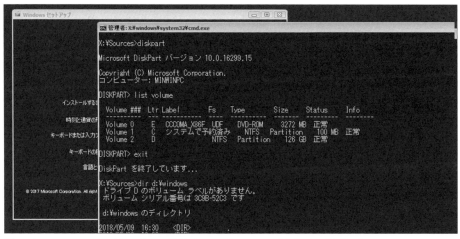

図4-12　Windowsプレインストール環境（WinPE）のコマンドプロンプトは、「Windowsセットアップ」の画面で Shift + F10 キーで開くこともできる

WinRE/WinPEで起動時のドライブマップ

Windows回復環境（WinRE）やWindowsプレインストール環境（WinPE）を開始した場合、ローカルディスクのWindowsパーティションには、C:ドライブとは別のドライブ文字が割り当てられることがあります。どのドライブ文字が割り当てられているかどうかは、**DIR**コマンドを使用してWindowsディレクトリの存在するドライブを1つずつ探すか、**DISKPART**コマンドの**LIST VOLUME**コマンドを使用して確認してください。なお、X:ドライブはWindowsプレインストール環境（WinPE）のRAMディスクであり、X:¥WindowsはWindowsプレインストール環境（WinPE）のシステムです。

[W7] [W8] [W10]

```
X:¥> DISKPART ↵
DISKPART> LIST VOLUME ↵
DISKPART> EXIT ↵
X:¥>
```

4.3 利用可能な回復機能

　本書では主に、システム回復環境（WinRE）のコマンドプロンプト、Windowsプレインストール環境（WinPE）のコマンドプロンプトとも呼べるCUIのコンソールで作業を行うことについて取り上げますが、システム回復環境（WinRE）のその他の回復機能についても触れておきます。その他の回復機能を利用するべきときもあれば、利用するほうが手っ取り早いこともあります。

　ただし、製品の不具合や品質更新プログラムの問題の影響で、回復機能の一部が正常に機能しない場合があることにも注意してください。例えば、Windows 10バージョン1803は、初期のOSビルドにおいて、「PCを初期状態に戻す」が失敗する可能性がありました（2018年7月の品質更新プログラムで修正済み）。また、32ビット版において、「システムの復元」や「イメージでシステムを回復」（オンラインのWindowsでの「システムイメージの作成」も失敗します）が正常に機能しないという問題が確認されています（2018年8月末時点でこの問題は修正されていません）。

4.3.1 WinREの詳細オプション

　システム回復環境（WinRE）が提供する標準的な回復機能について、Windowsのバージョンごとに示します（図4-13）。ここに示すもの以外にも、プレインストールPCの場合でプレインストールされているWindowsのバージョンからまだアップグレードしていない場合は、工場出荷時の状態に戻すオプションを利用可能な場合があります（Windows 7の「システム回復オプション」やWindows 8.1/10の「トラブルシューティング」の一部として、またはベンダー製ユーティリティの回復機能として）。

図4-13 Windows 7（左）とWindows 8.1/10（右）のWindows回復環境（WinRE）

表4-14 Windows 7のWinREが提供する回復機能[1]

オプションメニュー	機能
システムの回復オプション	
スタートアップ修復	起動を阻んでいるブート環境の修復を試みます。
システムの復元	Windowsボリュームまたは作成済みバックアップ（システムイメージ）で利用可能な復元ポイントを適用し、復元ポイント作成以降の変更を元に戻します。
システムイメージの回復	作成済みのフルバックアップ（システムイメージ）を使用したベアメタル回復を行います。
Windowsメモリ診断	物理メモリのハードウェアエラーをチェックします。
コマンドプロンプト	Windowsプレインストール環境（WinPE）のコマンドプロンプトを開きます。

表4-15 Windows 8.1のWinREが提供する回復機能[2]

オプションメニュー	機能
トラブルシューティング	
PCのリフレッシュ	個人のファイルや設定を維持したままWindowsのインストールをリフレッシュします。実行時にインストールメディア、回復ドライブが要求されます。またはOEMベンダーが用意した、回復パーティション内のカスタムイメージが使用されます。また、一部のアプリは再インストールが必要です。Windowsの更新状態は、使用したイメージのレベルに戻ります。

※1 Windows 7での低解像度（VGA）やセーフモードの指定は、起動時の F8 キーからの「詳細ブートオプション」メニューから開始できます（前出の図4-9）。

※2 Windows 8.1/10でのWindowsメモリ診断は、オンラインのWindowsの「管理ツール」の「Windowsメモリ診断」（%Windir%¥System32¥MdSched.exe）またはWindows回復環境（WinRE）からX:¥Windows¥System32¥MdSched.exeを実行することで、次回再起動時に実施することができます。

オプションメニュー		機能
PCを初期状態に戻す		すべてを削除してWindowsを再インストールします。個人データやアプリは保持されません。実行時にインストールメディア、回復ドライブが要求されます。またはOEMベンダーが用意した、回復パーティション内のカスタムイメージが使用されます。Windowsの更新状態は、使用したイメージのレベルに戻ります。
詳細オプション		
	システムの復元	Windowsボリュームまたは作成済みバックアップ（システムイメージ）で利用可能な復元ポイントを適用し、復元ポイント作成以降の変更を元に戻します。
	イメージでシステムを回復	作成済みのフルバックアップ（システムイメージ）を使用したベアメタル回復を行います。
	スタートアップ修復	起動を阻んでいるブート環境の修復を試みます。
	コマンドプロンプト	Windowsプレインストール環境（WinPE）のコマンドプロンプトを開きます。
	スタートアップ設定	低解像度（VGA）、セーフモード、デバッグモード、ドライバー署名の無効化（x64の場合）、STOPエラー発生時に自動起動しない、起動時にマルウェア対策を開始しないなどのオプションを指定してシステムを起動します。

表4-16　Windows 10のWinREが提供する回復機能[2]

オプションメニュー		機能
トラブルシューティング		
このPCを初期状態に戻す		個人データを保持するか、すべてを削除するかを選択して、Windowsを再インストールします。インストールメディアや回復ドライブは要求されません。Windowsの更新状態はインストール時のビルド（バージョン1703以前の場合）に戻るか、現在の更新されたビルド（バージョン1709以降の場合）で回復します。
ドライブから回復する（回復ドライブ使用時）		回復ドライブ内のシステムファイルを使用してWindowsを再インストールします。個人データとアプリはすべて削除されます。このオプションは、回復ドライブで起動した場合にのみ利用可能です。
詳細オプション		
	システムの復元	Windowsボリュームまたは作成済みバックアップ（システムイメージ）で利用可能な復元ポイントを適用し、復元ポイント作成以降の変更を元に戻します。
	イメージでシステムを回復	作成済みのフルバックアップ（システムイメージ）を使用したベアメタル回復を行います。
	スタートアップ修復	起動を阻んでいるブート環境の修復を試みます。
	コマンドプロンプト	Windowsプレインストール環境（WinPE）のコマンドプロンプトを開きます。
	スタートアップ設定	低解像度（VGA）、セーフモード、デバッグモード、ドライバー署名の無効化（x64の場合）、STOPエラー発生時に自動起動しない、起動時にマルウェア対策を開始しないなどのオプションを指定してシステムを起動します。

オプションメニュー	機能
以前のバージョンに戻す※3	機能更新プログラムやWindows 10のダウンロードインストールでアップグレードしたシステムを、以前のバージョンのWindowsに戻します。既定ではアップグレード後10日を過ぎると利用できなくなります。
UEFIファームウェアの設定	システムを再起動し、UEFIファームウェアのユーティリティを開始します。

4.3.2 コマンドプロンプトで利用可能な主なコマンド

Windows回復環境（WinRE）のコマンドプロンプトでは、CMD.EXEで利用可能なコマンド拡張機能（**DIR**、**CD**、**COPY**、**DEL**、**RD**など）、**FORMAT**や**CHCP**コマンドの他に、Windows標準コマンドおよびツールのサブセットを利用できます。

■ Windowsのコマンドとツール

Windows回復環境（WinRE）のコマンドプロンプトで利用可能なコマンドおよびツールは、X:\Windows または X:\Windows\System32 に存在します。ほとんどはコマンドラインツールですが、レジストリエディター（Regedit.exe）およびメモ帳（Notepad.exe）については、GUIツールとして利用できます。

この他に、オフラインのWindowsインストールに含まれる**Windows\System32\reagentc.exe**コマンドを使用してローカルのWindowsインストール用のWindows回復環境（WinRE）を構成したり、「第1章　トラブルシューティングを始める前に」で紹介したWindows Sysinternalsのツールの多くをWindows回復環境（WinRE）に持ち込んで実行したりすることができます。

表4-17　Windows回復環境（WinRE）のコマンドプロンプトで利用可能な主なコマンド

用途	コマンドとツール
ファイルの操作	XCOPY.EXE、ROBOCOPY.EXE
ネットワークの操作	FTP、NBTSTAT.EXE、NET.EXE、NETSTAT.EXE、IPCONFIG.EXE、PING.EXE、TRACERT.EXE
ディスクの操作	CHKDSK.EXE、CHKNTFS.EXE、DISKPART.EXE
ブート環境の操作	BOOTREC.EXE（MBRの修復、ブートセクターの書き込み、ブート構成ストアの再構築）、BCDBOOT.EXE（ブート構成ストアの作成と修復）、BCDEDIT.EXE（ブート構成ストアの編集）
レジストリの操作	REG.EXE、レジストリエディター（Regedit.exe）
イメージの操作	DISM.EXE、SFC.EXE、WBADMIN.EXE（情報参照と回復操作のみ）
BitLockerの操作	MANAGE-BDE.EXE、REPAIR-BDE.EXE
WSHスクリプト環境	CSCRIPT.EXE、WSCRIPT.EXE
テキストファイルの編集	メモ帳（NOTEPAD.EXE）

※3　Windows 10バージョン1809（October 2018 Update）では、「更新プログラムのアンインストール」に置き換えられ、最新の品質更新プログラムまたは最新の機能更新プログラムのアンインストールが可能になる予定です（Insider Previewビルド17758.1で確認）。

■ WPEUTIL

　Windows回復環境（WinRE）のコマンドプロンプトでは、WPEUTIL.EXEというWindowsプレインストール環境（WinPE）のコマンドラインユーティリティが存在します。このユーティリティを使用すると、シャットダウン、再起動、ネットワークの有効化、ファイアウォール（現在のWinPEセッションで有効になっているファイアウォールのこと）の無効化などを実行できます。

　現在のWindowsプレインストール環境（WinPE）セッションを終了する、または再起動してWindowsを通常起動するには、次のコマンドラインを実行します（第1章でも説明しました）。

[W7] [W8] [W10]
```
X:¥> Wpeutil Shutdown ⏎
X:¥> Wpeutil Reboot ⏎
```

　現在のWindowsプレインストール環境（WinPE）セッションでネットワークを利用可能にするには、次のいずれかのコマンドラインを実行します。また、SMB共有に接続するには、**NET USE**コマンドを使用します。

[W7] [W8] [W10]
```
X:¥> Wpeutil InitializeNetwork ⏎
または
X:¥> STARTNET ⏎
X:¥> NET USE Z: ¥¥<コンピューター名>¥<共有名> /USER:<ユーザーの資格情報> * ⏎
```

　現在のWindowsプレインストール環境（WinPE）セッションでファイアウォールを無効化したい場合は、次のコマンドラインを実行します。例えば、**FTP**コマンドでFTPサーバーに接続し、ファイルを取得するときに、パッシブ（Passive、PASV）モードを利用できないときなどです。

[W7] [W8] [W10]
```
X:¥> Wpeutil DisableFirewall ⏎
```

4.3.3　Windows Defenderオフライン

　Windows 10バージョン1607以降のWindows 10には、「Windows Defenderオフライン」の機能が標準搭載されました。この機能は、ウイルス対策としてWindows 10標準のWindows Defenderウイルス対策（Windows Defender Antivirus）を使用している場合に、「Windows Defenderセキュリティセンター」アプリ（Windows 10バージョン1809では「Windowsセキュリティ」という名称に変更される予定）の「ウイルスと脅威の防止」—「新しい高度なスキャンを実行」—「高度なスキャン」から開始できます（Windows 10バージョン1607では「設定」—「更新とセキュリティ」の「Windows Defender」から開始）。

この機能は、Windows回復環境（WinRE）の起動と同じように、Windowsプレインストール環境（WinPE）ベースの「Windows Defenderオフライン」のイメージを使用してコンピューターを再起動し、オフラインのWindowsのディスクに対して最新のエンジンと定義を用いてウイルス感染の検索と駆除を行います。

　Windowsのトラブルの原因がウイルス感染やその他のマルウェアの疑いがある場合は、「Windows Defenderオフライン」を利用して、現在のWindowsをオフラインにした状態で検索することをお勧めします。オンラインのWindowsのウイルス対策環境が侵害されている場合、感染があっても隠されてしまう可能性があります。「Windows Defenderオフライン」でなら、感染したウイルスが活動していない状態で、検索および駆除を試みることができるかもしれません（図4-18、図4-19）。

図4-18　「Windows Defenderセキュリティセンター」から「Windows Defenderオフラインスキャン」を開始する

図4-19　「Windows Defenderオフライン」でスキャン中の様子。ネットワーク接続が利用可能な場合、定義の更新も可能

Windows 10バージョン1607の「Windows Defenderオフライン」の不具合

　Windows 10バージョン1607で「Windows Defenderオフライン」を実行すると、PCが正常に起動できなかったときにはじまる自動修復の機能が、次回から「Windows Defenderオフライン」に置き換わってしまうという不具合があります。

　その後、PCが正常に起動できた場合は、コンピューターを再起動する際に、次にWindows回復環境（WinRE）の「コマンドプロンプト」で起動するよう選択することで、自動修復からWindows回復環境（WinRE）が開始する正常な状態に戻すことができます。PCが正常に起動できない場合は、先にWindowsインストールメディアやシステム修復ディスク、回復ドライブを使用してWindows回復環境（WinRE）を起動し、コンピューターの起動問題に対処してください。

　他社のウイルス対策製品を導入している場合や、「Windows Defenderオフライン」を搭載していない以前のWindowsバージョンの場合は、次のWindowsのサポートのページで説明されているように、32ビットバージョンまたは64ビットバージョンの「Windows Defenderオフライン」のメディア作成ツールをダウンロードして、起動用のCD/DVDまたはUSBメディアを作成して使用することが可能です（図4-20）。

Windows Defenderオフラインを使ってPCを保護する（Windowsのサポート）
https://support.microsoft.com/ja-jp/help/17466/

図4-20　「Windows Defenderオフライン」用の起動用メディアを作成する

4.4 コマンドプロンプトでのオフラインメンテナンス

Windows回復環境（WinRE）のコマンドプロンプトでよく使う、データ救出やトラブルシューティングのテクニックをいくつかの例で紹介します。より具体的なトラブルとトラブルシューティングのステップについては、「第8章　トラブルシューティング事例」でも紹介します。

4.4.1 重要データの救出

コンピューターが正常に起動できなくなった場合、Windows回復環境（WinRE）で開始して最初にするべきことは、重要データの救出です。簡単に問題が解決できるなら不要な手順ですが、万が一に備えて、重要データのバックアップコピーを共有フォルダーやUSBメモリなど、ローカルディスクとは別のパスに作成しておきましょう。ハードディスクの障害が疑われる場合は、素早くコピーできるように、できるだけ対象を絞り込んでバックアップするとよいでしょう。

データのバックアップコピーの方法はいくつかありますが、特定のディレクトリやファイル単位でコピーするのであれば**XCOPY**コマンドを次のようなコマンドラインで実行します（この例では、オフラインのWindowsパーティションがC:ドライブとして認識されていて、共有フォルダーやUSBメモリがZ:ドライブにあることを想定しています）。**/S**オプションは空のディレクトリを除いてサブディレクトリごとコピーするオプションです。**/H**オプションは隠しファイルやシステムファイルもコピーするオプションです。**/C**オプションはエラーが発生してもコピーを続けるオプションです。その他のオプションについては、**XCOPY /?**で確認してください。

[W7] [W8] [W10]

```
C:\> XCOPY C:\Users\testuser01 Z:\MyBackupData /S /H /C
```

先に指摘したように、Windows回復環境（WinRE）のコマンドプロンプトでは日本語入力ができません。途中に日本語を含む深いパスにあるディレクトリを扱うには、メモ帳（Notepad.exe）の「ファイル」メニューの「開く」にあるエクスプローラー風のUIを活用すると便利です（図4-21）。

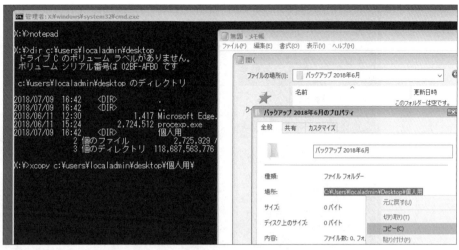

図4-21　メモ帳（Notepad.exe）の「ファイル」メニューの「開く」は、ディレクトリの参照やパスのコピーに活用できる

4.4.2　オフラインのイベントログの参照

　Windows回復環境（WinRE）のコマンドプロンプトでは、「第2章　ターゲットのシステムを知る」の「2.4　イベントログの参照」で説明した**WEVTUTIL**コマンドを利用して、オフラインのWindowsのイベントログを参照することができます。オフラインのWindowsのイベントログファイル（.evtx）は、Windows¥System32¥winevt¥Logsディレクトリに見つかります。次の例は、2018年7月1日以降に「システム」（System）ログに記録された、「エラー」（Error）および「重大」（Warning）レベルのイベントを参照する例です（図4-22）。オフラインのWindowsパーティションがE:ドライブとして認識されていることを想定しています。

```
C:¥> WEVTUTIL qe /lf E:¥Windows¥System32¥winevt¥Logs¥System.evtx /rd:true /f:text /q:"*
[System[(Level=1 or Level=2) and TimeCreated[@SystemTime>='2018-06-30T15:00:00.000Z']]
]"
```

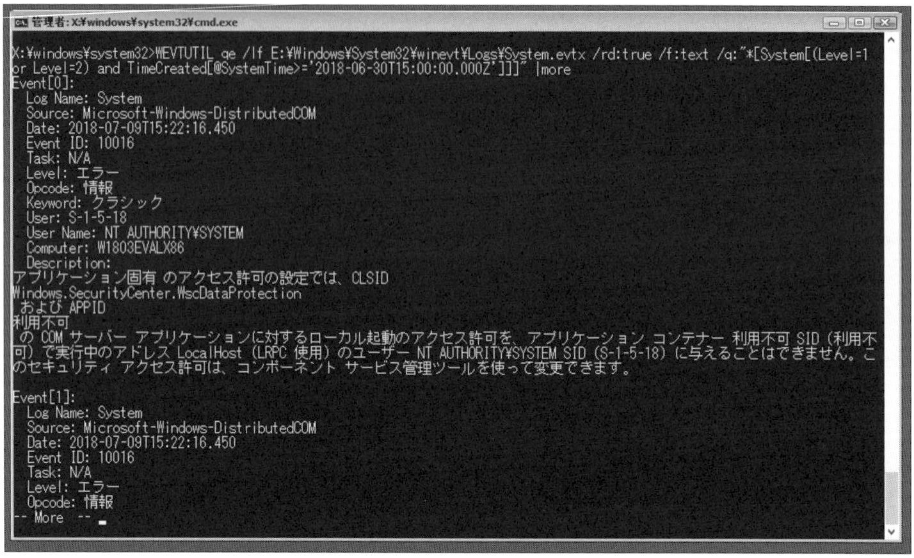

図4-22 オフラインのWindowsのシステムイベントログを参照しているところ

4.4.3 オフラインのレジストリの編集

　Windows回復環境（WinRE）では、GUIのレジストリエディター（Regedit.exe）と**REG**コマンドの両方を使用できます。ただし、これらのツールとコマンドが既定で参照しているのは、現在、オンラインになっているWindowsプレインストール環境（WinPE）セッションのレジストリです。オフラインのWindowsのレジストリを編集するには、オフラインのWindowsのレジストリハイブのファイル（Windowsパーティションのドライブの¥Windows¥System32¥Config¥SOFTWAREやSYSTEM）を現在のセッションに読み込んで、編集し、その後、ハイブをアンロードするという手順が必要です。

　次の例は、システムエラー（STOPエラー、BSoD）が発生した時の「自動的に再起動する」オプション（「システムのプロパティ」の「詳細設定」タブにある「起動と回復」の「設定」）を無効化して、自動的に再起動しないようにします。また、wuauserv（Windows Update）サービスのスタートアップの種類を無効にします。この例は、オフラインのWindowsパーティションがC:ドライブとして認識されていることを想定しています。また、対象のWindowsがオンラインのときのSYSTEMハイブのCurrentControlSetは、オフラインのときはControlSet001であることに注意してください。

```
[W7] [W8] [W10]
X:\> REG LOAD HKLM\OfflineSys C:\Windows\System32\config\SYSTEM ↵
X:\> REG ADD "HKLM\OfflineSys\ControlSet001\Control\CrashControl" /v "AutoReboot" /t RE
G_DWORD /d 0 /F ↵
X:\> REG ADD "HKLM\OfflineSys\ControlSet001\Services\wuauserv" /v "Start" /t REG_DWORD
 /d 4 /F ↵
X:\> REG UNLOAD HKLM\OfflineSys ↵
X:\> WPEUTIL Reboot ↵
```

なお、STOPエラー発生時の自動的な再起動の無効化は、Windows 7の「詳細ブートオプション」メニューにある「システム障害時の自動的な再起動を無効にする」、Windows 8.1/10の「トラブルシューティング」メニューの「詳細オプション」にある「スタートアップ設定」から選択することも可能です。

4.4.4 オフラインのWindowsから更新プログラムをアンインストール

Windowsが正常起動しない問題の原因がWindows Updateによる品質更新プログラムやドライバーのインストールの疑いがある場合は、Windows回復環境（WinRE）から更新プログラムやドライバーのアンインストールを試みることができます。

更新プログラムをアンインストールするには、次のようにDISMコマンドの**/Image**オプションにオフラインのWindowsのドライブルートを指定し、**/Get-Packages**オプションでインストール済みの更新プログラムパッケージ（Update、Security Update）のパッケージIDを確認して、**/Remove-Package**オプションでアンインストールします（図4-23）。なお、RAMディスク（X:\）を使用するWindows回復環境（WinRE）では、スクラッチディレクトリ（作業ディレクトリ）の問題（メモリ不足）で失敗する場合があります。その場合は、**/ScratchDir:<X:ドライブ上以外の作業ディレクトリのパス>**オプションを追加してください。

```
[W7] [W8] [W10]
X:\> DISM /Image:<ドライブ文字:\> /Get-Packages ↵
X:\> DISM /Image:<ドライブ文字:\> /Remove-Package /PackageName:<パッケージID> ↵
X:\> WPEUTIL Reboot ↵
```

ドライバーをアンインストールする場合は、**/Get-Drivers**オプションでインストール済みのドライバーの公開名（.inf）を確認し、**/Remove-Driver**オプションに指定して削除します。

```
[W7] [W8] [W10]
X:\> DISM /Image:<ドライブ文字:\> /Get-Drivers ↵
X:\> DISM /Image:<ドライブ文字:\> /Remove-Driver /Driver:<公開名（.inf）> ↵
X:\> WPEUTIL Reboot ↵
```

図4-23　Windows 10バージョン1803から、最後にインストールされた累積更新プログラム
（KB4284848、ビルド17134.137）をアンインストールしたところ

4.4.5　ブート構成ストアの編集

　ローカルのWindows用のブート環境は、100MB程度のNTFSパーティション（BIOSシステムの標準のシステムパーティション）またはFAT32パーティション（UEFIシステムの標準のEFIシステムパーティション）に配置されたブート構成ストアに格納されています。BIOSシステムの場合は¥Boot¥BCD、UEFIシステムの場合は¥EFI¥Microsoft¥Boot¥BCDです。

　ローカルのWindows用のブート構成ストアを編集するには、**BCDEDIT**コマンドの**/STORE**オプションにブート構成データのパスを指定して、**/Set**コマンドなどで編集します。システムパーティションには、自動的にドライブ文字が割り当てられない場合があります。その場合は、**DISKPART**コマンドを使用して、S:などのドライブ文字を割り当てて作業します。次の例は、システムパーティションにドライブ文字を割り当て、既定のブートエントリ（{default}）の値を変更する例です（図4-24）。

[W7] [W8] [W10]

```
X:¥> DISKPART ↵
DISKPART> LIST VOLUME ↵
　（システムパーティションにドライブ文字が割り当てられていない場合はS:などを割り当てる）
DISKPART> SELECT VOLUME <ボリューム番号> ↵
DISKPART> ASSIGN LETTER=S: ↵
DISKPART> EXIT ↵
X:¥> BCDEDIT /STORE <ブート構成データのパス> /Set {default} <データの種類> <値> ↵
```

第4章 Windows回復環境（WinRE）

図4-24　システムパーティションのブート構成ストア（UEFIの場合は¥EFI¥Microsoft¥Boot¥BCD、BIOSの場合は¥Boot¥BCD）を編集し、Hyper-Vを無効化（hypervisorlaunchtype off）しているところ

メモ

Windows回復環境（WinRE）で利用可能なWebブラウザー

　Windows回復環境（WinRE）は、**STARTNET**または**WPEUTIL InitializeNetwork**コマンドでネットワークのサポートを有効化できますが、利用できるネットワーク機能はファイル共有や**FTP**コマンドに限られています。Internet Explorerはもちろん含まれていませんし、オフラインのWindowsインストールのパス（¥Program Files¥Internet Explorer¥iexplore.exe）を実行しても、Internet Explorerが起動することはありません。

　試しに、32ビット版のWindows回復環境（WinRE）のコマンドプロンプトで32ビット版Mozilla Firefoxのインストーラー（.exe）を実行してみたところ、セットアップが動作し、RAMディスク上のX:¥Program Files¥ Mozila Firefox ¥Firefoxディレクトリのパスにインストールすることができ、Firefox（Firefox.exe）を起動してWebブラウジングすることは可能でした（図4-25）。Windows回復環境（WinRE）のイメージは読み取り専用のものがRAMディスクに展開されて書き込み可能になるため、インストールしたものは再起動すれば失われますが、それまでは利用可能です。

　64ビット版のWindows回復環境（WinRE）のコマンドプロンプトでも64ビット版のインストーラーで同じことを試してみましたが、こちらはできませんでした。インストーラー自体が32ビットバイナリで作成されているため、WOW64の利用できないWindows回復環境（WinRE）のコマンドプロンプトからは実行できないのです。オフラインのWindowsイメージに64ビット版Firefoxがインストールされている場合（¥Program Files¥Mozila Firefox¥Firefox.exe）、それを実行することは可能でした（図4-26）。

　トラブルシューティング対象のコンピューターに都合よくFirefoxがインストールされているとは限りませんが、こういったことができるかもしれないことを覚えておくと、役に立つことがあるかもしれません。

図4-25　32ビット版のWindows回復環境（WinRE）にFirefoxをインストールして使用することができた

図4-26　64ビット版のWindows回復環境（WinRE）はWOW64を持たないためセットアップを実行できなかったが、オフラインのWindowsイメージにインストール済みの64ビットバイナリは起動できた

第5章
Windows Updateのトラブルシューティング

　Windows Updateによる更新でWindowsを最新状態に保つことは、セキュリティ問題の脆弱性の影響を最小化するために重要なことです。しかしながら、Windows Updateによる更新が原因で、STOPエラー（システムエラーやブルースクリーン、BSoDとしても知られます）が発生してコンピューターが正常に起動できなくなったり、アプリケーションの動作を不安定にしたり、ハードウェアの問題を引き起こしたりすることがあります。更新プログラムが原因と考えられる問題は、その更新プログラムをアンインストールすることで正常化できる可能性があります。

　ここでは、Windowsの品質更新プログラムのインストールに関するトラブルシューティングについて説明します。Windows 10のアップグレードである機能更新プログラムのインストールの問題は、「設定」アプリの「更新とセキュリティ」―「回復」や、Windows回復環境（WinRE）の「以前のバージョンに戻す」、およびバックアップ（システムイメージ）からの回復を使用してください。

5.1　一般的なトラブルシューティング

　Windows Update自身のトラブル、および特定の更新プログラムに起因するシステムやアプリケーションのトラブルに対処する一般的な方法を紹介します。ここで紹介した方法で解決できない場合に、次の項番で紹介する対処方法を検討してください。

5.1.1　更新プログラムの既知の問題を確認する

　Windowsの累積更新プログラムで確認されている既知の問題については、Windowsの各バージョン（ビルド）ごとの更新履歴の情報の「Known issues in this update／この更新プログラムの既知の問題」を確認してください。ここに回避策が示されている場合があります。なお、更新履歴の情報は更新（新たな問題の追加や回避策の更新など）されることがあることに留意してください。以下にWindowsの各バージョンの更新履歴のURLを示します。最新情報

は英語(en-us)ページで確認してください。日本語(ja-jp)ページに反映されるまでには、しばらくタイムラグがあります。

Windows 10 and Windows Server update history ／ Windows 10 および Windows Server の更新履歴
https://support.microsoft.com/en-us/help/4043454/
https://support.microsoft.com/ja-jp/help/4043454/

Windows 8.1 and Windows Server 2012 R2 update history ／ Windows 8.1 および Windows Server 2012 R2 の更新履歴
https://support.microsoft.com/en-us/help/4009470/
https://support.microsoft.com/ja-jp/help/4009470/

Windows Server 2012 update history ／ Windows Server 2012 の更新履歴
https://support.microsoft.com/en-us/help/4009471/
https://support.microsoft.com/ja-jp/help/4009471/

Windows 7 SP1 and Windows Server 2008 R2 SP1 update history ／ Windows 7 SP1 および Windows Server 2008 R2 SP1 の更新履歴
https://support.microsoft.com/en-us/help/4009469/
https://support.microsoft.com/ja-jp/help/4009469/

Windows Server 2008 SP2 update history（2018年9月から累積更新モデルに移行します）
https://support.microsoft.com/en-us/help/4343218
https://support.microsoft.com/ja-jp/help/4343218

　Windows 8.1 および Windows Server 2012 R2 以前に対しては、サポート対象の .NET Framework についても、「セキュリティおよび品質ロールアップ」または「セキュリティのみの更新プログラム」として、毎月、.NET Framework 用の累積更新プログラムが提供されます。.NET Framework 用の累積更新プログラムの既知の問題については、更新プログラムの KB 番号に対応したサポート情報で確認してください。

　Windows 10 および Windows Server 2016 以降向けの .NET Framework 用の更新プログラムは、Windows の累積更新プログラムに含まれた形で提供されます。そのため、Windows 10 および Windows Server 2016 以降からは、.NET Framework 用の更新プログラムを個別にインストールまたはアンインストールすることはできません。

5.1.2　インターネットで情報を収集する

　毎月の累積更新プログラムやその他の更新プログラムの問題を、インターネットの検索サイトで KB 番号で検索することで確認できることがあります。例えば、Windows に関するユーザーフォーラム（Microsoft Answer、TechNet Forum など）で同様の問題が報告されている場合があります。

対処中の重大な問題については、影響範囲や回避策がMicrosoft TechNet Blogで公表されることがあります。ただし、問題が確認されてから、情報が公表されるまで、時間がかかることがあります。

TechNet Blogs
https://blogs.technet.microsoft.com/

更新プログラムの問題に関する日本語の情報、および日本語環境に固有の問題については、以下の公式ブログで公開されることが多いです。

Ask CORE ／ Microsoft Japan Windows Technology Support
https://blogs.technet.microsoft.com/askcorejp/

Ask the Network & AD Support Team ／マイクロソフトNetwork & ADサポートチーム公式ブログ
https://blogs.technet.microsoft.com/jpntsblog/

5.1.3 トラブルシューティングの公式なベストプラクティス

Windows Updateの問題を修正する汎用的な方法については、以下のサポート情報が公開されています。前者はWindowsのバージョンごとに次に行うべき対処方法を示してくれます（図5-1）。問題が解決できない場合に実施する後半の対処方法は、本書でも説明しています。後者は難しい内容ですが、こちらも本書で説明している方法を含んでいます（本書ではより簡潔化しています）。

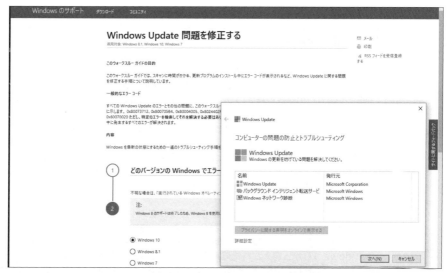

図5-1 「Windows Update トラブルシューティング」による問題解決

Windows Update問題を修正する（Windowsのサポート）
https://support.microsoft.com/ja-jp/help/10164/

DISMまたはシステム更新準備ツールを使用してWindows Updateのエラーを解決する（Windowsのサポート）
https://support.microsoft.com/ja-jp/help/947821/

5.1.4　Windows Updateのログを確認する

　Windows 7、Windows 8.1、およびWindows Server 2012 R2以前の場合は、%Windir%¥WindowsUpdate.logおよび%Windir%¥SoftwareDistribution¥ReportingEvents.logにWindows Update関連のログが記録されています。Windows 10およびWindows Server 2016以降の場合は、%Windir%¥SoftwareDistribution¥ReportingEvents.logを確認します。ログの解析は簡単ではありませんが、何か問題の原因の調査に役立つことが記録されているかもしれません。

　第1章で説明したように、Windows 10およびWindows Server 2016からは、ログの記録が「Windowsイベントトレーシング（Event Tracing for Windows：ETW）」に変更され、C:¥Windows¥WindowsUpdate.logを使用しなくなりました。ETWのバイナリ形式のログをテキスト形式のログに変換するには、**Get-WindowsUpdateLog**コマンドレットを使用します。管理者権限は必要ありません。なお、Windows 10の初期バージョンでは、変換後のWindows Update.logには意味のない文字列が多数含まれ、ほとんど役に立たないかもしれません。

[W10]
```
PS C:¥> Get-WindowsUpdateLog
PS C:¥> notepad $env:USERPROFILE¥Desktop¥WindowsUpdate.log
```

メモ

累積的な品質更新プログラム
　毎月第2火曜日（日本ではその翌日）のWindows Updateの前後でトラブルが発生するようになったという場合は、品質更新プログラムの不具合、あるいは特定のアプリケーションやドライバーと品質更新プログラムとの組み合わせで発生する例外的な問題の可能性があります。
　Windows 10の品質更新プログラムは、主に、「累積更新プログラム」（Cumulative Update）、「更新プログラム」（Update、サービススタックの更新など）、「セキュリティ更新プログラム」（Security Update、Adobe Flash Playerの更新など）があります。累積更新プログラムは、過去の累積更新プログラム（セキュリティ修正およびバグ修正）を含むもので、毎月第2火曜日（日本ではその翌日）に提供されます。また、その月の第2火曜日と次の第2火曜日の間にも新たなセキュリティ修正を含まない累積更新プログラムが提供される場合があります（Windows 10バージョン1709以降でWindows Update for Businessポリシーを設定している場合はWindows Updateで検出されません）。
　累積更新プログラムに含まれる一部の修正だけをスキップするということはできません。そのため、累積更新プログラムの問題は、次の、または将来の累積更新プログラムで問題が解消されるまで、問題の累積更新プログラムを一時的にブロックする方法で対処する必要があります。
　Windows 10から導入された累積更新プログラムによる更新モデルは、2016年10月からはWindows 7 SP1、Windows 8.1、Windows Server 2008 R2、Windows 2012/2012 R2に対しても導入されました。こちらは、「セキュリティマンスリー品質ロールアップ」（Monthly

Rollup）や「セキュリティのみの更新ロールアップ」（Security-Only Update）という名称で提供されます。また、.NET Framework用の更新プログラムについては、Windows用とは別に「.NET Framework用セキュリティおよび品質ロールアップ」（Security and Quality Rollup Updates for .NET Framework）または「.NET Framework用セキュリティのみの更新プログラム」（Security Only Update for .NET Framework）が提供されます。さらに、2018年9月からは、Windows Server 2008 SP2にも導入されます。

5.2 失敗するWindows Updateの解決

　Windows Updateがエラーで失敗する問題を解決できない場合、筆者の経験上、ここで示す方法で多くの場合は解決します。特に、Windows 10やWindows Server 2016以降でエラーコード0x800705B4や0x80070002が繰り返される場合は、5.2.1項～5.2.3項の手順が有効です。

図5-2　エラーコード0x800705B4や0x80070002が繰り返される場合は、5.2.1～5.2.3の手順が有効

5.2.1 SoftwareDistributionのクリーンアップ

　Windows Updateエージェントおよび品質更新プログラムは、%Windir%￥SoftwareDistributionディレクトリにダウンロードされ、インストール用に準備されます。次のコマンドラインを実行して%Windir%￥SoftwareDistributionディレクトリをリセット（クリーンアップ）することで、Windows Updateのエラーが解決する場合があります。コマンドラインは、管理者権限で実行する必要があります。

[W7] [W8] [W10]

```
C:¥> NET STOP wuauserv
C:¥> NET STOP bits
C:¥> NET STOP cryptsvc
C:¥> NET STOP msiserver
C:¥> NET STOP usosvc      （Windows 10の場合のみ）
C:¥> NET STOP dosvc       （Windows 10の場合のみ）
C:¥> REN %WINDIR%¥SoftwareDistribution SoftwareDistribution.old
C:¥> RD %WINDIR%¥SoftwareDistribution.old /S
```

NET STOPコマンドで停止しようとしているサービスが実行状態でなくても問題はありません。%Windir%¥SoftwareDistributionの名前を変更する際にアクセスが拒否される場合は、**NET STOP wuauserv**を再実行してください。他のサービスは停止しなくても続行できる場合がありますが、wuauserv（Windows Update）サービスは必ず停止する必要があります。筆者の場合は、wuauservサービスだけを停止して、他のサービスはアクセスが拒否された場合にだけ停止するようにしています。

 NET STOPコマンドでwuauservサービスを停止できない場合は、コンピューターを再起動後に試してみてください。それでも停止できない場合は、wuauservサービスのスタートアップの種類を「無効」にしてから、再起動し、%Windir%¥SoftwareDistributionの名前を変更後にスタートアップの種類を「自動」に戻します。サービスのスタートアップの種類の変更方法については、「第3章　システム設定の変更」の「3.7.2　サービスのスタートアップの変更」を参照してください。

 Windows 7やWindows Server 2008/2008 R2でWindows Updateを実行した際に「現在サービスが実行されていないため、Windows Updateで更新プログラムを確認できません。このコンピューターの再起動が必要な可能性があります。」と表示される場合は、この手順で解消するはずです。過去に何度か、Windows Updateエージェント関連コンポーネントの証明書の有効期限切れの問題で、この問題が発生したことがありました。%Windir%¥SoftwareDistributionディレクトリをクリアすることで、問題のないコンポーネントに置き換わります（ただし、Windows Updateのサイト側が対応済みである場合）。

5.2.2　コンポーネントストアの破損の回復

 %Windir%¥SoftwareDistributionディレクトリをリセットしても問題が解消しない場合は、コンポーネントストア（%Windir%¥WinSxS）が破損している可能性があります。Windows Updateによる更新プログラムのインストールは、コンポーネントストア内にシステムファイルのバイナリをインストールし、%Windir%や%Windir%¥System32ディレクトリ内のバイナリのパスのハードリンクを付け替えることで、システムファイルを置き換えます。コンポーネントストアは、更新プログラムのアンインストールを可能にするために、更新プログラムにより更新された過去のバージョンのバイナリも保持しています。

 コンポーネントストアの修復操作は、1回の実行だけで数十分、場合によっては1時間以上かかることがあります。何度も繰り返すことになると、数時間単位で時間を奪われることになるので覚悟してください。

 次のコマンドラインを実行すると、コンポーネントストアの破損をスキャンし、問題の修正を行います。コマンドラインは、管理者権限で実行する必要があります。

[W7] [W8] [W10]

```
C:¥> DISM /Online /Cleanup-Image /RestoreHealth ↵
```

 上記のコマンドラインが100%に達せずエラーで終了する場合は（経験上、エラーが発生しても100%完了しているなら大丈夫です）、オンラインのWindowsインストールのバージョンに一致するWindowsインストールメディアのSources¥Install.wimを次のコマンドラインのように**/Source**オプションに指定して実行します。Install.wimの準備とインデックス番号の

確認方法については、「第1章 トラブルシューティングを始める前に」の「1.1.3 Install.wim の準備」および「1.3.3 イメージファイルの操作」を参照してください。

[W7] [W8] [W10]

```
C:¥> DISM /Online /Cleanup-Image /RestoreHealth /Source:WIM:<Install.wimのパス>:<インデックス番号> /LimitAccess ↵
```

　/Source および /LimitAccess オプションでも 100%に達しない場合は、もう一度、これらのオプションを付けずに実行すると、成功する場合があります。
　また、問題が解消しない場合は、次のコマンドラインを実行して、システムファイルの整合性をスキャンし、問題を修復してから、コンポーネントストアのクリーンアップ操作を再実行します。

[W7] [W8] [W10]

```
C:¥> SFC /ScanNow ↵
```

5.2.3 | Microsoft Update カタログからダウンロードしてインストール

　Windows Updateで検出された品質更新プログラムのインストールがエラーで失敗する場合、Microsoft Updateカタログから該当する品質更新プログラムのMSUファイルをダウンロードして、手動でインストールすることで成功することがあります。

Microsoft Update カタログ
https://www.catalog.update.microsoft.com/Home.aspx

　Microsoft Updateカタログからダウンロード可能な累積更新プログラムには、フルパッケージ（-x86.msu、-x64.msu）の他に、差分パッケージ（差分更新プログラム -x86_delta.msu、-x64_delta.msu）がある場合があります。1つ前の累積更新プログラムがインストール済みであることが確実にわかっているのであれば、差分パッケージを利用することができます。はっきりしない場合は、フルパッケージを選択してください。また、累積更新プログラムには、前提となるサービススタックの更新プログラム（Servicing Stack Update：SSU）が存在する場合があります。前提のSSUについては、その品質更新プログラムの更新履歴のページで確認できるので、必要な場合は、先にインストールしてください。なお、差分パッケージは、2019年2月第2火曜日リリースの累積更新プログラムを最後に提供されなくなる予定です。
　Windows 8.1およびWindows Server 2012 R2以前の場合は、「セキュリティマンスリー品質ロールアップ」や「.NET Framework用セキュリティおよび品質ロールアップ」の他に、Microsoft Updateカタログから「セキュリティのみの更新ロールアップ」や「.NET Framework用セキュリティのみの更新プログラム」を入手できます。更新プログラムの問題が、セキュリティ以外の修正に起因する場合は、「セキュリティのみの更新ロールアップ」をインストールすることで、問題の影響を避けながら、重要なセキュリティ問題に対処することができます。

5.2.4　オフラインでの更新プログラムのインストール

　オンラインのWindowsでWindows Updateによる更新、または手動による更新プログラム（.msu）のインストールがエラーで失敗する場合は、オフラインのWindowsに対して更新プログラム（.msu）をインストールするというテクニックがあります。

　問題のコンピューターをWindows回復環境（WinRE）で起動し、コマンドプロンプトを開いたら、次のコマンドラインを実行します。なお、RAMディスク（X:¥）を使用するWindows回復環境（WinRE）では、スクラッチディレクトリ（作業ディレクトリ）の問題（メモリ不足）でインストールに失敗する場合があります。その場合は、**/ScratchDir:<X:ドライブ上以外の作業ディレクトリのパス>**（例：D:¥temp）オプションを追加してください。

[W7] [W8] [W10]

```
X:¥> DISM /Image:<オフラインのWindowsパーティションのドライブルート（例：D:¥）> /Add-Package /PackagePath:"<更新プログラム（.msu）のパス>" ↵
X:¥> WPEUTIL Reboot ↵
```

　更新プログラムのファイル（.msu）は、オンラインのWindows環境で事前にローカルディスク上の任意のパスにダウンロードしておくか、あるいはUSBメモリやネットワーク共有経由でWindows回復環境（WinRE）に持ち込みます。

5.2.5　利用可能なはずの累積更新プログラムが検出されない問題

　累積更新プログラムのリリース後に重大な不具合が見つかった場合、マイクロソフトは問題の調査や修正のために、一度はリリースした累積更新プログラムの提供を一時的に停止する場合があります。また、特定のハードウェアやウイルス対策ソフトウェアとの組み合わせで、累積更新プログラムの既知の問題の影響を受ける場合、そのコンピューターへのWindows Updateによる累積更新プログラムの提供が停止される場合もあります。その場合、Windows Updateで検出されないからといって、Microsoft Updateカタログサイトから累積更新プログラムをダウンロードしてインストールするのは、既知の問題の影響を受ける可能性が高いため、決してお勧めしません。

　その他に利用可能なはずの累積更新プログラムが検出されない要因としては、次のものが考えられます。

■ 古いプロセッサに対するサポート終了の影響

　Windows 7以降では、古いモデルのプロセッサを搭載しているシステムに対して、更新プログラムや新バージョンへのアップグレードが提供されないこともあります。

　例えば、コード名"Clovertrail"で知られるIntelの古いプロセッサ（Atom Z2520/Z2560/Z2580）を搭載したシステムに対しては、Windows 10バージョン1703以降の機能更新プログラムが提供されません。対象のシステムには、救済措置として2023年1月までWindows 10バージョン1607の品質更新プログラムが提供されます。

　また、Streaming SIMD Extensions 2（SSE2）に対応していないプロセッサを搭載したWindows 7を実行するシステムに対して、2018年3月以降、累積更新プログラム（セキュリ

ティマンスリー品質ロールアップ、セキュリティのみの更新ロールアップ）は提供されていません（SSE2はWindows 8からは必須のシステム要件です）。

　Windowsの各バージョンにおける、プロセッサ要件の最新情報については、以下のドキュメントで説明されています。

Windows Processor Requirements
https://docs.microsoft.com/ja-jp/windows-hardware/design/minimum/windows-processor-requirements

■│Windows Update for Businessポリシーの影響

　Windows 10バージョン1709以降（Homeエディションを除く）では、Windows Updateのサイト側による停止措置以外でも、「設定」アプリの「更新とセキュリティ」―「Windows Update」にある「更新プログラムのチェック」をクリックしても、利用可能であるはずの累積更新プログラムがインストール対象として検出されない場合があります。Windows Update for Businessポリシーを有効にしている場合、これは想定された動作であり、不具合ではありません。この動作は、第1章で紹介したWindows 10バージョン1709以降のWindowsUpdate Providerモジュールや第7章で紹介するWindows Update Agent（WUA）APIのCOMインターフェイスを使用したWindows Updateの実行にも影響します。

　累積更新プログラムは毎月第2火曜日（日本ではその翌日）にリリースされ、Windows UpdateやMicrosoft Updateカタログで利用可能になるのが定例ですが、それ以外のタイミング（その月の第2火曜日と翌月の第2火曜日の間）にも1回以上、累積更新プログラムがリリースされることがあります。Windows 10バージョン1703以降は、新たなセキュリティ更新を含まない累積更新プログラムが少なくとも1回、提供されることになっています。

　Windows Update for Businessポリシーを構成している場合、Windows 10バージョン1703からは毎月第2火曜日以外にリリースされる累積更新プログラムが自動でインストールされることはなくなりました。Windows 10バージョン1703では「更新プログラムのチェック」をクリックすることで、毎月第2火曜日以外にリリースされる累積更新プログラムを検出させることができます。しかし、Windows 10バージョン1709以降は、「更新プログラムのチェック」をクリックしても検出されない動作に変更されました。

　Windows 10バージョン1709以降で、毎月第2火曜日以外にリリースされる累積更新プログラムのインストールが必要な場合は、Microsoft UpdateカタログサイトからWindows Updateスタンドアロンインストーラー（.msu）形式の更新プログラムをダウンロードしてインストールする必要があります。

　Windows Update for Businessポリシーはグループポリシーで設定する以外に、「設定」アプリの「更新とセキュリティ」―「Windows Update」―「詳細オプション」を構成している場合にも有効であると判断されます。例えば、更新チャンネルの選択を既定の設定以外に変更している場合、Windows Update for Businessポリシーは有効とみなされます。また、機能更新プログラムや品質更新プログラムの延期日数を0日以外に設定している場合も、同様にWindows Update for Businessポリシーは有効とみなされます。

メモ

止まっているように見えるWindows Update、裏で何をしているのか？
　Windows 10の特に若いバージョン（ビルド）やWindows Server 2016でWindows Updateを実行すると、ダウンロードやインストールの進捗（%）がまったく進んでいないように見

えることがあります。特に、ディスク性能が良くないシステムでそのようなケースが多いようです。
　Windows SysinternalsのProcmonユーティリティを使用して、Windows Update関連のプロセス（SystemやTiWorkerなど）をトレースすると、Windows Updateが裏で何をしているのか、調査することができます。止まっているように見えても、激しくディスクI/Oを行っているのがわかるでしょう。次に示すのは、Windows Server 2016のある特定の累積更新プログラム（高速インストールではなくフルパッケージの累積更新プログラム）をWindows Updateでインストールした際のファイルシステムおよびレジストリに対するI/Oをざっとまとめたものです。
　最初に、更新対象を検索するために、%Windir%¥System32¥CatRootやcatroot2、%Windows¥Servicingディレクトリをスキャンしています。その後、%Windir%¥SoftwareDistributionディレクトリにダウンロード後、.cabファイルから大量のファイルをinstサブディレクトリに展開します。そして、レジストリでバイナリのバージョンを確認し、%Windir%¥CbsTempを作業ディレクトリとして使用しながら、%Windir%¥System32¥CatRootやcatroot2、%Windir%¥WinSxSを変更しています。

Windows Updateのステータス：更新プログラムをダウンロードしています。
　［読み取り］C:¥Windows¥System32¥CatRoot¥・・・
　［読み取り］C:¥Windows¥servicing¥Packages¥Package・・・.mum
　［ファイルマッピング］C:¥Windows¥servicing¥Packages¥Package・・・.mum
　［書き込み］C:¥Windows¥SoftwareDistribution¥Download¥・・・¥Windows10.0-KBXXXXXXX-x64.cab
　［書き込み］C:¥Windows¥System32¥CatRoot¥・・・
　［書き込み］C:¥Windows¥System32¥catroot2¥・・・
Windows Updateのステータス：更新プログラムをインストールしています。
　［読み取り］C:¥Windows¥SoftwareDistribution¥Download¥・・・¥Windows10.0-KBXXXXXXX-x64.cab
　［書き込み］C:¥Windows¥SoftwareDistribution¥Download¥・・・¥inst¥Cab_1_for_KBXXXXXXX.cab
　　（繰り返し Cab_2_for_KBXXXXXXX.cab～Cab_5_for_KBXXXXXXX.cab）
　［読み取り］C:¥Windows¥SoftwareDistribution¥Download¥・・・¥inst¥Cab_1_for_KBXXXXXXX.cab
　［書き込み］C:¥Windows¥SoftwareDistribution¥Download¥・・・¥inst¥amd64_microsoft・・・.dll
　　（繰り返し Cab_2_for_KBXXXXXXX.cab～Cab_5_for_KBXXXXXXX.cab）
　［読み取り］C:¥Windows¥SoftwareDistribution¥Download¥・・・¥inst¥package_for・・・.mum、package_for・・・.cat
　［書き込み］C:¥Windows¥CbsTemp¥・・・¥package_for・・・.mum、package_for・・・.cat
　［読み取り］HKLM¥SOFTWARE¥Microsoft¥Windows¥CurrentVersion¥Component Based Servicing¥Packages¥amd64_microsoft・・・
　［読み取り］HKLM¥SOFTWARE¥Microsoft¥Windows¥CurrentVersion¥SideBySide¥Winners¥amd64_microsoft・・・
　［読み取り］HKLM¥COMPONENTS¥・・・
　［読み取り］C:¥Windows¥SoftwareDistribution¥Download¥・・・¥inst¥amd64_microsoft・・・.dllなど
　［書き込み］C:¥Windows¥WinSxs¥InFight¥・・・¥amd64_microsoft・・・.dllなど
　［書き込み］C:¥Windows¥CbsTemp¥・・・¥Package・・・.cat、Package・・・.mum
　［書き込み］C:¥Windows¥System32¥CatRoot¥・・・
　［書き込み］C:¥Windows¥System32¥catroot2¥・・・
　［読み取り］C:¥Windows¥CbsTemp¥・・・¥Package・・・.mum
　［ファイルマッピング］C:¥Windows¥CbsTemp¥・・・¥Package・・・.mum
　［書き込み］C:¥Windows¥servicing¥Packages¥Package・・・.cat
　［読み取り］　　　C:¥Windows¥servicing¥Packages¥Package・・・.mum
　［閉じる］C:¥Windows¥WinSxs¥InFight¥・・・
　［閉じる］C:¥Windows¥CbsTemp¥・・・¥Package・・・.cat、Package・・・.mum
Windows Updateのステータス：次の更新プログラムのインストールを完了するには、再起動が必要です。

ディスクI/Oについては、Procmonユーティリティでトレースする以外にも、Windows標準の「リソースモニター」(**Perfmon /res**) を使用して追跡することができます（図5-3）。

なお、Windows 10のWindows Updateは、利用可能な場合に高速（Express）インストールという方法を使用します（Windows Server 2016向けには2017月10月以降、高速インストール提供は停止されており、2018年8月末時点でも継続されています）。その場合、最初に高速インストールファイル（-EXPRESS.cab）がダウンロードされます。これには、累積更新プログラムでこれまで更新されたコンポーネントのカタログ情報（.manifest、.cat、.mumファイル）が含まれており（更新プログラムは含まれません）、システムのスキャン結果と突き合わせ、更新が必要なコンポーネント用のファイルをダウンロードするという処理になります。そのため、上記に示した動作とは少し異なる動きを見せるかもしれません。

図5-3 「リソースモニター」を使用して、Windows Update関連のプロセスのディスクI/Oを参照したところ

また、本書で説明しているフルインストールファイルまたは高速インストールファイルによる品質更新プログラムのダウンロードとインストールは、Windows 10バージョン1803およびWindows Server, version 1803までに適用される動作です。Windows 10およびWindows Serverの次期バージョン（2019年秋提供）では、さらにダウンロードサイズが最適化される新しい仕組みの実装が予定されていることに留意してください。

What's next for Windows 10 and Windows Server quality updates (Windows IT Pro Blog)
https://techcommunity.microsoft.com/t5/Windows-IT-Pro-Blog/What-s-next-for-Windows-10-and-Windows-Server-quality-updates/ba-p/229461

5.3 問題のある更新のアンインストールとブロック

　Windows Updateまたは手動による更新プログラムのインストールで何らかの問題が発生した場合は、問題の更新プログラムをアンインストールすることで、一時的に問題を回避できます。オンラインのWindowsの場合は、コントロールパネルの「インストールされた更新プログラム」から問題の更新プログラムをアンインストールします。

　ここでは、コントロールパネルの「インストールされた更新プログラムの表示」の方法を利用できないことを想定して（Server Coreインストールの場合や更新の影響で正常に起動できないなど）、コマンドラインからオンラインまたはオフラインで特定の品質更新プログラムをアンインストールする方法と、アンインストール後に行うべき作業について説明します。

5.3.1 問題のある更新のアンインストール

　コマンドラインから更新プログラムをアンインストールする方法は、オンラインとオフラインで異なります。オンラインの方法は、セーフモードで起動したWindowsでも利用できます。

■ コマンドラインからのWUSAコマンドによるアンインストール（オンライン）

　コマンドラインから更新プログラムをアンインストールするには、WUSAコマンドを次の2つ目のコマンドラインで実行します（図5-4）。**/quiet**オプションを指定すると、ユーザーの同意を求めるユーザーインターフェイスを表示することなくインストールすることができ、必要に応じて自動的に再起動します。自動的に再起動させたくない場合は、さらに**/norestart**オプションを指定します。コマンドラインを実行するには、管理者権限が必要です。

　インストール済みの更新プログラムのKB番号を調べるには、1つ目のコマンドラインを使用できます。

[W7] [W8] [W10]
```
C:\> wmic qfe list brief
C:\> wusa /uninstall /kb:<KB番号（数字のみ）>
```

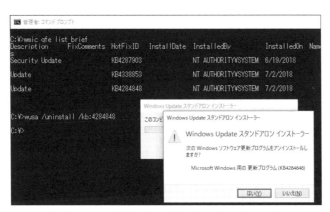

図5-4　WUSAコマンドを使用して更新プログラムをアンインストールする

■ コマンドラインからのDISMコマンドによるアンインストール（オンライン）

更新プログラムのアンインストールは、次のようにDISMコマンドを使用して実行することもできます。コマンドラインを実行するには、管理者権限が必要です。

[W7] [W8] [W10]

```
C:¥> DISM /Online /Get-Packages ↵
C:¥> DISM /Online /Remove-Package /PackageName:<パッケージID> ↵
C:¥> shutdown /r /t 0 ↵
```

■ オフラインのWindowsインストールからのアンインストール

品質更新プログラムやドライバーのインストールの影響で正常に起動しなくなってしまった場合は、Windows回復環境（WinRE）で問題のコンピューターを起動し、次のコマンドラインで問題の更新プログラムをアンインストールします。このコマンドラインは、「第4章 Windows回復環境（WinRE）」の「4.4 コマンドプロンプトでのオフラインメンテナンス」でも説明しました。

[W7] [W8] [W10]

```
X:¥> DISM /Image:<ドライブ文字:¥> /Get-Packages ↵
X:¥> DISM /Image:<ドライブ文字:¥> /Remove-Package /PackageName:<パッケージID> ↵
X:¥> WPEUTIL Reboot ↵
```

5.3.2　問題のある更新のブロック

問題のある更新プログラムをアンインストールすることができ、Windowsの問題が解消（正常に起動するなど）したら、同じ更新プログラムが再びインストールされて問題が再発しないように、ブロックする必要があります。

先に指摘したように、累積更新プログラムの内容は、より新しい累積更新プログラムに含まれることになるため、特定の累積更新プログラムを永久にブロックするということはできません。問題のある累積更新プログラムの不具合が、より新しい累積更新プログラムで修正されるまでの一時的な措置と考えてください。1か月から数か月以内に不具合が修正されないのであれば、セキュリティ問題の脆弱性を長い間放置してしまうことになるため、コンピューターをリプレースする、あるいは新しいバージョンにアップグレードするなど、不具合の影響を排除できる別の方法を検討する必要があります。

■ Windows 7/8.1以前の場合

Windows 7/8.1の場合は、コントロールパネルの「Windows Update」（wuapp.exe）を開いて、「更新プログラムの確認」をクリックし、利用可能な更新プログラムを検索します。重要な更新プログラムが検出されたら、検出された更新プログラムの一覧を確認し、問題のあった更新プログラムの選択を解除します。さらに、その更新プログラムを右クリックして「更新プログラムの非表示」を選択します（図5-5）。

図5-5 問題のある更新プログラムが検出されたら、選択を解除した上で非表示にする

　今回の累積更新プログラム（「セキュリティマンスリー更新ロールアップ」または「セキュリティのみの更新プログラム」）の不具合は、次の累積更新プログラムでは解消されるかもしれませんし、しばらく時間がかかるかもしれません。そのため、自動更新が有効になっている場合は、手動で更新するオプションに変更しておくことをお勧めします。それには、コントロールパネルの「Windows Update」で「設定の変更」を開き、「更新プログラムを自動的にインストールする（推奨）」以外の選択肢に変更します。例えば、「更新プログラムを確認するが、ダウンロードとインストールを行うかどうかは選択する」に変更します（それ以外の選択肢でもかまいません）。

　次の累積更新プログラム（「セキュリティマンスリー更新ロールアップ」または「セキュリティのみの更新プログラム」）で問題が解消されていないようなら、その累積更新プログラムについてもブロックする必要があるでしょう。

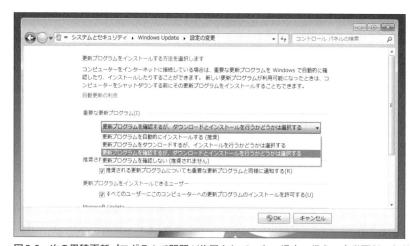

図5-6 次の累積更新プログラムで問題が修正されていない場合に備え、自動更新は無効にしておく

■| Windows 10 Pro以上のエディション(バージョン1703以降)の場合

　Windows 10バージョン1703以降（Homeエディションを除く）では、「設定」アプリの「Windows Update」の「詳細オプション」に「更新の一時停止」という機能が追加されました（図5-7）。

　「更新の一時停止」をオンにすると、最大35日間または明示的にオフにするまでの間、品質更新プログラムと機能更新プログラムの更新のチェックとインストールが行われなくなります。ストア（UWP）アプリやWindows Defenderの定義の更新は対象外で、更新の一時停止をオンにした状態でも更新されます。細かい仕様（期間や設定の保持の仕方など）は異なりますが、Windows 10バージョン1607とWindows Server 2016でも同様の機能がグループポリシーでサポートされていました。Windows 10バージョン1703からは、クライアント側の「設定」アプリでユーザー自身で制御できるようになったということです。

　なお、Windows 10やWindows Server 2016以降では、バージョンやエディションに関係なく、次に説明するwushowhide.diagcabを使用した方法を利用することもできます。

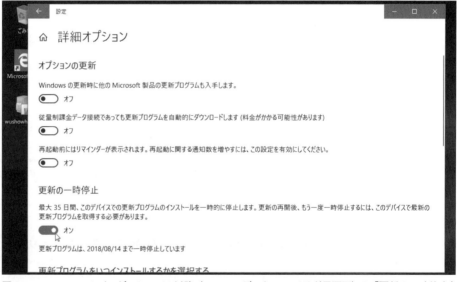

図5-7　Windows 10バージョン1703以降（Homeエディションでは利用不可）の「更新の一時停止」

■| Windows 10およびWindows Server 2016（デスクトップエクスペリエンス）の場合

　Windows 10およびWindows Server 2016（ただし、Server Coreインストールでは利用不可）では、バージョンやエディションに関係なく、以下のMicrosoftサポート情報のページからダウンロードできる「Show or hide updates」トラブルシューティングツール（wushowhide.diagcab）を利用できます。このツールを実行して、特定の品質更新プログラムや機能更新プログラム、ドライバーを非表示にすると、Windows Updateで自動的にインストールされるのをブロックすることができます（図5-8）。

Windows更新プログラムがWindows 10に一時的に再インストールされないようにする方法（Microsoftサポート）
https://support.microsoft.com/ja-jp/help/3183922/

Windows PowerShellを使用すれば、次のコマンドラインを実行することで、wushowhide.diagcabのダウンロードと実行が可能です。

```
PS C:\> Invoke-WebRequest -Uri http://download.microsoft.com/download/f/2/2/f22d5fdb-59cd-4275-8c95-1be17bf70b21/wushowhide.diagcab -OutFile .\wushowhide.diagcab
PS C:\> .\wushowhide.diagcab
```

図5-8　wushowhide.diagcabを実行し、「Hide updates」を選択して、特定の更新プログラムを非表示にしてインストールをブロックする

Windows 10とWindows Updateの「自動更新を構成する」ポリシー

　Windows 10の「設定」アプリやコントロールパネルには、Windows 8.1以前のようなWindows Updateの自動更新/手動更新を設定するためのオプションが用意されていません。ただし、Pro以上のエディションであれば、「ローカルグループポリシーエディター」（Gpedit.msc）やActive Directoryのグループポリシーを使用して、自動更新の挙動をポリシーで制御することができます。

　具体的には、Windows 8.1以前のポリシー設定と同様に、「コンピューターの構成\管理用テンプレート\Windows コンポーネント\Windows Update」にある「自動更新を構成する」ポリシーで定義します。「2 - ダウンロードと自動インストールを通知」を選択すると、検出した更新プログラムのダウンロードする前にユーザーに開始の指示を求めます。「3 - 自動ダウンロードしインストールを通知」を選択すると、ダウンロードを自動で行い、インストールの開始の指示をユーザーに求めます（図5-9）。

　Windows 10 Homeエディションの場合は、自動更新の設定を変更する方法はありません。Windows 8.1以前は「自動更新を構成する」ポリシーに対応するレジストリキー（「HKEY_LOCAL_MACHINE\Software\Policies\Microsoft\Windows\WindowsUpdate\AU」キーの「AuOptions」値）を作成することで、Windows 7 Home PremiumやWindows 8.1（通称、Windows 8.1無印）でも自動更新の挙動を制御することができました。しかし、Windows 10

Homeエディションでは、このレジストリの設定は無視されます。「自動更新を構成する」ポリシーの無効化に対応する「NoAutoUpdate」値はWindows 10 Homeエディションでも無視されないようですが、明示的に手動で「更新プログラムのチェック」を開始するか、Microsoft Updateカタログサイトからダウンロードした更新プログラムを手動でインストールしない限り、Windowsが更新されないため、まったく推奨されない設定です。

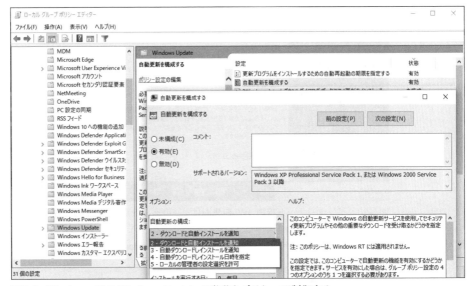

図5-9　Windows 10のWindows Updateの挙動をポリシーで制御する

メモ

従量制課金接続を利用したWindows 10 Homeのダウンロード制御

　Windows 10 Homeエディションでは、Windows Updateの自動更新の設定を制御する方法が用意されていません。また、Windows 10バージョン1703以降の「更新の一時停止」機能も提供されません。しかし、ダウンロードを制御する方法として、「従量制課金接続」を利用するというテクニックがあります（図5-10）。

　Windows 10のWi-Fi（無線LAN/WAN接続）またはイーサネット接続（有線LAN接続）は、実際に従量制課金の接続であるかどうかに関係なく、従量制課金接続として構成することができます（イーサネット接続での構成はWindows 10バージョン1703以降でサポート）。従量制課金接続として設定されたネットワーク接続では、課金を抑制するために、利用可能な更新プログラムがあっても、自動更新でダウンロードされなくなり（ただし、すべての更新プログラムがブロックされるわけではありません）、「ダウンロード」ボタンのクリックによる開始をユーザーに求めるようになります（図5-11）。

　なお、インターネット接続を従量制課金接続として構成した場合、アプリケーション（OneDriveの同期やOutlookの接続など）の挙動にも影響があるので注意してください。

図5-10　インターネット接続（Wi-Fiまたはイーサネット）を従量制課金接続として設定する

図5-11　Windows Updateは従量制課金接続の設定を検出し、ダウンロードの開始のためにユーザーの指示を待つようになる

5.4 セーフモードでの更新のインストール / アンインストール

コンピューターを正常に起動できなくても、「セーフモード」や「セーフモードとネットワーク」、「セーフモードとコマンドプロンプト」で起動できる場合は、いずれかのセーフモードで実行中の状態で、更新プログラムのインストールやアンインストールを試みるという方法もあります（図5-12）。

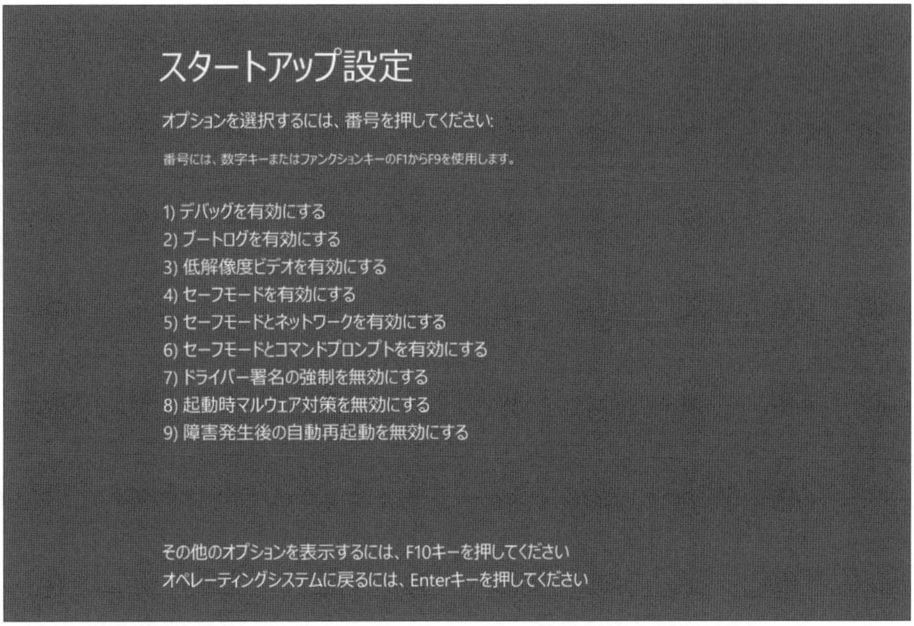

図5-12 通常起動できないシステムは、セーフモードで起動（F4またはF5またはF6キーを押す）することで、更新プログラムの問題に対処できる可能性がある

コントロールパネルの「インストールされた更新プログラム」のからの更新プログラムのアンインストールと **WUSA** コマンドによる更新プログラムの更新プログラムのアンインストール（「5.3 問題のある更新のアンインストールとブロック」を参照）は、セーフモードでも利用可能です。また、**DISM** **/Online** **/Add-Package** および **/Remove-Package** コマンドによるインストールとアンインストールも、セーフモードで利用可能です。

しかし、Windows インストーラー（.msi）形式の更新プログラムやアプリケーションのインストールとアンインストールの前提となる msiserver（表示名：Windows Installer）サービスや、Windows Update や Windows Update スタンドアロンインストーラー（.msu）による更新プログラムのインストールの前提となる wuauserv（表示名：Windows Update）とその関連サービスは、「セーフモード」や「セーフモードとネットワーク」、「セーフモードとコマンドプロンプト」では既定で実行が許可されていません。そのため、更新プログラム（.msi や .msu）のインストールは失敗しますし、Windows Update の標準の UI を使用した更新の確認やインストールも利用できません（図5-13）。

図5-13 セーフモードでは既定では、Windowsインストーラー（.msi）のインストールやアンインストール、Windows Update スタンドアロンインストーラー（.msu）のインストール、Windows Updateを実行できない

5.4.1 Windowsインストーラー（.msi）のインストールとアンインストール

　セーフモードでWindowsインストーラー（.msi）形式の更新プログラム（やアプリケーション）のインストールとアンインストールをサポートするには、セーフモードでmsiserver（表示名：Windows Installer）サービスを許可します。コンピューターの再起動やサービスの開始操作は必要ありません。サービスを許可したあとに、更新プログラムのインストール（.msiの実行）やアンインストール（コントロールパネルの「インストールされた更新プログラム」や「プログラムと機能」からのアンインストールを実行してください。

　「セーフモード」または「セーフモードとコマンドプロンプト」の場合は、コマンドプロンプトで次のコマンドラインを実行することで、それぞれサービスの許可と禁止（既定に戻す）が可能です。

[W7] [W8] [W10]

```
C:¥> REG ADD HKLM¥SYSTEM¥CurrentControlSet¥Control¥SafeBoot¥Minimal¥MSIServer /ve /d Service
C:¥> REG DELETE HKLM¥SYSTEM¥CurrentControlSet¥Control¥SafeBoot¥Minimal¥MSIServer /f
```

　「セーフモードとネットワーク」の場合は、コマンドプロンプトで次のコマンドラインを実行することで、それぞれサービスの許可と禁止（既定に戻す）が可能です。先ほどのコマンドラインの**Minimal**が**Network**になっていることに留意してください。

```
[W7] [W8] [W10]
C:\> REG ADD HKLM\SYSTEM\CurrentControlSet\Control\SafeBoot\Network\MSIServer /ve /d Service ↵
C:\> REG DELETE HKLM\SYSTEM\CurrentControlSet\Control\SafeBoot\Network\MSIServer /f ↵
```

5.4.2 Windows Updateスタンドアロンインストーラー（.msu）のインストール

セーフモードでWindows Updateスタンドアロンインストーラー（.msu）形式の更新プログラムのインストールをサポートするには、セーフモードでwuauserv（表示名：Windows Update）サービスを許可します。コンピューターの再起動やサービスの開始操作は必要ありません。

「セーフモード」または「セーフモードとコマンドプロンプト」の場合は、コマンドプロンプトで次のコマンドラインを実行することで、それぞれサービスの許可と禁止（既定に戻す）が可能です。

```
[W7] [W8] [W10]
C:\> REG ADD HKLM\SYSTEM\CurrentControlSet\Control\SafeBoot\Minimal\wuauserv /ve /d Service ↵
C:\> REG DELETE HKLM\SYSTEM\CurrentControlSet\Control\SafeBoot\Minimal\wuauserv /f ↵
```

「セーフモードとネットワーク」の場合は、コマンドプロンプトで次のコマンドラインを実行することで、それぞれサービスの許可と禁止（既定に戻す）が可能です。先ほどのコマンドラインのMinimalがNetworkになっていることに留意してください。

```
[W7] [W8] [W10]
C:\> REG ADD HKLM\SYSTEM\CurrentControlSet\Control\SafeBoot\Network\wuauserv /ve /d Service ↵
C:\> REG DELETE HKLM\SYSTEM\CurrentControlSet\Control\SafeBoot\Network\wuauserv /f ↵
```

サービスを許可したら、Microsoft UpdateカタログからダウンロードしたWindows Updateスタンドアロンインストーラー（.msu）をインストールできるようになります（図5-14）。

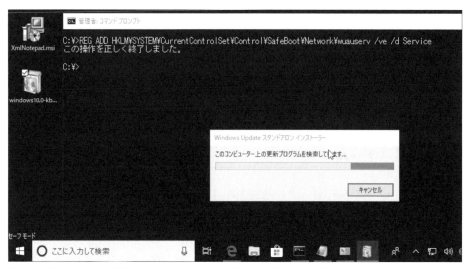

図5-14　セーフモードでWindows Updateスタンドアロンインストーラー（.msu）をインストールする

5.4.3　Windows Updateを利用可能にするには

　Windows 8.1およびWindows 10では、「セーフモードとネットワーク」で以下のサービスを許可することで、Windows 8.1の「PC設定」、Windows 10とWindows Server 2016（デスクトップエクスペリエンス）の「設定」の「Windows Update」、またはServer Coreインストールのsconfigユーティリティを使用して、更新プログラムの確認とインストールを実行することができます（図5-15）。コンピューターの再起動やサービスの開始操作は必要ありません。

- MSIServer（表示名：Windows Installer）
- Wuauserv（表示名：Windows Update）
- Bits（表示名：Background Intelligent Transfer Service）
- Eventsystem（表示名：COM+ Event System）
- Usosvc（表示名：Update Orchestrator Service、Windows 10/Windows Server 2016の場合のみ）
- Dosvc（表示名：Delivery Optimization、Windows 10/Windows Server 2016の場合のみ）

　サービスを許可するには、コマンドプロンプトで次のコマンドラインを実行します。

[W7] [W8] [W10]
```
C:\> REG ADD HKLM\SYSTEM\CurrentControlSet\Control\SafeBoot\Network\MSIServer /ve /d Service ↵
C:\> REG ADD HKLM\SYSTEM\CurrentControlSet\Control\SafeBoot\Network\wuauserv /ve /d Service ↵
C:\> REG ADD HKLM\SYSTEM\CurrentControlSet\Control\SafeBoot\Network\BITS /ve /d Service ↵
C:\> REG ADD HKLM\SYSTEM\CurrentControlSet\Control\SafeBoot\Network\EventSystem /ve /d Service ↵
```

　Windows 10およびWindows Server 2016以降の場合は、さらに2つのサービスを許可します。

[W10]
```
C:\> REG ADD HKLM\SYSTEM\CurrentControlSet\Control\SafeBoot\Network\UsoSvc /ve /d Service ↵
C:\> REG ADD HKLM\SYSTEM\CurrentControlSet\Control\SafeBoot\Network\DoSvc /ve /d Service ↵
```

　Windows 7およびWindows 8.1のコントロールパネルの「Windows Update」はアプレット自体が無効化されており、使用できません。これらのOSについては、「第7章　便利なスクリプト」で紹介するスクリプト（WindowsUpdate.vbsなど）を使用して更新する方法があります。

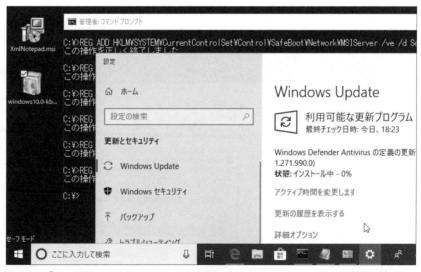

図5-15　「セーフモードとネットワーク」の場合は、Windows Updateによる更新の確認とインストールも可能

　既定の設定に戻すには、コマンドプロンプトで次のコマンドラインを実行します。

W7 W8 W10

```
C:\> REG DELETE HKLM\SYSTEM\CurrentControlSet\Control\SafeBoot\Network\MSIServer /f
C:\> REG DELETE HKLM\SYSTEM\CurrentControlSet\Control\SafeBoot\Network\wuauserv /f
C:\> REG DELETE HKLM\SYSTEM\CurrentControlSet\Control\SafeBoot\Network\BITS /f
C:\> REG DELETE HKLM\SYSTEM\CurrentControlSet\Control\SafeBoot\Network\EventSystem /f
```

　Windows 10およびWindows Server 2016以降の場合は、さらに次の2つのコマンドラインを実行します。

W10

```
C:\> REG DELETE HKLM\SYSTEM\CurrentControlSet\Control\SafeBoot\Network\UsoSvc /f
C:\> REG DELETE HKLM\SYSTEM\CurrentControlSet\Control\SafeBoot\Network\DoSvc /f
```

メモ

Microsoft Updateカタログの2つのサイト

　Microsoft Updateカタログのサイトには、現在、次の2種類があります。

Microsoft Updateカタログ（IE向けのV7）
http://catalog.update.microsoft.com/

Microsoft Updateカタログ（ブラウザー非依存）
https://www.catalog.update.microsoft.com/

　従来から利用可能なURLである1つ目のサイトは、Internet Explorer専用のサイトであり、ActiveXコントロールに依存しています。また、オンラインショッピングサイトとよく似た方法で、

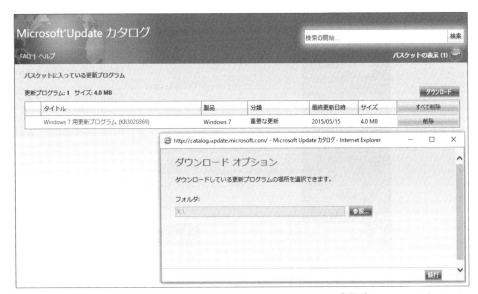

図5-16　従来からのcatalog.microsoft.update.comはInternet Explroer専用（ActiveXコントロールに依存）

バスケットに1つ以上の更新プログラムを追加し、まとめてダウンロードするという形式です。

2つ目のURLのサイトは、ActiveXコントロールを必要としない、ブラウザー非依存のサイトであり、ブラウザーのダウンロード機能をそのまま利用します。ダウンロード元URLのリンクを取得し、後から（あるいは**Invoke-WebRequest**などのコマンドラインから）ダウンロードすることもできます。

なお、Microsoft EdgeやMozilla Firefoxで1つ目のサイトのURLにアクセスすると、自動的に2つ目のURLにリダイレクトされます。

図5-17　新しいwww.catalog.update.microsoft.comは、ブラウザー非依存。ダウンロードリンクの取得に便利

5.5 Windowsインストールのリフレッシュによる問題解決

「システムの復元」（第6章で説明するように、システムの保護が有効になっていて回復ポイントが作成済みである必要があります）や更新プログラムのアンインストールによるWindowsのトラブルの解決は、短時間で済み、個人（ユーザー）データやインストール済みアプリケーションが失われることもないため、何よりも先に試してみる価値のある対応策です。これらの対応策は、ここまでに説明してきたように、Windowsが正常に起動している場合はオンラインで、正常に起動できない場合はWindows回復環境（WinRE）から実行できます。

それでも解決できない場合、外部メディア（USBハードディスクやネットワーク共有）にバックアップとしてシステムイメージを作成してあり、そのバックアップが比較的最近のものであれば、Windows回復環境（WinRE）の「イメージでシステムを回復」を使用してバッ

クアップからリストアして、正常な状態に戻すことができます（第6章を参照）。その場合、システムイメージを作成して以降に変更された個人データや、インストールされたアプリケーション、ドライバーは失われることになりますが、システムイメージの新しさによっては、影響を最小限に抑えることができます。また、バックアップからリストアする前に、Windows回復環境（WinRE）などを利用して個人データを救出することもできます。

システムイメージのバックアップが存在しない、あるいは古すぎるという場合は、ここで示すWindowsのインストールをリフレッシュするという方法があります。1つは、Windows 8.1/10が標準で備えるリフレッシュ機能を利用する方法、もう1つは、同一バージョン、同一エディションへのアップグレードインストールです。

5.5.1　Windows 8.1/10標準のPCのリフレッシュ機能

Windows 8.1およびWindows 10が標準で備えるWindowsインストールのリフレッシュ機能について説明します。

どちらも個人データを保持したまま、Windowsインストールをリフレッシュすることができますが、ユーザーが後からインストールしたアプリケーションは削除されることに注意してください。また、操作を誤ると、すべてが削除されるクリーン（新規）インストールになってしまうことにも注意が必要です。

削除されるものを最小限にしたい場合は、「5.5.2　同一バージョン/エディションへのアップグレードインストール」の方法をお勧めします。

■│Windows 8.1の「PCのリカバリー」

Windows 8で導入された新しい回復オプションとして、「PCのリカバリー」（Push button reset）があります。「PCのリカバリー」は、「PCのリフレッシュ」（Refresh your PC）と「PCのリセット」（Reset your PC）の2つのオプションで構成される機能で、前者は個人データを保持したままWindowsのインストールをリフレッシュする機能、後者はクリーンインストールする機能です。どちらも実行するには、回復パーティション内のカスタム回復イメージ（通常、OEMベンダーが準備します）、回復ドライブまたはインストールメディアが必要になります。「PCのリセット」は、主にPCの廃棄や譲渡のために、ハードディスクをクリアする目的で使用するものです。

オンラインのWindows 8.1の場合、「PCのリフレッシュ」と「PCのリセット」は、それぞれ「PC設定」の「保守と管理」―「回復」の「PCをリフレッシュする」と「PCを初期状態に戻す」に対応します（図5-18）。Windows回復環境（WinRE）では、それぞれ「PCのリフレッシュ」と「PCを初期状態に戻す」に対応します（「第4章　Windows回復環境（WinRE）」の「4.3　利用可能な回復機能」を参照）。「PCのリフレッシュ」を実行しようとして、誤って「PCのリセット」のほうを実行しないように注意してください。

「PCのリフレッシュ」を実行すると、Windowsの更新状態はプレインストールされていたWindows 8.1（Windows 8.1プレインストールPCの場合）の更新レベル、またはインストールメディアの更新レベルまで戻ります。また、プレインストールPCであり、アップグレードしていない場合は、プレインストールされていたソフトウェアやドライバーが失われることもありません（これらは回復パーティションや回復ドライブの回復イメージCustom Refresh.wimに含まれています）。そのため、「PCのリフレッシュ」を実行後は、Windows

Updateを速やかに実行して、Windowsを最新状態にする必要があります。また、ユーザーがインストールされていたアプリケーションはすべて削除されるため、再インストールするという作業が必要になります。

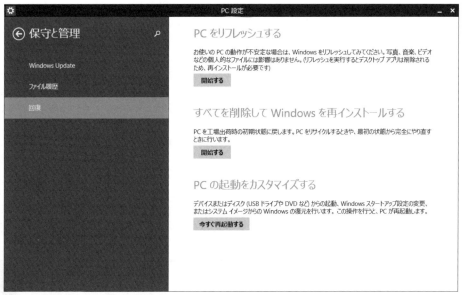

図5-18　個人データを保持しながらリフレッシュするには「PCをリフレッシュする」を開始する。ただし、ユーザーがインストールしたアプリケーションは失われることに注意

■| Windows 10の「このPCを初期状態に戻す」

　Windows 8/8.1の「PCのリカバリー」機能はWindows 10で再設計され、「このPCを初期状態に戻す」(Reset this PC)という機能に生まれ変わりました。「このPCを初期状態に戻す」は、Windows 8/8.1の「PCのリフレッシュ」と「PCのリセット」を1つに統合し、さらに実行時の回復イメージやインストールメディアを不要にしています。

　オンラインのWindows 10の場合は、「設定」アプリの「更新とセキュリティ」―「回復」の「このPCを初期状態に戻す」から開始します。開始すると、「個人用ファイルを保持する」と「すべてを削除する」のオプションの選択が求められます（図5-19）。前者がWindows 8/8.1の「PCのリフレッシュ」、後者が「PCのリセット」に相当するオプションです。Windows回復環境（WinRE）では、「このPCを初期状態に戻す」から開始できます（「第4章　Windows回復環境（WinRE）」の「4.3　利用可能な回復機能」を参照）。

　「このPCを初期状態に戻す」で「個人用ファイルを保持する」オプションを選択して実行した場合、Windows 8/8.1の「PCのリフレッシュ」と同様に個人データは保持されますが、プレインストールされていたソフトウェアやユーザーがインストールしたアプリケーションは削除されます。そのため、削除されたアプリケーションは再インストールする必要があります。

　「このPCを初期状態に戻す」は、Windows 10のコンポーネントストア「%Windir%¥WinSxS」のイメージを利用して、Windows 10のインストールをリフレッシュします。そのため、

回復ドライブやインストールメディアは要求されません。筆者が確認した限り、Windows 10 バージョン1709以降では、「このPCを初期状態に戻す」を開始した時点のOSビルドの更新レベルでリフレッシュされます。Windows 10 バージョン1703以前は、アップグレードに使用された機能更新プログラムやインストールメディアのOSビルドの更新レベルに戻ります。

　Windows 10バージョン1703からは、「新たに開始」(Fresh start) という新しい回復オプションが利用可能になりました（「Windows Defenderセキュリティセンター」から開始可能）。「新たに開始」は、「このPCを初期状態に戻す」で「個人用ファイルを保持する」オプションを選択するのと同じように、個人データと一部の設定を保持しながら、%Windir%¥WinSxS内の最新の更新レベルのイメージでクリーンインストールを実行します。そのため、安易に実行してしまうと、ユーザーがインストールしたアプリケーションだけでなく、プレインストールのウイルス対策ソフト（代わりにWindows Defenderが有効になります）やOEMソフトウェアが失われてしまうことに注意が必要です。

　Windows 10の回復ドライブからは「ドライブから回復」を実行できますが、これは事実上のクリーンインストールであり、個人データとアプリケーションおよび設定はすべて削除されます。PCベンダーが工場出荷時復元用の回復イメージを提供している場合（例：Microsoft Surface用の回復イメージ）、それを使って回復ドライブを事前に作成済みであれば、プレインストールされていたアプリケーションを含む工場出荷時の状態にまで戻すことができます（「第4章　Windows回復環境（WinRE）」の「4.3 利用可能な回復機能」を参照）。

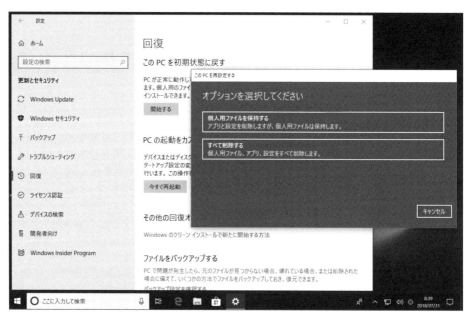

図5-19　Windows 10の「このPCを初期状態に戻す」は、個人データを保持しながら、Windows 10のインストールだけをリフレッシュする。アプリケーションは削除されることに注意

5.5.2 同一バージョン／エディションへのアップグレード

　個人データを保持しながら、インストール済みのアプリケーションや設定についても影響を最小限にしたいという場合は、現在、実行中のWindowsバージョンと、同じバージョン、同じエディション、同じアーキテクチャ（x86またはx64）へのインストールメディアを使用したアップグレードインストールという方法があります。Windows 10の機能更新プログラムやインストールメディアによるアップグレードは、可能な限りすべてを保持しながらアップグレードすることが可能ですが、その機能を利用するのです。

　Windows 10のインストールメディアは、同じエディション（同じSKU）、同じアーキテクチャ（x86またはx64）であれば同じバージョンへ（例：バージョン1803からバージョン1803へ）のアップグレードインストールが可能です（図5-20）。現在、実行中のWindows 10バージョンよりも新しいバージョンが利用可能である場合は、この機会にバージョンアップグレードを実施してみるというのも有効です。

　アップグレードインストールを実行すると、OSビルドはインストールメディアの更新レベルに戻ってしまいますが、Windows 10の品質更新プログラムは累積更新モデルであるという利点があるため、最小回数のWindows Updateで短時間で最新のOSビルドに更新できるはずです。

図5-20　同一バージョン間のアップグレードインストールを実施すれば、個人データだけでなく、アプリケーションや設定についても可能な限り引き継ぐことができる

　この方法は、トラブルが発生しているコンピューターでローカルにインストールされているWindowsがオンラインの場合に利用できます。インストールメディアから起動したコンピューターでは、アップグレードインストールは選択できません。

　アップグレードインストールによるトラブル解決は、Windows 7やWindows 8.1のシステ

ムを回復する手段としても利用できる可能性がありますが、これらのWindowsバージョンはもともと累積更新モデルを採用していなかったものであるため、アップグレード完了後の更新作業や、Windowsの更新状態が古くなることに起因するアプリケーションとの互換性問題の解決に、多くの時間と労力が必要になることが想定されるため、お勧めしません。

Windows 7 SP1、Windows Server 2008 R2 SP1の新規インストール

どのような方法でもシステムを復旧できない場合、最後の手段は個人データやアプリケーションのすべてをあきらめ、新規インストールする以外に道がなくなるかもしれません(その1つ前にアップグレードインストールというデータやアプリケーションを保持する方法があります)。Windows 8.1やWindows Server 2012以降は新規インストール後、最小限の更新プログラムと時間で最新状態まで更新できるでしょう。Windows 8.1の「PCのリセット」やWindows 10の「PCを初期状態に戻す」、Windows 10バージョン1703以降は「新たに開始」という、Windowsの標準機能で新規インストールすることもできます。

Windows 7やWindows Server 2008 R2の場合は、リリース後、長い時間が経過しているため、新規インストール後に数百の更新プログラムが検出される場合があり、すべての更新を成功させるために、繰り返しWindows Updateと再起動を行うことになります。実は、Windows 7 SP1およびWindows Server 2008 R2 SP1に対しては、2017年4月までの更新プログラムをまとめたロールアップ更新プログラム「KB3125574」が提供されており、これを利用することで最短の時間で最新状態まで更新することができるのです。

Windows 7 SP1およびWindows Server 2008 R2 SP1の便利なロールアップ更新プログラム
https://support.microsoft.com/ja-jp/help/3125574/

Windows 7 SP1のインストールメディアを使用した新規インストールの場合は、次のような手順になります(2018年6月時点で新規インストールした場合)。Windows Server 2008 R2 SP1の新規インストールも同様の手順で行えるはずです。

1. Windows 7 SP1適用済みインストールメディアから新規インストールします。更新オプションは「後で確認します」を選択します。
2. ロールアップ更新プログラム「KB3125574」の前提となる更新プログラム「KB3020369」をMicrosoft Updateカタログからダウンロードしてインストールします。再起動は要求されません。
3. ロールアップ更新プログラム「KB3125574」をMicrosoft Updateカタログからダウンロードしてインストールし、再起動します。
4. コマンドプロンプトを管理者として開き、次のコマンドラインを実行します。このレジストリは、ウイルス対策ソフトウェアが導入されていない環境に、2018年1月～3月のセキュリティマンスリー品質ロールアップをインストール対象として判断させるために必要です(このレジストリがないと、2017年12月のセキュリティマンスリー品質ロールアップがいったん検出されます)。

```
C:\> reg add "HKEY_LOCAL_MACHINE\SOFTWARE\Microsoft\Windows\CurrentVersion\QualityCompat" /v cadca5fe-87d3-4b96-b7fb-a231484277cc /t REG_DWORD /d 0 /f
```

5. Windows Updateを手動で実行し、検出された重要な更新プログラムをすべてインストールし、再起動します。一部が失敗しても問題ありません。
6. 重要な更新プログラムが検出されなくなるまで、Windows Updateによる重要な更新プログラムのインストールと再起動を繰り返します(2018年6月時点ではWindows Updateの実行は3回、再起動は2回で完了しました)。

# 第6章
ディスクイメージのバックアップと回復

　Windowsには、「システムの復元」や標準のバックアップツールが利用可能であり、これらの機能はシステムの問題を解決するのに有効です。Windows 8以降の「ファイル履歴」、Windows 8以降の「PCのリフレッシュ」やWindows 10の「このPCを初期状態に戻す」など、他にもバックアップ系の回復機能は存在しますが、従来からのディスクイメージベースのバックアップと復元機能は、失われるものが最小限で済むという利点があります。
　一方で、最後の、そして確実な手段と考えられているバックアップや復元機能が、Windowsの製品や更新プログラムのバグが原因で正しく機能しないということも実際にあります。第6章で取り上げるトラブルシューティングは、万が一の備えが期待通りに機能しない場合に、そこからデータを救出したり、システムを回復したりするテクニックです。

6.1　Windows標準のバックアップと復元機能

　Windowsには、イメージベースのバックアップと復元機能として、以下に示す複数の機能が備わっています。Windows 8以降では「ファイル履歴」という機能がありますが、この機能は個人データを別のドライブにバックアップするものであり、イメージベースではなく、ファイルベースのバックアップ機能です（ZIP圧縮ファイルとして保存されます）。

- システムの復元 [W7] [W8] [W10]
- PCのリフレッシュ [W8]
- このPCを初期状態に戻す [W10]
- バックアップと復元（Windows 7） [W7] [W8] [W10]
- システムイメージの作成、イメージでシステムを回復 [W7] [W8] [W10]
- 以前のバージョンに戻す [W10]

　Windows 7以降で共通で利用できるのは、「システムの復元」および「システムイメージの作成」と「イメージでシステムを回復」（Windows 7では「システムイメージの回復」）です。「PCのリフレッシュ」や「このPCを初期状態に戻す」は、「第5章　Windows Updateのトラ

ブルシューティング」の「5.5 Windowsインストールのリフレッシュによる問題解決」で説明したように、個人データを保持しながら、Windowsをクリーンな状態にすることでシステムの安定化を図るものですが、アプリケーションやドライバーの再インストールが必要になることがあります。

「システムの復元」で問題が解消せず、利用可能なシステムイメージが存在しない、あるいは作成日が古すぎるという場合に、これらの機能を利用するとよいでしょう。

「以前のバージョンに戻す」は、機能更新プログラムやWindows 10のダウンロードインストールによるアップグレードの後、10日以内に以前のバージョンに戻すオプションです（Windows 10バージョン1803からは最大60日まで期限の延長が可能）。アップグレード前にシステムイメージを作成しているのであれば、10日の期限を過ぎても元のバージョンに戻すことが可能です。

6.1.1 システムの保護の有効化

システムの復元は、「システムのプロパティ」（Sysdm.cpl）の「システムの保護」またはWindows回復環境（WinRE）の「システムの復元」から開始でき、自動または手動で作成された最新または任意の復元ポイントを使用して、システムに行われた変更を元に戻すことができます。個人データに影響することなく、更新プログラムやアプリケーション、ドライバーのインストールによる変更だけをすばやく元に戻すことができます。

ただし、システムの復元が機能するには、システムの保護が有効になっている必要があります。システムの保護を有効化しておくと、Windows Updateによる更新プログラムのインストールを開始する直前や、バックアップ（システムイメージ）の作成時に復元ポイントが自動作成されます。

通常、システムの保護は既定で有効ですが、Windows 10からはディスクサイズやシステム環境（仮想マシンでは無効）によっては無効化されている場合があります。万が一のときに復元ポイントが存在しないというのでは遅いので、「システムのプロパティ」（Sysdm.cpl）の「システムの保護」タブで、Windowsパーティション（C:ドライブ）の保護が有効になっていることを確認しておくことをお勧めします（図6-1）。

図6-1　システムの保護が有効になっていると、Windows Updateの実行前やアプリケーションのインストール前、バックアップ作成時に復元ポイントが自動作成される

6.1.2　システムイメージの作成

　Windowsクライアントには「バックアップと復元」とそのサブセットである「システムイメージの作成」、Windows Serverには「Windows Serverバックアップ」が標準のバックアップツールとして存在します。これらの機能はComplete PC Backupとも呼ばれる共通のテクノロジに基づいています。**WBADMIN.EXE**コマンドでコマンドラインから操作することもできます。

　マイクロソフトはWindows 8以降、「バックアップと復元」よりも「ファイル履歴」を推すようになりました。Windows 8やWindows 10で「バックアップと復元（Windows 7）」と表記されるのはそのためです。Windows 8.1からは「バックアップと復元（Windows 7）」は削除されましたが「システムイメージの作成」機能と**WBADMIN**コマンドによるバックアップは利用可能です。Windows 10になってからは将来削除される機能のリストに入りましたが、現時点では「バックアップと復元（Windows 7）」と「システムイメージの作成」機能は利用可能です。

　「バックアップと復元（Windows 7）」では、スケジュールに基づいた自動バックアップと、1回限りのバックアップを実行できます。「システムイメージの作成」は、1回限りのベアメタル回復（BMR）用のバックアップを作成するもので、次の場所から開始することができます（図6-2）。システムイメージは、Windowsパーティションが存在するのとは別のディスクドライブ（別の内蔵のディスクやUSB外付けハードディスク）、複数枚のDVDメディア（書き込み可能ドライブとメディアが必要）、ネットワーク共有に作成することができます。

Windows 7　　　コントロールパネル¥システムとセキュリティ¥バックアップと復元¥システムイメージの作成

Windows 8.1　コントロールパネル¥システムとセキュリティ¥ファイル履歴¥システムイメージバックアップ

Windows 10　 コントロールパネル¥システムとセキュリティ¥バックアップと復元（Windows 7）¥システムイメージの作成

図6-2　「システムイメージの作成」を使用して、USB外付けハードディスクにフルバックアップを作成する

システムを回復する手段として複数の異なる方法を用意しておくことは安心感が違います。特に、機能更新プログラムによるWindows 10のアップグレードの前には、万が一に備えてフルバックアップとしてシステムイメージを作成しておくとよいでしょう。アップグレードの問題は、10日過ぎてから発覚することもあります。そのときには、「以前のバージョンに戻す」は既に使えなくなっている可能性があるのです。

Windows 10バージョン1803 (x86) で確認された問題

　フルバックアップである「システムイメージの作成」、手軽にロールバックに使える「システムの復元」は、Windowsの標準機能であるため、正常に機能するだろうと誰もが思うでしょう。しかし、筆者が確認した限り、Windows 10バージョン1803の32ビット (x86) 版では、「システムイメージの作成」と「イメージでシステムを回復」が「RPCサーバーを利用できません」エラーで失敗する、「システムの復元」が不明なエラーで失敗するという問題を確認しています（図6-3）。これはWindows 10バージョン1803 (x86) のリリース時点から存在する問題らしく、2018年8月時点でこの問題が解消されたことは確認できていません。

　これらを機能させる回避方法は見つかっていませんが、筆者はこの後説明する**DISM /Capture-Image**コマンドを利用して代用しています。

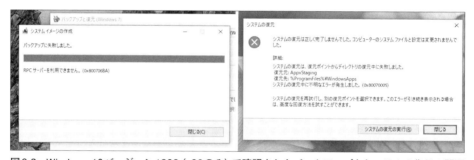

図6-3　Windows 10バージョン1803 (x86のみ) で確認されたバックアップとシステムの復元の問題

　この問題以外にも、Windows 10バージョン1703以降で、ネットワーク共有からのイメージの回復に問題があることが明らかになっています。筆者が確認した限り、最新のWindows 10バージョン1803でも状況は変わりません。

Windows10における共有フォルダーを使用したイメージ復元の問題について（Ask CORE／Microsoft Japan Windows Technology Support）
https://blogs.technet.microsoft.com/askcorejp/2018/02/20/image-restore-using-share-folder-on-windows10/

6.2　バックアップ (システムイメージ) の操作

　作成済みのシステムイメージ（またはベアメタル回復用のバックアップ）が利用可能である場合、Windows回復環境（WinRE）の「イメージでシステムを回復」（Windows 7の「システ

ムイメージの回復」）を使用して、システム全体を回復することができます。ベアメタル回復という言葉が示すように、ディスクを交換したあとの空のディスクにシステムを回復することも可能です。

しかし、先ほど説明したエラーのように、作成済みのシステムイメージからの回復がエラーで失敗することもあります。

6.2.1　WBADMINコマンドによるボリュームの復元

　Windows回復環境（WinRE）の「イメージでシステムを回復」（Windows 7の「システムイメージの回復」）は、Windows回復環境（WinRE）のコマンドプロンプトで**WBADMIN START SYSRECOVERY**コマンドを実行することで開始することもできます。しかし、GUIのツールで回復処理がエラーになる場合、**WBADMIN START SYSRECOVERY**コマンドも同じエラーで終了するはずです。

　代替の方法として、ボリューム単位（例えばC:ドライブだけ）で回復することで、**WBADMIN START SYSRECOVERY**コマンドの問題を回避できる可能性があります。それには、**WBADMIN GET VERSIONS**および**WBADMIN GET ITEMS**コマンドを実行して、バックアップメディア内にあるバックアップの情報を確認し、バックアップのバージョン識別子とボリュームのボリュームIDを確認します。

[W7] [W8] [W10]

```
C:¥> WBADMIN get versions -backuptarget:<バックアップのあるドライブ（例：D:）> ↵
C:¥> WBADMIN get items -version:<バージョン識別子> -backuptarget:<バックアップのあるドライブ（例：D:）> ↵
```

　次に、**WBADMIN START RECOVERY**コマンドを使用して、特定のボリュームを個別のアイテムとして元の場所に復元します。

[W7] [W8] [W10]

```
C:¥> WBADMIN start recovery -version:<バージョン識別子> -itemtype:Volume -items:¥¥?¥Volume{<ボリュームID>} -backuptarget:<バックアップのあるドライブ（例：D:）> ↵
```

　この方法を用いた具体的な事例を、「第8章　トラブルシューティング事例」で紹介します。

6.2.2　バックアップイメージのローカルマウント

　「システムイメージの作成」や「バックアップと復元（Windows 7）」で作成したバックアップは、バックアップ先のドライブのWindowsImageBackupディレクトリに仮想ハードディスク形式（Windows 7はVHD、Windows 8以降はVHDX）で格納されます。Windows 8以降であれば、「<ドライブ文字>:¥WindowsImageBackup¥<コンピューター名>¥Backup YYYY-MM-DD HHMMSS¥XXXXXXXX-XXXX-XXXX-XXXXXXXXXXXX.vhdx」のようなパスになります。仮想ハードディスクのファイルはボリュームごとに作成されるため、ど

のファイルがWindowsパーティションのバックアップなのかはファイルサイズなどで確認してください。

「第1章 トラブルシューティングを始める前に」の「1.3.3 イメージファイルの操作」で説明したように、仮想ハードディスクのファイルはローカルマウントして、通常のドライブを操作するようにアクセスすることができます。ローカルマウントしての操作は、バックアップの仮想ハードディスクファイルにアクセス可能なオンラインのWindows（管理者権限が必要）、およびWindows回復環境（WinRE）のコマンドプロンプトで実行できます。

ただし、バックアップの仮想ハードディスクファイルを直接マウントすると、バックアップを破壊してしまうリスクがあります。そのため、次のコマンドラインのように、バックアップの仮想ハードディスクファイルを親とする差分ディスクを作成して、差分ディスクをローカルマウントして操作することをお勧めします。差分ディスクであれば、読み取り専用でマウントしなくても、親ディスクは読み取り専用になるため、安心してファイルシステムを読み書きできます。

W7 **W8** **W10**

```
C:¥> DISKPART
DISKPART> CREATE VDISK FILE="<差分ディスクのパス>" PARENT="<バックアップの仮想ハードディスクのパス>"
DISKPART> SELECT VDISK FILE="<差分ディスクのパス>"
DISKPART> ATTACH VDISK
DISKPART> LIST VOLUME
DISKPART> SELECT VOLUME <接続した差分ディスクのボリュームのボリューム番号>
DISKPART> ASSIGN LETTER=<マウント先のドライブ文字:>
（仮想ハードディスクの切断）
DISKPART> SELECT VDISK FILE="<差分ディスクのパス>"
DISKPART> DETACH VDISK
```

バックアップの仮想ハードディスクファイルをローカルマウントすると、バックアップから個人データを救出したり、あるいは次に説明する**DISM /Capture-Image**コマンドでキャプチャしたりできます。「イメージでシステムを回復」がエラーで失敗する場合、ボリュームのイメージをキャプチャし、フォーマットしたボリュームに適用することで、システムを復旧できる場合があります。

6.3 DISMコマンドによるバックアップと復元の代替策

「システムイメージの作成」や「バックアップと復元（Windows 7）」によるバックアップや、**WBADMIN STRT BACKUP**コマンドによるバックアップがエラーで失敗する場合は、代替の方法として**DISM /Capture-Image**および**/Apply-Image**コマンドを利用できます。この方法は、企業においてマスターコンピューターのシステムをイメージ化し、大量のコンピューターにイメージ展開する手法の応用です。

Windows回復環境（WinRE）でコンピューターを起動し、コマンドプロンプトを開いたら、次のコマンドラインを実行します。これで、Windowsパーティションやその他のパーティ

ションのボリュームのファイルシステムをイメージとしてキャプチャし、WIMファイルに保存することができます。

```
X:\> DISM /Capture-Image /ImageFile:"<WIMファイルのパス (.wim) >" /CaptureDir:<キャプチャ対象のドライブルート (例 D:\) > /Name:"<イメージの説明>"
```

WIMファイルをボリュームに書き戻すには、Windows回復環境（WinRE）でコンピューターを起動し、コマンドプロンプトで **DISM /Apply-Image** コマンドを実行します。

```
X:\> DISM /Apply-Image /ImageFile:"<WIMファイルのパス (.wim) >" /Index:1 /ApplyDir:<展開先のドライブルート (例 D:\) >
```

この方法を用いた具体的な事例を、パーティション構成やブート構成ストアの構成を含めた形で、「第8章　トラブルシューティング事例」で紹介します。

なお、Windows 7バージョンの **DISM** コマンドは、**/Capture-Image** と **/Apply-Image** をサポートしていません。Windows 7では、Windows自動インストールキット（AIK）に含まれるImageXツールを利用していました。Windows 8.1/10のWindowsインストールメディアやシステム修復ディスク、回復ドライブが手元にある場合は、これらのいずれかを使用してWindows回復環境（WinRM）を起動することで、**/Capture-Image** と **/Apply-Image** をサポートする **DISM** コマンドを利用できます。第1章ではインストールされているWindowsと同じバージョンのWindows回復環境（WinRE）を利用するように説明しましたが、この用途の場合は問題ないでしょう。

6.4 ディスク領域不足への対処

Windowsパーティションのドライブ（通常、C:ドライブ）の空き領域不足は、データの損失やパフォーマンス問題、アプリケーションや更新プログラムのインストールに影響します。Windows 10の機能更新プログラムによるアップグレードには8GBの空き領域（Windows 10バージョン1703以降の場合）が必要です（インストールメディアを使用した場合は、さらに少ない空き領域でもアップグレード可能です）。

Windows 10バージョン1703以降は「ストレージセンサー」という機能を搭載しており、この機能をオンにすることで空き領域を自動的に確保することもできますし、空き領域の不足を検出すると自動的にオンにする機能も備えています。ここでは、すべてのバージョンのWindowsで利用可能な共通の方法を説明します。

6.4.1　ディスククリーンアップの実行

すぐにディスク領域を確保できる簡単な方法は、「ディスククリーンアップ」でシステム

ファイルをクリーンアップすることです。次のコマンドラインを管理者として実行し、「ディスククリーンアップ」を開始します。管理者として開始しなかった場合は、「ディスククリーンアップ」ウィンドウが開いてから「システムファイルのクリーンアップ」ボタンをクリックしてください。

[W7] [W8] [W10]

```
C:\> Cleanmgr
```

「ディスククリーンアップ」に示される「削除するファイル」の一覧は、次に説明する注意点を除き、すべて削除して問題ありません。「Windows Updateのクリーンアップ」を選択することで、すぐに数GB単位でディスク領域を解放することができます。Windows 7 SP1およびWindows Server 2008 R2 SP1の場合は、「Service Packのバックアップファイル」という大きな削除項目があるかもしれません。

図6-5 「Windows Updateのクリーンアップ」を選択することで、数GB単位で空き領域を確保できる場合がある

Windows 10の機能更新プログラムによるアップグレード直後（10日以内）の場合、「以前のWindowsのインストール」が削除可能なファイルの一覧にあるはずです。この項目は、以前のバージョンのWindowsにロールバックするのに必要なファイルが含まれる¥Windows.oldディレクトリを削除します。この項目を削除すると、以前のバージョンのWindowsにロールバックする機能は利用できなくなるため、アップグレード後、極端にディスク領域が不足していて、前のバージョンに戻す予定もない（アップグレード後に不具合がない、以前のバージョンでシステムイメージの作成を実行済みなど）場合にのみ、削除してください。

第6章 ディスクイメージのバックアップと回復　147

図6-6　機能更新プログラムによるアップグレード後、空き領域が不足している場合は、「以前の Windows のインストール」を削除する。ただし、これを削除すると「前のバージョンの Windows 10 に戻す」を利用できなくなることに注意

Windows Server で「ディスククリーンアップ」を使用するには

　Windows Server 2016（デスクトップエクスペリエンス）では、標準で「ディスククリーンアップ」を利用可能です。Windows Server 2008/2008 R2（フルインストール）および Windows Server 2012/2012 R2（GUI 使用サーバー）では、「デスクトップエクスペリエンス」の機能を追加することで、「ディスククリーンアップ」が利用可能になります。そのため、Server Core インストールでは、「ディスククリーンアップ」を利用できません。

　「デスクトップエクスペリエンス」の機能を追加する代わりに、「ディスククリーンアップ」に必要なバイナリだけをコンポーネントストアからコピーする方法もあります。標準的な方法ではないため、本書では説明しません。以下のドキュメントを参考にしてください（このドキュメントは Windows Server 2008/2008 R2向けです）。

Disk Cleanup option on drive's general properties and cleanmgr.exe is not present in Windows Server 2008 or Windows Server 2008 R2 by default
https://docs.microsoft.com/en-us/previous-versions/windows/it-pro/windows-server-2008-R2-and-2008/ff630161(v=ws.10)

6.4.2　コンポーネントストアの縮小

　Windows 8.1 および Windows Server 2012 R2以降の場合は、Windowsのシステムファイル（最新および過去のバージョン）を含むコンポーネントストア（%Windir%¥WinSxS）をクリーンアップすることで、コンポーネントストアのサイズをコンパクトにできます。それに

は、次のコマンドラインを管理者権限で実行します。

[W8] [W10]
```
C:¥> DISM /Online /Cleanup-Image /StartComponentCleanup /ResetBase ⏎
```

なお、/ResetBaseオプションを指定して実行すると、既にインストール済みの更新プログラムのアンインストールができなくなることに注意してください。/ResetBaseオプションを指定しない場合、「ディスククリーンアップ」で「Windows Updateのクリーンアップ」を選択した場合と同等の処理を行います。

DISMコマンドによるコンポーネントストアの縮小は、オフラインのWindowsイメージに対して実行することもできます。Windows回復環境（WinRE）でコンピューターを起動し、「コマンドプロンプト」で次のコマンドラインを実行します。

[W8] [W10]
```
X:¥> DISM /Image:<ドライブ文字:¥> /Cleanup-Image /StartComponentCleanup /ResetBase ⏎
```

Windows 7 SP1およびWindows Server 2008 R2 SP1の場合は、次のコマンドラインを実行することでコンポーネントストアを縮小できる場合があります。こちらも、Windows回復環境（WinRE）で実行することが可能です。なお、SP1適用済みのインストールメディアでインストールされたWindowsの場合は、効果が期待できません。

[W7]
```
X:¥> DISM.exe /Online /Cleanup-Image /SpSuperseded ⏎
```

6.4.3 その他の方法

ディスク領域不足を解消するその他の方法としては、次のようなものがあります。

- メモリダンプファイル（%Windir%¥Memory.dmp）の削除
- 個人データを外部メディアに移動して退避する
- 不要なアプリケーションのアンインストール
- ディレクトリ単位でのNTFS圧縮の有効化

最後のNTFS圧縮とは、NTFSボリュームがサポートするNTFS圧縮を有効化することです。NTFS圧縮を有効化する場合は、必ずディレクトリ単位で行ってください。C:ドライブ全体やC:¥WindowsディレクトリでNTFS圧縮を有効化することは、パフォーマンスの低下につながるので、決してお勧めしません（C:¥Windowsの下は、コンポーネントストアなど必要に応じてNTFS圧縮が利用されています）。個人データのフォルダー（C:¥Usersのサブディレクトリなど）で利用する分には問題ないでしょう。また、C:¥Program Files、C:¥Program Files (x86) ディレクトリに対して有効化することは、筆者の経験上、許容される範囲だと思います。

第7章
便利なスクリプト

　第7章では、筆者がこれまで作成した管理用スクリプトから、個人的にこれは便利だと思うものをいくつか紹介します。先に言っておくと、どのスクリプトもゼロから書いたコードではなく、公開されているサンプルを大いに参考に、時にはほとんどそのまま拝借したものです。

　筆者が作成したスクリプトの一部は、マイクロソフトのスクリプトセンター（https://gallery.technet.microsoft.com/scriptcenter/）から入手できます。マイクロソフトのスクリプトセンターからダウンロードすることは自由ですが、マイクロソフトのスクリプトセンターで提示されているライセンスの使用条件に従ってください。また、本書に掲載しているサンプルスクリプトは、「はじめに」の「サンプルスクリプトのダウンロード」に記載されているURLからダウンロードできます。本書の読者は、「はじめに」の「免責事項」に従う限り、コードの変更を含めて自由に利用できます。

　本書では、紹介するサンプルスクリプトのコードについて詳しく解説することはしませんが、サンプルスクリプトで使用しているコードは、他の目的のためにあなたがスクリプトを自作するときに、きっと参考になるはずです。コード内のロジックは、ご自由に再利用してください。

7.1　サンプルスクリプトの実行方法

　この章で紹介するサンプルスクリプトは、Windows Script Host（WSH）のCscriptエンジンで動作するVBScript（.vbs）とWindows PowerShellで動作するPowerShellスクリプト（.ps1）です。実行するには、コマンドプロンプトまたはWindows PowerShellで次のように入力してください。パスに空白文字が含まれない場合は、ダブルクォーテーション（"）で囲む必要はありません。また、カレントディレクトリのPowerShellスクリプトは.¥samplescript.ps1のように.¥から入力してください。

[W7] [W8] [W10]
```
C:¥> cscript "<VBScriptスクリプト (.vbs) の絶対または相対パス>"
C:¥> powershell "<PowerShellスクリプト (.ps1) の絶対または相対パス>"
```

[W7] [W8] [W10]
```
PS C:¥> cscript "<VBScriptスクリプト (.vbs) の絶対または相対パス>"
PS C:¥> "<PowerShellスクリプト (.ps1) の絶対または相対パス>"
```

PowerShellスクリプト（.ps1）の実行時に「このシステムではスクリプトの実行が無効になっているため…」と表示されて実行できない場合は、以下のコマンドラインを管理者として実行して、Windows PowerShellの実行ポリシーを一時的に緩和し、PowerShellスクリプト（.ps1）を実行後に元の実行ポリシーに戻します。

[W7] [W8] [W10]
```
PS C:¥> $currentExPol = Get-ExecutionPolicy
PS C:¥> Set-ExecutionPolicy RemoteSigned -Force
または Set-ExecutionPolicy Unrestricted -Force
（ここでスクリプトを実行）
PS C:¥> Set-ExecutionPolicy $currentExPol -Force
```

7.2 CUI版イベントビューアー

「Eventvcui.vbs」は、今から10年ほど前、Server Coreインストールオプションが初めて登場したWindows Server 2008向けに、Server Coreインストールのコマンドプロンプト環境を想定して作成したものです。コマンドプロンプト（幅80字×高さ25字を想定して作成しています）でCUIメニュー形式で各ログファイルのイベントログの一覧とイベントの詳細を参照することができます。WMIのレガシなWin32_NTEventLogクラスを使用しているため、標準の「Windowsログ」と「アプリケーションとサービスログ」の最上位にあるログファイルの参照に制限されます。「セキュリティ（Security）」ログを参照する場合に限り、スクリプトを管理者権限で実行する必要があります。それ以外のログの参照のために管理者権限は不要です。

第7章 便利なスクリプト

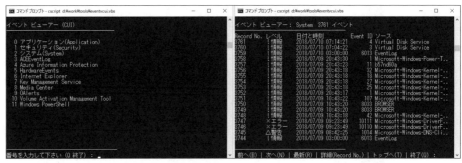

図7-1　CUI版イベントビューアー（Eventvcui.vbs）

　このスクリプトは、スクリプトセンターの以下のURLから入手できます。ただし、公開されているのはメッセージを英語にしたものです。本書に掲載しているのは、日本語のメッセージのバージョンです。

Text-based Event Viewer
https://gallery.technet.microsoft.com/scriptcenter/1284711d-1916-43f1-ac76-2f2af53d4a94

■ Eventvcui.vbs（cscript eventvcui.vbs）W7 W8 W10

```
 1  Option Explicit
 2  On Error Resume Next
 3  Dim InputKey, LogFiles, i , MaxLog
 4
 5  If Right((LCase(WScript.FullName)),11) <> "cscript.exe" then
 6    WScript.Echo "このスクリプトはCSCRIPT.EXEを使用して実行して下さい。" & _
 7      vbCRLF & "例： cscript eventvcui.vbs"
 8    WScript.Quit
 9  End if
10
11  InputKey = ""
12  Do While InputKey <> "Q"
13    WScript.Echo
14    WScript.Echo "イベント ビューアー (CUI) "
15    WScript.Echo "──────────────────────────────
      ──────"
16    WScript.Echo
17    MaxLog = 0
18    LogFiles = GetLogFileName()
19    WScript.Echo "   0 アプリケーション(" & LogFiles(0) & ")"
20    WScript.Echo "   1 セキュリティ(" & LogFiles(1) & ")"
21    WScript.Echo "   2 システム(" & LogFiles(2) & ")"
22    For i = 3 to Ubound(LogFiles)
23      if LogFiles(i) <> "" then
24        if i < 10 then
```

```
25          WScript.Echo "   " & i & " " & LogFiles(i)
26        Else
27          WScript.Echo " " & i & " " & LogFiles(i)
28        End If
29      Else
30        WScript.Echo
31        if MaxLog = 0 then
32          MaxLog = i - 1
33        End If
34      End If
35    Next
36    WScript.Echo
37    WScript.Echo "─────────────────────────────────────────────────────────
      ─────────"
38    WScript.StdOut.Write "番号を入力して下さい (Q 終了) : "
39    InputKey = Trim(Ucase(WScript.StdIn.ReadLine))
40    If IsNumeric(InputKey) then
41      If Int(InputKey) <= Int(MaxLog) then
42        Call LogSummary(LogFiles(Int(InputKey)))
43      End If
44    End If
45  Loop
46
47  Function GetLogFileName()
48    Dim LogFiles(17), i, strComputer, objWMIService, objInstalledLogFiles, objLogfile
49    LogFiles(0) = "Application"
50    LogFiles(1) = "Security"
51    LogFiles(2) = "System"
52    i = 3
53    strComputer = "."
54    Set objWMIService = GetObject("winmgmts:" _
55      & "{impersonationLevel=impersonate}!\\" & strComputer & "\root\cimv2")
56    Set objInstalledLogFiles = objWMIService.ExecQuery _
57      ("Select * from Win32_NTEventLogFile")
58    For each objLogfile in objInstalledLogFiles
59      Select Case objLogfile.LogFileName
60      Case "Application"
61      Case "Security"
62      Case "System"
63      Case Else
64        LogFiles(i) = objLogfile.LogFileName
65        i = i + 1
66      End Select
67    Next
68    GetLogFileName = LogFiles
69  End Function
70
71
```

```
 72  Sub LogSummary(LogFile)
 73    Dim LastLogID, FirstLogID, MinLogID, MaxLogID, _
 74        strComputer, objWMIService, colLoggedEvents, _
 75        objEvent, colLogFiles, colLogFile, aEvents(18), _
 76        i, j, strDateTime, strLevel
 77
 78    MinLogID = 1
 79    MaxLogID = 0
 80    InputKey = "R"
 81
 82    strComputer = "."
 83    Set objWMIService = GetObject("winmgmts:" _
 84      & "{impersonationLevel=impersonate}!\\" & strComputer & "\root\cimv2")
 85    Do While InputKey <> "Q" AND InputKey <> "T"
 86      For i = 0 to 17
 87        aEvents(i) = ""
 88      Next
 89      If InputKey = "R" then
 90        Set colLogFiles = objWMIService.ExecQuery _
 91          ("Select * from Win32_NTEventLogFile Where LogfileName = '" & LogFile & "'")
 92        For Each colLogFile in colLogFiles
 93          MaxLogID = colLogFile.NumberOfRecords
 94        Next
 95        Set colLogFiles = Nothing
 96        If IsNull(MaxLogID) then
 97          MaxLogID = 0
 98          MinLogID = 0
 99          LastLogID = 0
100        Else
101          Set colLoggedEvents = objWMIService.ExecQuery _
102            ("Select * from Win32_NTLogEvent Where Logfile = '" & LogFile & "'")
103          For Each objEvent in colLoggedEvents
104            If Not IsNull(objEvent.RecordNumber) Then
105              MinLogID = objEvent.RecordNumber
106              Exit For
107            End If
108          Next
109          Set colLoggedEvents = Nothing
110          LastLogID = MinLogID
111          MinLogID = MinLogID - MaxLogID + 1
112          MaxLogID = LastLogID
113        End If
114      End If
115      FirstLogID = LastLogID - 17
116      If FirstLogID < MinLogID Then
117        FirstLogID = MinLogID
118      End If
119      WScript.Echo
```

```
120      WScript.Echo "イベント ビューアー： " & LogFile & "  " & MaxLogID - MinLogID + 1 _
         & " イベント"
121      WScript.Echo "─────────────────────────────────────────────────────────────
         ─────"
122      WScript.Echo "Record No.  レベル       日付と時刻         Event ID ソース"
123      If MaxLogID > 0 then
124        Set colLoggedEvents = objWMIService.ExecQuery _
125          ("Select * from Win32_NTLogEvent Where Logfile = '" & _
126          LogFile & "' AND RecordNumber <= " & LastLogID & " AND RecordNumber >= " &
         FirstLogID)
127        i = 0
128        For Each objEvent in colLoggedEvents
129          If Not IsNull(objEvent.RecordNumber) Then
130            strDateTime = objEvent.TimeWritten
131            strDateTime = Mid(strDateTime,1,4) & "/" & _
132                          Mid(strDateTime,5,2) & "/" & _
133                          Mid(strDateTime,7,2) & " " & _
134                          Mid(strDateTime,9,2) & ":" & _
135                          Mid(strDateTime,11,2) & ":" & _
136                          Mid(strDateTime,13,2)
137          Select Case objEvent.EventType
138          Case 0
139            strLevel = "○成功    "
140          Case 1
141            strLevel = "×エラー   "
142          Case 2
143            strLevel = "△警告    "
144          Case 3
145            strLevel = "！情報    "
146          Case 4
147            strLevel = "成功の監査"
148          Case 5
149            strLevel = "失敗の監査"
150          Case Else
151            strLevel = "  （不明） "
152          End Select
153          aEvents(i) = FixNumLen(objEvent.RecordNumber,10,False) & " " & _
154                       strLevel & " " & strDateTime & " " & _
155                       FixNumLen(objEvent.EventCode,8,True) & " "
156          If Len(objEvent.SourceName) > 27 then
157            aEvents(i) = aEvents(i) & Mid(objEvent.SourceName,1,25) & ".."
158          Else
159            aEvents(i) = aEvents(i) & objEvent.SourceName
160          End If
161          i = i + 1
162        End If
163      Next
164      Set colLoggedEvents = Nothing
```

```
165        Else
166          aEvents(0) = "（ログがありません。）"
167        End If
168        j = 0
169        For i = 0 to 17
170          if aEvents(i) <> "" then
171            WScript.Echo aEvents(i)
172            j = j + 1
173          End If
174        Next
175        For i = 0 to 17 - j
176          WScript.Echo
177        Next
178        WScript.Echo
179        WScript.Echo "─────────────────────────────────────────
   ─────────"
180        WScript.StdOut.Write " 前へ(B) | 次へ(N) | 最新(R) | 詳細(Record No.) | トップへ
   (T) | 終了(Q)  : "
181        InputKey = Trim(Ucase(WScript.StdIn.ReadLine))
182        If IsNumeric(InputKey) then
183          Call LogDetail(LogFile,InputKey)
184          InputKey = ""
185        ElseIf InputKey = "N" then
186          LastLogID = LastLogID - 18
187          If LastLogID < 1 then
188            LastLogID = MaxLogID
189            InputKey = "R"
190          End If
191        ElseIf InputKey = "B" then
192          LastLogID = LastLogID + 18
193          If MaxLogID < LastLogID then
194            LastLogID = MaxLogID
195            InputKey = "R"
196          End If
197        ElseIf InputKey = "T" then
198        ElseIf InputKey = "Q" then
199        ElseIf InputKey = "R" then
200        Else
201          InputKey = ""
202        End If
203      Loop
204  End Sub
205
206  Sub LogDetail(LogFile,LogRecNo)
207      Dim strComputer, objWMIService, colLoggedEvents, objEvent, _
208          i, strDateTime, strLines, aText(20), LogRecNoTemp
209
210      strComputer = "."
```

```
211  Set objWMIService = GetObject("winmgmts:" _
212    & "{impersonationLevel=impersonate}!¥¥" & strComputer & "¥root¥cimv2")
213  LogRecNoTemp = LogRecNo
214  Do While InputKey <> "Q"
215    For i = 0 to 19
216      aText(i) = ""
217    Next
218    Set colLoggedEvents = objWMIService.ExecQuery _
219      ("Select * from Win32_NTLogEvent Where Logfile = '" & _
220        LogFile & "' AND RecordNumber = " & LogRecNoTemp)
221    If Err <> 0 then
222      aText(0) = "（イベントがありません。）"
223    Else
224      If ColLoggedEvents.Count > 0 then
225        For Each objEvent in colLoggedEvents
226          strDateTime = objEvent.TimeWritten
227          aText(0) = "日付：     " & Mid(strDateTime,1,4) & "/" & _
228            Mid(strDateTime,5,2) & "/" & Mid(strDateTime,7,2) & _
229            "    ソース：    " & objEvent.SourceName
230          aText(1) = "時刻：     " & Mid(strDateTime,9,2) & ":" & _
231            Mid(strDateTime,11,2) & ":" & Mid(strDateTime,13,2) & _
232            "      分類：    " & objEvent.Category
233          aText(2) = "種類：    "
234          Select Case objEvent.EventType
235          Case 0
236            aText(2) = aText(2) & "成功      "
237          Case 1
238            aText(2) = aText(2) & "エラー    "
239          Case 2
240            aText(2) = aText(2) & "警告      "
241          Case 3
242            aText(2) = aText(2) & "情報      "
243          Case 4
244            aText(2) = aText(2) & "成功の監査"
245          Case 5
246            aText(2) = aText(2) & "失敗の監査"
247          Case Else
248            aText(2) = aText(2) & "（不明）  "
249          End Select
250          aText(2) = aText(2) & "    イベントID：" & objEvent.EventCode
251          aText(3) = "ユーザー：    " & objEvent.User
252          aText(4) = "コンピューター：" & objEvent.ComputerName
253          aText(5) = "説明："
254          strLines = FormatText(replace(objEvent.Message,vbTab," "),78)
255          For i = 6 to 19
256            If strLines(i - 6) <> "" then
257              aText(i) = strLines(i - 6)
258            End If
```

```
259           Next
260         Next
261       Else
262         aText(0) = "（イベントがありません。）"
263       End If
264     End If
265     Set colLoggedEvents = Nothing
266     WScript.Echo
267     WScript.Echo "イベントのプロパティ - " & LogFile & ", Record No. " & LogRecNoTemp
268     WScript.Echo "─────────────────────────────────────────────────────────"
269     For i = 0 to 19
270       WScript.Echo aText(i)
271     Next
272     WScript.Echo "─────────────────────────────────────────────────────────"
273     WScript.StdOut.Write " 前へ(B) | 次へ(N) | 閉じる(Q) : "
274     InputKey = Trim(Ucase(WScript.StdIn.ReadLine))
275     If InputKey = "N" then
276       If LogRecNoTemp > 1 then
277         LogRecNoTemp = LogRecNoTemp - 1
278       End If
279     ElseIf InputKey = "B" then
280       LogRecNoTemp = LogRecNoTemp + 1
281     End If
282   Loop
283 End Sub
284
285 Function FixNumLen(Num,FixLen,IsRight)
286   Dim strOut, i
287   Num = CStr(Num)
288   strOut = ""
289   For i = 0 to FixLen - Len(Num) - 1
290     strOut = strOut & " "
291   Next
292   If IsRight then
293     FixNumLen = strOut & Num
294   Else
295     FixNumLen = Num & strOut
296   End If
297 End Function
298
299 Function FormatText(StrMessage,Cols)
300   Dim aTemp, aOut(100), strTemp, i, j, LineLen
301   aTemp = Split(StrMessage,vbCrLF)
302   j = 0
303   aOut(j) = ""
```

```
304    LineLen = 0
305    For i = 0 to Ubound(aTemp)
306      aTemp(i) = replace(replace(aTemp(i),vbCR,""),vbLF,"")
307      Do While Trim(aTemp(i)) <> ""
308        strTemp = Mid(aTemp(i),1,1)
309        'If (Asc(strTemp) >= 0) And (Asc(strTemp) <= 255) then
310        If ( Asc(strTemp) And &HFF00 ) = 0 then
311          LineLen = LineLen + 1
312        Else
313          LineLen = LineLen + 2
314        End If
315        If LineLen <= Cols then
316          aOut(j) = aOut(j) & strTemp
317          aTemp(i) = Mid(aTemp(i),2)
318        Else
319          j = j + 1
320          LineLen = 0
321          aOut(j) = ""
322        End If
323      Loop
324    Next
325    FormatText = aOut
326 End Function
```

7.3 Windows Update スクリプト

　Windows Updateの更新プログラムの確認とダウンロード、インストール、更新履歴の確認を行うスクリプトのサンプル「WindowsUpdate.vbs」、「WindowsUpdate.ps1」、「WindowsUpdateHistory.vbs」を紹介します。

7.3.1 更新プログラムの検索とインストール

　「WindowsUpdate.vbs」は、Windows Updateの処理（更新プログラムの検索、ダウンロード、インストール）をスクリプト化するために、Windows Update Agent（WUA）APIというCOMインターフェイスを使用しました。とは言っても、実際には以下のURLで公開されているコードをほとんどそのまま拝借して、メッセージを日本語化したり、最大ダウンロードサイズを表示させるように（累積更新プログラムのダウンロードサイズとは異なります）したものです。ユーザーとの対話部分を削除することで、タスクに登録して自動実行するようにカスタマイズするのは簡単でしょう。

　「WindowsUpdate.vbs」スクリプトは、Cscript.exeエンジンを使用して、管理者権限で実行してください。管理者権限がない場合、ダウンロードを開始しようとする際に0x80240044

エラーで終了します。

　ちなみに、Windows ServerのServer CoreインストールのためのSconfigユーティリティの更新機能（「6）更新プログラムのダウンロードとインストール」が呼び出す%Windir%¥System32¥ja-jp¥WUA_SearchDownoadInstall.vbs）もまた、この公開コードがベースになっています。

Searching, Downloading, and Installing Updates
https://docs.microsoft.com/en-us/previous-versions/windows/desktop/aa387102(v=vs.85)

図7-2　Windows Updateを半自動で実行するスクリプト「WindowsUpdate.vbs」。Sizeは最大のダウンロードサイズ（バイト）。ただし、累積更新プログラムは高速（Express）インストールファイルの使用により、更新が必要な差分のみをダウンロードするため実際はもっと小さい

　同様の処理をWindows PowerShellのスクリプトで実装した「WindowsUpdate.ps1」も作成しました。こちらは、以下のドキュメントを参考にしています。

Hey, Scripting Guy! 更新プログラムを検索、ダウンロード、およびインストールする方法はありますか
https://gallery.technet.microsoft.com/scriptcenter/a5d4e441-9d47-4ff7-ba87-9791bca6f3dd

　Windows 10バージョン1607およびWindows Server 2016（Nano Serverを含む）では、WMIの新しい名前空間Microsoft/Windows/WindowsUpdateのMSFT_WUOperationsSessionクラスを利用することもできます。ただし、このクラスはWindows 10バージョン1703から利用できなくなりました。代わりに、Windows 10バージョン1709およびWindows Server, Semi-Annual ChannelからはMSFT_WUOperationsクラスが利用可能になっています。第1章で紹介した「Windows 10バージョン1709以降のWindowsUpdateProviderモジュール」は、MSFT_WUOperationsクラスを利用したものです。

■ WindowsUpdate.vbs (cscript windowsupdate.vbs) W7 W8 W10

```
1  Option Explicit
2  Dim updateSession, updateSearcher, update, searchResult, downloader, updatesToDownlo
   ad, updatesToInstall, installer, installationResult, InputKey, i
```

```vbscript
 3  Dim objWMIService, colOperatingSystems, ObjOperatingSystem
 4
 5  If Right((LCase(WScript.FullName)),11) <> "cscript.exe" then
 6    WScript.Echo "このスクリプトはCSCRIPT.EXEを使用して実行して下さい。" & _
 7      vbCRLF & "例： cscript WindowsUpdate.vbs"
 8    WScript.Quit(0)
 9  End if
10
11  WScript.Echo "--------------------------------"
12  WScript.Echo "Windows Update"
13  WScript.Echo "--------------------------------"
14  WScript.Echo "更新プログラムを確認しています..."
15  Set updateSession = CreateObject("Microsoft.Update.Session")
16  Set updateSearcher = updateSession.CreateupdateSearcher()
17  Set searchResult = _
18    updateSearcher.Search("IsInstalled=0 and Type='Software' and AutoSelectOnWebSites=1")
19  For i = 0 To searchResult.Updates.Count-1
20      Set update = searchResult.Updates.Item(i)
21      ' Size: は最大サイズです。累積更新プログラムは差分のみがダウンロードされます。
22      WScript.Echo i + 1 & vbTab & update.Title & " Size: " & update.MaxDownloadSize
23  Next
24
25  If searchResult.Updates.Count = 0 Then
26    WScript.Echo "利用可能な更新プログラムはありません。Windows は最新の状態です。"
27    WScript.Quit(0)
28  Else
29    WScript.Echo searchResult.Updates.Count & _
30      " 個の更新プログラムを検出しました。ダウンロードを開始します。"
31    WScript.StdOut.Write vbCRLF & "続行するには何かキーを押してください（中止するにはCtrl + C）："
32    InputKey = WScript.StdIn.Readline
33  End If
34
35  WScript.StdOut.Write "ダウンロードの準備をしています..."
36  Set updatesToDownload = CreateObject("Microsoft.Update.UpdateColl")
37  For i = 0 to searchResult.Updates.Count-1
38      Set update = searchResult.Updates.Item(i)
39      WScript.StdOut.Write "."
40      updatesToDownload.Add(update)
41  Next
42
43  WScript.Echo vbCRLF & "更新プログラムをダウンロードしています..."
44  Set downloader = updateSession.CreateUpdateDownloader()
45  downloader.Updates = updatesToDownload
46  downloader.Download()
47
48  WScript.Echo "以下の更新プログラムのダウンロードが完了しました。"
```

```
49  For i = 0 To searchResult.Updates.Count-1
50    Set update = searchResult.Updates.Item(i)
51    If update.IsDownloaded Then
52      WScript.Echo i + 1 & vbTab & update.Title
53    End If
54  Next
55
56  Set updatesToInstall = CreateObject("Microsoft.Update.UpdateColl")
57  WScript.StdOut.Write "インストールの準備をしています..."
58  For i = 0 To searchResult.Updates.Count-1
59    set update = searchResult.Updates.Item(i)
60    If update.IsDownloaded = true Then
61      WScript.StdOut.Write "."
62      updatesToInstall.Add(update)
63    End If
64  Next
65
66  WScript.Echo vbCRLF & "更新プログラムをインストールしています..."
67  Set installer = updateSession.CreateUpdateInstaller()
68  installer.Updates = updatesToInstall
69  Set installationResult = installer.Install()
70
71  if installationResult.ResultCode = 2 then
72    WScript.Echo "インストールは正常に完了しました。"
73  Else
74    WScript.Echo "一部の更新プログラムをインストールできませんでした。"
75  End If
76  WScript.Echo "詳細:"
77  For i = 0 to updatesToInstall.Count - 1
78    WScript.StdOut.Write i + 1 & vbTab & _
79      updatesToInstall.Item(i).Title
80    If installationResult.GetUpdateResult(i).ResultCode = 2 then
81      WScript.Echo ":成功"
82    Else
83      WScript.Echo ":失敗"
84    End If
85  Next
86  WScript.StdOut.Write "再起動の必要性: "
87  if installationResult.RebootRequired then
88    WScript.Echo "必要"
89    WScript.Echo "！重要な更新プログラムのインストールを完了するためコンピューターを再起動します。"
90  Else
91    WScript.Echo "不要"
92  End if
93
94  WScript.StdOut.Write vbCRLF & "続行するには何かキーを押してください:"
95  InputKey = WScript.StdIn.Readline
```

```
 96  if installationResult.RebootRequired then
 97    Set objWMIService = GetObject("winmgmts:{impersonationLevel=impersonate,(Shutdow
       n)}!¥¥.¥root¥cimv2")
 98    Set colOperatingSystems = objWMIService.ExecQuery("Select * from Win32_OperatingSy
       stem")
 99    For Each objOperatingSystem in colOperatingSystems
100      ObjOperatingSystem.Reboot()
101    Next
102    WScript.Quit(-1)
103  Else
104    WScript.Quit(0)
105  End If
```

■| WindowsUpdate.ps1 [W7] [W8] [W10]

```
 1  Write-Host "--- Running Windows Update ---"
 2  Write-Host "Searching for updates..."
 3  $updateSession = new-object -com "Microsoft.Update.Session"
 4  $updateSearcher = $updateSession.CreateupdateSearcher()
 5  $searchResult = $updateSearcher.Search("IsInstalled=0 and Type='Software' and AutoSe
    lectOnWebSites=1")
 6  Write-Host "List of applicable items on the machine:"
 7  if ($searchResult.Updates.Count -eq 0) {
 8    Write-Host "There are no applicable updates."
 9  }
10  else
11  {
12    $downloadReq = $False
13    $i = 0
14    foreach ($update in $searchResult.Updates){
15      $i++
16      if ( $update.IsDownloaded ) {
17        Write-Host $i">" $update.Title "(downloaded)"
18      }
19      else
20      {
21        $downloadReq = $true
22        Write-Host $i">" $update.Title "(not downloaded, size" $update.MinDownloadSize
    "-" $update.MaxDownloadSize ")"
23      }
24    }
25    if ( $downloadReq ) {
26      Write-Host "Creating collection of updates to download..."
27      $updatesToDownload = new-object -com "Microsoft.Update.UpdateColl"
28      foreach ($update in $searchResult.Updates){
29        $updatesToDownload.Add($update) | out-null
30      }
```

```
31      Write-Host "Downloading updates..."
32      $downloader = $updateSession.CreateUpdateDownloader()
33      $downloader.Updates = $updatesToDownload
34      $downloader.Download()
35      Write-Host "List of downloaded updates:"
36      $i = 0
37      foreach ($update in $searchResult.Updates){
38        $i++
39        if ( $update.IsDownloaded ) {
40          Write-Host $i">" $update.Title "(downloaded)"
41        }
42        else
43        {
44          Write-Host $i">" $update.Title "(not downloaded)"
45        }
46      }
47    }
48    else
49    {
50      Write-Host "All updates are already downloaded."
51    }
52    $updatesToInstall = new-object -com "Microsoft.Update.UpdateColl"
53    Write-Host "Creating collection of downloaded updates to install..."
54    foreach ($update in $searchResult.Updates){
55      if ( $update.IsDownloaded ) {
56        $updatesToInstall.Add($update) | out-null
57      }
58    }
59    if ( $updatesToInstall.Count -eq 0 ) {
60      Write-Host "Not ready for installation."
61    }
62    else
63    {
64      Write-Host "Installing" $updatesToInstall.Count "updates..."
65      $installer = $updateSession.CreateUpdateInstaller()
66      $installer.Updates = $updatesToInstall
67      $installationResult = $installer.Install()
68      if ( $installationResult.ResultCode -eq 2 ) {
69        Write-Host "All updates installed successfully."
70      }
71      else
72      {
73        Write-Host "Some updates could not installed."
74      }
75      if ( $installationResult.RebootRequired ) {
76        Write-Host "One or more updates are requiring reboot."
77        Write-Host "Reboot system now !!"
78        shutdown.exe /t 0 /r
```

```
 79      }
 80      else
 81      {
 82          Write-Host "Finished. Reboot are not required."
 83      }
 84  }
 85  }
```

7.3.2 更新の履歴

次の「WindowsUpdateHistory.vbs」は、Windows Update Agent（WUA）APIを使用してWindows Updateの更新履歴を表示するWSHスクリプトです。このスクリプトも、Cscriptエンジンで実行してください。このスクリプトの実行に、管理者権限は不要です。

Searching, Downloading, and Installing Updates
https://docs.microsoft.com/en-us/previous-versions/windows/desktop/aa387102(v=vs.85)

このスクリプトを利用すると、Windows 10の「設定」アプリの「更新の履歴」（ms-settings:windowsupdate-history）や、Windows 7/8.1のコントロールパネルの「更新履歴の表示」と同等の情報を取得できます（図7-3）。この更新履歴は、「第2章　ターゲットのシステムを知る」で説明した**WMIC QFE LIST**コマンドや**Get-HotFix**コマンドレットでは取得できない情報です。

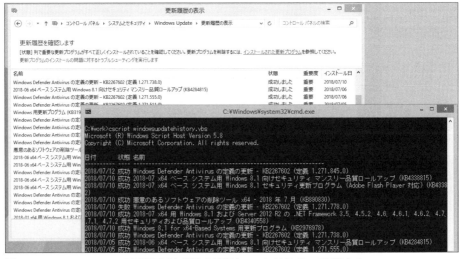

図7-3　Windows Updateの更新履歴と同等の情報をコマンドラインで提供する「WindowsUpdateHistory.vbs」

■ WindowsUpdateHistory.vbs (cscript windowsupdatehistory.vbs) W7 W8 W10

```vbscript
Dim arg, showDetail, objSession, objSearcher, intCount, colHistory, objHistory

If Right((LCase(WScript.FullName)),11) <> "cscript.exe" then
  WScript.Echo "このスクリプトはCSCRIPT.EXEを使用して実行して下さい。"
  WScript.Quit
End if

showDetail = False
Set arg = WScript.Arguments
If Not arg.Count = 0 then
  If Ucase(arg(0)) = "/D" then
    showDetail = True
  Else
    WScript.Echo "エラー: パラメーターが不正です。"
    WScript.Quit
  End If
End If

Set objSession = CreateObject("Microsoft.Update.Session")
Set objSearcher = objSession.CreateUpdateSearcher
intCount = objSearcher.GetTotalHistoryCount

Set colHistory = objSearcher.QueryHistory(0, intCount)

If showDetail then
  For Each objHistory In colHistory
    WScript.Echo "---------------------------------------------------------------------"
    WScript.Echo "名前: " & objHistory.Title
    WScript.Echo "インストール日: " & Mid(objHistory.Date,1,10)
    If objHistory.HResult = 0 then
      WScript.Echo "インストール状態: 成功"
    Else
      WScript.Echo "インストール状態: 失敗"
    End If
    WScript.Echo "説明: " & objHistory.Description
    WScript.Echo "詳細情報: " & objHistory.SupportUrl
  Next
Else
  WScript.Echo "日付        状態 名前"
  WScript.Echo "---------- ---- ------------------------------------------------"
  For Each objHistory In colHistory
    WScript.StdOut.Write Mid(objHistory.Date,1,10)
    If objHistory.HResult = 0 then
      WScript.StdOut.Write " 成功 "
```

```
45     Else
46         WScript.StdOut.Write " 失敗 "
47     End If
48     WScript.Echo objHistory.Title
49   Next
50 End If
```

7.4 WindowsクライアントのOSバージョンの識別

「第2章 ターゲットのシステムを知る」では、Windowsの製品名やバージョン情報を取得するさまざまなテクニックを紹介しました。次に示す「GetClientSKU.vbs」は、そのテクニックを応用して、Windowsクライアントの製品名、エディション（SKU番号から）、アーキテクチャ（32ビットまたは64ビット）を取得するスクリプトです（図7-4）。バッチ処理でWindowsバージョンを詳細に識別したいときに参考になるでしょう。

図7-4　Windowsクライアントの製品名、バージョン、アーキテクチャを報告する「GetClientSKU.vbs」

　このスクリプトでは、Windows 8.1とWindows 8.1 Update 1を、KB2919355のインストールの有無によって識別しています。Windows 8.1に対しては2014年8月にKB2975719、2014年11月にKB3000850が提供されており、これらはAugust UpdateやNovember Update、あるいはUpdate 2やUpdate 3と呼ばれることもあります。これらは、その後の更新プログラムやアプリケーションの前提とされることがあります。これらを識別する必要がある場合は、KB2919355によるWindows 8.1 Update 1の識別コードを参考に、チャレンジしてみてください。
　なお、このスクリプトはWindowsクライアントを対象としており、Windows Serverについてはスクリプトを簡単にするために、バージョンやエディションを識別しません。単にドメインコントローラーかサーバーかの違いのみを識別します。また、Windows 10 Business（Microsoft 365 Businessで管理されるバージョン1703以降のWindows 10 Proデバイス）、Windows 10 Pro Education（Windows 10バージョン1607から追加されたエディション）はWindows 10 Proとして識別します（SKU番号で区別できないため）。これらの識別の必要があれば、Win32_OperatingSystemクラスのCaption属性などを利用してチャレンジしてみて

ください。Server Coreインストールの識別については、第2章の「2.2 SKU番号による識別」
のコラム「Server Coreインストールを識別するには」を参考にしてください。

■│ GetClientSKU.vbs (cscript getclientsku.vbs) [W7] [W8] [W10]

```vbscript
strComputer = "."
Set objWMIService = GetObject("winmgmts:¥¥" & strComputer & "¥root¥cimv2")
Set colItems = objWMIService.ExecQuery("Select * from Win32_OperatingSystem")
Set colItems2 = objWMIService.ExecQuery("Select * from Win32_QuickFixEngineering")

For Each objItem in colItems
  Select Case objItem.ProductType
    Case 1          'Workstation
      strVersion = "Windows Unkown Version"
      strEdition = " (Unkown Edition)"
      strServicePack = " (Unkonwn Service Pack)"
      If objItem.ServicePackMajorVersion = 0 Then
        strServicePack = " (RTM)"
      Else
        strServicePack = " (Service Pack " & objItem.ServicePackMajorVersion & ")"
      End If
      If InStr(objItem.Version, "6.0.") Then
        strVersion = "Windows Vista"
        Select Case objItem.OperatingSystemSKU
          Case 1 strEdition = " Ultimate"
          Case 2 strEdition = " Home Basic"
          Case 3 strEdition = " Home Premium"
          Case 4 strEdition = " Enterprise"
          Case 6 strEdition = " Business"
        End Select
      ElseIf InStr(objItem.Version, "6.1.") Then
        strVersion = "Windows 7"
        Select Case objItem.OperatingSystemSKU
          Case 1 strEdition = " Ultimate"
          Case 3 strEdition = " Home Premium"
          Case 4 strEdition = " Enterprise"
          Case 11 strEdition = " Starter"
          Case 65
                strVersion = "Windows Thin PC"
                strEdition = ""
        End Select
      ElseIf InStr(objItem.Version, "6.2.") Then
        strVersion = "Windows 8"
        Select Case objItem.OperatingSystemSKU
          Case 4 strEdition = " Enterprise"
          Case 48 strEdition = " Pro"
          Case 72 strEdition = " Enterprise Evaluation"
```

```
43            Case 101 strEdition = "" '無印
44            Case 103 strEdition = " Pro with Media Center"
45          End Select
46        ElseIf InStr(objItem.Version, "6.3.") Then
47          strVersion = "Windows 8.1"
48          Select Case objItem.OperatingSystemSKU
49            Case 4 strEdition = " Enterprise"
50            Case 48 strEdition = " Pro"
51            Case 72 strEdition = " Enterprise Evaluation"
52            Case 101 strEdition = "" '無印
53            Case 103 strEdition = " Pro with Media Center"
54          End Select
55          For Each objItem2 in colItems2
56            If objItem2.HotfixID = "KB2919355" Then
57              strServicePack = " (Update 1)"
58            End If
59          Next
60        ElseIf InStr(objItem.Version, "10.0.") Then
61          strVersion = "Windows 10"
62          Select Case objItem.OperatingSystemSKU
63            Case 4 strEdition = " Enterprise"
64            Case 48 strEdition = " Pro"
65            Case 72 strEdition = " Enterprise Evaluation"
66            Case 101 strEdition = " Home"
67            Case 121 strEdition = " Education"
68            Case 161 strEdition = " Pro for Workstations"
69            Case 125
70                strEdition = " Enterprise LTSC"
71                Select Case (objItem.Version)
72                  Case "10.0.10240" strEdition = " Enterprise 2015 LTSB"
73                  Case "10.0.14393" strEdition = " Enterprise 2016 LTSB"
74                End Select
75          End Select
76          strServicePack = " (OS ビルド " & Replace(objItem.Version,"10.0.","") & ".x)"
77        End If
78        WScript.Echo strVersion & strEdition & strServicePack & " " & objItem.OSArchitecture
79      Case 2          'Domain Controller
80        WScript.Echo "Windows Server (Domain Controller)"
81      Case 3          'Server
82        WScript.Echo "Windows Server"
83    End Select
84  Next
```

7.5　C2R版Office 2016のバージョン確認および更新スクリプト

クイック実行（Click to Run：C2R）版Officeは、更新チャネルやバージョンの確認、手動更新を開始するために、Officeアプリケーションを開く必要があります。これが意外と面倒です。そこで、完全に自分用にバージョンの確認と手動更新の開始を行うWindows PowerShellスクリプト「Update-o365.ps1」を作成しました（図7-5）。

図7-5　C2R版Office 2016のバージョンの確認と更新の開始を実行する「Update-o365ver.ps1」

このスクリプトの前半部分、Office 2016の更新チャネルとバージョンの確認部分は、「Get-o365ver.ps1」としてスクリプトセンターの以下のURLで公開しています。

Get version and update channel from local installed Office 365（for 2016）
https://gallery.technet.microsoft.com/scriptcenter/Get-version-and-update-041fd094

このスクリプトは、C2R版のOffice 2016（Office 365 ProPlusなど）を想定しています。C2R版Office 2013がインストールされている環境は想定してません。C2R版Office 2013に対応していないのは、更新チャネルのモデルはC2R版Office 2016からのものであることと、単にOffice 2016ユーザーである自分用に作ったものだからです。なお、スクリプトを実行するために、管理者権限は必要ありません。

C2R版のOffice 2013に対応したい場合は、次の点に考慮してチャレンジしてみてください。C2R版のOffice 2013に更新チャネルは存在しません。C2R版のOffice 2013のバージョン情報は「HKEY_LOCAL_MACHINE\ \SOFTWARE\Microsoft\Office\15.0\ClickToRun\Configuration」キーの「VersionToReport」値から取得することができます。また、OfficeC2RClient.exeは、%ProgramFiles%\Microsoft Office 15\ClientX86（32ビットWindowsの場合）または%ProgramFiles%\Microsoft Office 15\ClientX86（64ビットWindowsの場合）に存在します。コマンドラインのオプションはC2R版のOffice 2016と共通です。

「はじめに」の「サンプルスクリプトのダウンロード」に記載されているURLからダウンロードできるサンプルスクリプトには、C2R版Office 2013に対応した「Get-o365ver2013.ps1」および「Update-o365ver2013.ps1」を収録しています。また、インストール済みのOffice 2013およびOffice 2016を識別するスクリプト「SearchOfficeInstallation.ps1」も収録してい

ますが、こちらは想定している環境をすべて準備することができず、テストが十分でないので、参考程度にご利用ください。

■ Update-o365ver.ps1 W7 W8 W10

```powershell
$0365CurrentVer = ""
$0365CurrentCdn = ""
$0365CurrentPol = ""
$0365CurrentVer = (Get-ItemProperty -Path "HKLM:\SOFTWARE\Microsoft\Office\ClickToRun\Configuration" -ErrorAction SilentlyContinue).VersionToReport
$0365CurrentCdn = (Get-ItemProperty -Path "HKLM:\SOFTWARE\Microsoft\Office\ClickToRun\Configuration" -ErrorAction SilentlyContinue).CDNBaseUrl
$0365CurrentPol = (Get-ItemProperty -Path "HKLM:\SOFTWARE\policies\microsoft\office\16.0\common\officeupdate" -ErrorAction SilentlyContinue).updatebranch
if ($0365CurrentVer.Length -eq 0) {
    Write-Host "Office 365 (C2R) is not installed on this PC."
}
else
{
    Write-Host "Office 365 (C2R) Current Version: "$0365CurrentVer
    switch ($0365CurrentCdn) {
        "http://officecdn.microsoft.com/pr/492350f6-3a01-4f97-b9c0-c7c6ddf67d60" {$0365CurrentCdn = "Monthly Channel"}
        "http://officecdn.microsoft.com/pr/7ffbc6bf-bc32-4f92-8982-f9dd17fd3114" {$0365CurrentCdn = "Semi-Annual Channel"}
        "http://officecdn.microsoft.com/pr/b8f9b850-328d-4355-9145-c59439a0c4cf" {$0365CurrentCdn = "Semi-Annual Channel (Targeted)"}
    }
    Write-Host "Office 365 Update Channel (Local Setting): "$0365CurrentCdn
    if ($0365CurrentPol.length -eq 0) {
        $0365CurrentPol = "None"
    } else {
        switch ($0365CurrentPol) {
            "Current" {$0365CurrentPol = "Monthly Channel"}
            "Deferred" {$0365CurrentPol = "Semi-Annual Channel"}
            "FirstReleaseDeferred" {$0365CurrentPol = "Semi-Annual Channel (Targeted)l"}
        }
    }
    Write-Host "Office 365 Update Channel (Policy Setting): "$0365CurrentPol
}
#
# Get-o365.ps1に更新を開始する以下のコードを追加。
# ダウンロードとインストール中のダイアログボックスを非表示にするには、displaylevel=Falseに書き換える
#
$0365UpdateCmd = "C:\Program Files\Common Files\Microsoft Shared\ClickToRun\OfficeC2RClient.exe"
```

```
35  $O365UpdateArg = "/update user displaylevel=True"
36  if (Test-Path -Path $O365UpdateCmd) {
37    Write-Host "Check Update Now!"
38    Start-Process -FilePath $O365UpdateCmd -ArgumentList $O365UpdateArg
39  }
```

7.6 インストールされている.NET Frameworkバージョンの確認

　現在、コンピューターにインストールされている.NET Frameworkのバージョンを知る必要があるケースはあまりないかもしれませんが、特定のアプリケーションが前提とする.NET Frameworkのバージョンであるかを確認するとき、Microsoft Updateカタログサイトから更新プログラムをダウンロードするときの判断、あるいは.NET Frameworkのサポートライフサイクル（https://support.microsoft.com/en-us/help/17455/ を参照）の関連で、バージョン情報を調べる必要が生じることがあります。

　.NET Frameworkのバージョンを一目で確認する方法はありません。以下のドキュメントで説明されているように、レジストリを調べる必要があり、場所や判断方法は、.NET Frameworkのバージョンごとに異なります。そこで、以下のドキュメント（更新日2018年4月10日版）で説明されているバージョン情報をPowerShellスクリプトで取得するGet-DotNetVer.ps1を作成しました。

How to: Determine which .NET Framework versions are installed
https://docs.microsoft.com/en-us/dotnet/framework/migration-guide/how-to-determine-which-versions-are-installed

　このPowerShellスクリプトは、Windows 7に同梱されていた.NET Framework 2.0からWindows 10バージョン1803同梱の.NET Framework 4.7.2までの識別に対応しています。.NET Framework 4.5以降の出力は、上記ドキュメントの説明に従っています。.NET Framework 4.7.2以降のバージョンがリリースされた場合は、".NET Framework 4.7.2 or later installed on all other Windows OS versions" のように出力するはずですが、正しく機能するかどうかは新バージョンが出ないことには確認できません（レジストリの参照場所が変更される可能性もあるからです）。なお、.NET Framework 2.0以降がインストールされていることを前提としています（既にサポートされていない.NET Framework 1.x以前は想定していません）。また、.NET Framework 4.0（こちらも既にサポート終了）ではテストをしていません。

　このPowerShellスクリプトは、「Get-DotNetVer.ps1」としてスクリプトセンターの以下のURLで公開しています。

Determine which .NET Framework versions are installed by PowerShell
https://gallery.technet.microsoft.com/scriptcenter/Determine-which-NET-01a6a4f5

Get-DotNetVer.ps1 W7 W8 W10

```powershell
# Reference
# How to: Determine which .NET Framework versions are installed
# https://docs.microsoft.com/en-us/dotnet/framework/migration-guide/how-to-determine-which-versions-are-installed
# Lifecycle FAQ -- .NET Framework
# https://support.microsoft.com/en-us/help/17455/

$dotnet40 = $true
Write-Host "*** .NET Framework 4.5 or later *** "
if (Test-Path -Path "HKLM:SOFTWARE\Microsoft\NET Framework Setup\NDP\v4\Full") {
  if (((Get-ItemProperty -Path "HKLM:SOFTWARE\Microsoft\NET Framework Setup\NDP\v4\Full" -ErrorAction SilentlyContinue).Version).Substring(0,4) -eq "4.0.") {
    Write-Host "Not installed."
  } else {
    $dotnet40 = $false
    switch ((Get-ItemProperty -Path "HKLM:SOFTWARE\Microsoft\NET Framework Setup\NDP\v4\Full" -ErrorAction SilentlyContinue).Release) {
      378389 { Write-Host ".NET Framework 4.5" }
      378675 { Write-Host ".NET Framework 4.5.1 installed with Windows 8.1" }
      378758 { Write-Host ".NET Framework 4.5.1 installed on Windows 8, Windows 7 SP1, or Windows Vista SP2" }
      379893 { Write-Host ".NET Framework 4.5.2" }
      393295 { Write-Host ".NET Framework 4.6 installed with Windows 10" }
      393297 { Write-Host ".NET Framework 4.6 installed on all other Windows OS versions" }
      394254 { Write-Host ".NET Framework 4.6.1 installed on Windows 10" }
      394271 { Write-Host ".NET Framework 4.6.1 installed on all other Windows OS versions" }
      394802 { Write-Host ".NET Framework 4.6.2 installed on Windows 10 Anniversary Update and Windows Server 2016"  }
      394806 { Write-Host ".NET Framework 4.6.2 installed on all other Windows OS versions" }
      460798 { Write-Host ".NET Framework 4.7 installed on Windows 10 Creators Update" }
      460805 { Write-Host ".NET Framework 4.7 installed on all other Windows OS versions" }
      461308 { Write-Host ".NET Framework 4.7.1 installed on Windows 10 Fall Creators Update" }
      461310 { Write-Host ".NET Framework 4.7.1 installed on all other Windows OS versions" }
      461808 { Write-Host ".NET Framework 4.7.2 installed on Windows 10 April 2018 Update" }
      461814 { Write-Host ".NET Framework 4.7.2 installed on all other Windows OS versions" }
      default { Write-Host ".NET Framework 4.7.2 or later installed on all other Windows OS versions" }
```

```
32       }
33     }
34   } else {
35     Write-Host "Not installed."
36   }
37   $dotnet35 = $false
38   Write-Host "*** .NET Framework 2-4 *** "
39   if (Test-Path -Path "HKLM:SOFTWARE\Microsoft\NET Framework Setup\NDP\") {
40     $dotnetvers = (Get-ChildItem "HKLM:SOFTWARE\Microsoft\NET Framework Setup\NDP\v*" -Name)
41     foreach ($dotnetver in $dotnetvers) {
42       if ($dotnetver.Length -ge 4) {
43         switch ($dotnetver.Substring(0,4)) {
44           "v2.0" { Write-Host ".NET Framework 2 ("(Get-ItemProperty -Path "HKLM:SOFTWARE\Microsoft\NET Framework Setup\NDP\$dotnetver" -ErrorAction SilentlyContinue).Version")";$dotnet35 = $true }
45           "v3.0" { Write-Host ".NET Framework 3.0 ("(Get-ItemProperty -Path "HKLM:SOFTWARE\Microsoft\NET Framework Setup\NDP\$dotnetver").Version")";$dotnet35 = $true }
46           "v3.5" { Write-Host ".NET Framework 3.5 ("(Get-ItemProperty -Path "HKLM:SOFTWARE\Microsoft\NET Framework Setup\NDP\$dotnetver" -ErrorAction SilentlyContinue).Version")";$dotnet35 = $true }
47         }
48       } elseif (($dotnetver -eq "v4") -and ($dotnet40)) {
49         Write-Host ".NET Framework 4 ( Client"(Get-ItemProperty -Path "HKLM:SOFTWARE\Microsoft\NET Framework Setup\NDP\v4\Client" -ErrorAction SilentlyContinue).Version"/Full"(Get-ItemProperty -Path "HKLM:SOFTWARE\Microsoft\NET Framework Setup\NDP\v4\Full" -ErrorAction SilentlyContinue).Version")"
50       }
51     }
52     if ((!$dotnet35) -and (!$dotnet40)) {
53       Write-Host "Not installed."
54     }
55   } else {
56     Write-Host "Something went wrong."
57   }
```

第8章 トラブルシューティング事例

第8章で紹介する事例は、筆者の個人ブログ（https://yamanxworld.blogspot.com/）のブログ投稿、およびアイティメディア株式会社の@ITサイト（http://www.atmarkit.co.jp/）の筆者の連載「山市良のうぃんどうず日記」および「その知識、ホントに正しい？ Windowsにまつわる都市伝説」の記事の中から、具体的なトラブルシューティング事例を再編集して掲載したものです。

第8章の内容は、第1章～第6章までに説明したものと重複する部分がありますが、どのような場面でどのコマンドラインをどのように使えばよいのか、具体的な対処の手順の参考になるでしょう。

8.1 Windows 8ノート、障害ディスクの交換日記

この節は、筆者の個人ブログの以下の記事を再編集したものです。

Windows 8 > 障害ディスクの交換日記（前編）
https://yamanxworld.blogspot.com/2013/05/windows-8_5.html

Windows 8 > 障害ディスクの交換日記（後編）
http://yamanxworld.blogspot.jp/2013/05/windows-8_8.html

2013年5月2日 夕方 —— トラブル発生

これは2013年の春の大型連休の谷間の出来事でした。私のサブノートPCで、Windows 8の事実上のフルバックアップツールである「Windows 7のファイルの回復」で「システムイメージの作成」を実行したところ、0x8078012Dと0x8007045Dエラーを出力してバックアップに失敗するようになりました。いろいろ試しましたが、どうやらハードディスクの寿命が近付いているようです（注：WindowsバージョンはWindows 8.1ではなくWindows 8です）。

Windows 8.1のリリースはこの年の10月です)。

　ハードディスク交換となると、クリーンインストールや再構成が面倒です。何とかしてフルバックアップをとりたいのですが、そのフルバックアップは必ず失敗します。以前とったフルバックアップは誤って削除してしまいました。このPCは、Windows 7プレインストールをWindows 8にアップグレードしたものです。メーカーのリカバリディスクはありません（作成していませんでした）。

　さて、どうしたものでしょうか。

　実は、このノートPC、先日、GPU系の障害でセンドバック修理してもらい、その後、万が一に備えてサポートサービス契約を延長していました。前回の修理の直前にフルバックアップをとっていたのですが、連休前にバックアップをリフレッシュしようと思い、「システムイメージの作成」を実行したところ、0x8078012Dと0x8007045Dのエラーが発生し、作成に失敗してしまいます(図8-1)。メッセージには、「ソースまたはターゲットのデバイスエラー」とあります。

　0x8078012Dと0x8007045Dをネットで検索すると、Windows Vista以降、よくあるトラブルのようですが、これといった解決策がないようです。**CHKDSK C: /R**で再起動時に修復を試みますが、最初は27%でハングしたものの、何度か再実行したところ100%まで進んで修復は完了。エクスプローラーでC:ドライブのプロパティからオンラインでエラーチェックをかけても問題はありませんでした。

　バックアップ先のディスク（USB 3.0、1TBの外付けHDD）を疑い、再フォーマットしてみましたが、状況は変わりません。というわけでその日は寝ました。バックアップ先の再フォーマットにより、大事な以前のバックアップが失われたことに気付いたのは翌日になってからのことです。

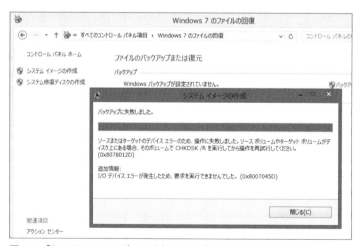

図8-1　「システムイメージの作成」がI/Oデバイスエラーで失敗

2013年5月3日 早朝 —— 内蔵ハードディスクが要交換と判明

　翌日早朝、イベントログを確認してみると、システムログに「ディスク0の論理ブロックアドレスxxxでIO操作が再試行されました」というログが記録されています。CHKDSKはエラーを報告しませんが、物理的な障害の予兆を感じさせます。ボリュームスナップショットは作成できるので、スナップショットの作成先の領域に問題があるのかと想像しました。

　付属のメーカー製診断ツールでチェックしたところ、ハードディスクに対する「指定読み取りテスト」が「要調査」という問題を報告しました。ハードディスクの寿命に詳しいS.M.A.R.T.さんによると、データセクター内に1個のエラーがあり、オフラインでも修復できないということでした（図8-2）。PC起動直後に開始できるメーカー診断ツールでもチェックしてみました。テクニカルサポートにお願いするレベルの問題が発生しているようです（図8-3）。

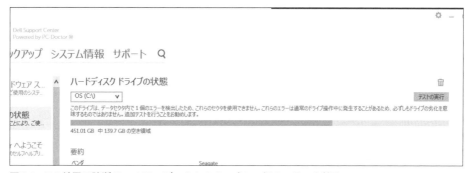

図8-2　PC付属の診断ツールは、データセクター内に1個のエラーを検出

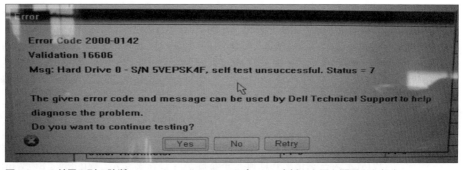

図8-3　PC付属の別の診断ツールは、テクニカルサポートの支援が必要な問題だと報告

2013年5月3日 午前 —— 出張修理の手配

　連休中でしたが、24時間、年中無休のサポート窓口に連絡し、診断ツールのエラーコードを伝えたところ、ハードの障害でできるだけ早くディスク交換をしたほうがよいと即答がありました。センドバックの流れになりそうだったので、自分で交換できる旨を伝えるも、内部構造がややこしいモデルのためそれは受け付けられないそうです。センドバックだと時間がかかる上、工場出荷時のWindows 7に戻ってしまいます。これはすごく面倒なことです。もう一度、Windows 8にアップグレードする必要もありますし、アプリケーションの再インストールやさまざまな製品のライセンス認証も必要になります。

　そういうこともあって、出張修理によるディスク交換を依頼しました。ただし、連休中のため、修理の日程は連休明け後に再調整ということに。交換品は個別に配送されるということでした。

2013年5月3日 午後 —— バックアップと復元の代わりの模索

　ディスク交換となると、再インストールは面倒なので、なんとかフルバックアップを作成しておきたいのですが、そのフルバックアップは失敗するという状況です。以前のバックアップは、昨日自らパーにしてしまいました。というわけで、次善の策としてPCリフレッシュ用のカスタム回復イメージ（CustomRefresh.wim）を作成してみました（注：カスタム回復イメージはWindows 8/8.1だけの機能であり、その使用方法については、本書では説明していません）。

[W8]
```
C:¥> recimg /createimage <USBディスクのパス> ⏎
```

　幸運なことに、これは成功。カスタム回復イメージには、ProgramData、Program Files、Program Files (x86)、Windowsが含まれているため、これでWindowsのシステムとドライバー、インストール済みアプリケーション（ストアアプリを除く）は簡単に回復できるはずです。カスタム回復イメージの作成に加えて、このイメージに含まれないC:¥Usersフォルダーやc:¥ドライブのルートに作成したフォルダーを「Windows 7のファイルの回復」を使ってバックアップしました。これは成功しました。

　ここまでは、あくまでも万が一のための保険です。まだ、フルバックアップをあきらめたわけではありません。

　オンラインでフルバックアップが失敗するとしても、ディスクイメージをオフラインでWIMイメージ化すれば何とかなるかもしれません。Windows 8のWindows回復環境（WinRE）のコマンドプロンプトから実行できるDISMコマンドを使えば、ディスクイメージをWIMイメージ化できます。以前はImageXツールを使用しましたが、Windows 8の新しいDISMコマンドには/Capture-Imageや/Apply-Imageといった、ImageXの機能が統合されています（注：Windows 8のWindows回復環境には、X:¥Windows¥System32¥Dism.exeとX:¥Sources¥Dism.exeの2つがあり、後者は/Capture-Image、/Apply-Imageに対応していない古いバージョンのDism.exeです。この問題はWindows 8.1で修正されました）。

Windows 8をWindows回復環境（WinRE）で起動して、コマンドプロンプトを開き、次のようなコマンドラインを実行して、USBディスクにWIMファイルを保存します（図8-4）。

`W8` `W10`

```
X:¥> DISM /Capture-Image /ImageFile:"<WIMファイルのパス>" /CaptureDir:<ドライブ文字:¥>
/Name:"<イメージの説明>"
```

図8-4　DISM /Capture-Imageでディスクイメージを WIM ファイル化し、バックアップの代替に

　幸運なことにこの試みは成功しました。約300GB使用済みのディスクを5.5時間ほどかけてWIMイメージにできました。このように、ディスク障害の予兆があっても、早い時期であれば、すべてを読み出せる可能性は残っています。念のため、巨大な個人データ（主に仮想マシンのデータ）を除外した軽量イメージも作成しました。こちらは23GB程度で2時間もかからずに完了しました（注：あまりディスクを酷使すると障害が進むことがあります）。

　念のため、Windows 8で起動して、**DISM**コマンドでWIMファイルを読み取り専用でマウントして、内容をチェックしました。問題はないようです。WIMイメージのマウントとマウント解除は、次のコマンドラインで実行できます。

`W8` `W10`

```
C:¥> DISM /Mount-Wim /WimFile:"<WIMファイルのパス>" /Index:1 /MountDir:<マウントポイント> /ReadOnly
C:¥> DISM /Unmount-Wim /MountDir:<マウントポイント> /Discard
```

　あとは、ディスクの交換を待つばかり。交換後、ディスクをフォーマットして、ボリュームを作成し、WIMイメージを書き戻して、ブート環境を構成すれば、簡単に復旧できるはずです。

2013年5月8日 10:00 ── 交換用のディスクが到着

出張修理当日の10:00必着で交換用のハードディスク（SATA 500GB）が到着しました。もともとはSeagate製でしたが交換品はToshiba製ディスクでした（図8-5）。

図8-5　交換用の新品のディスクが到着

2013年5月8日 10:20 ── メーカー手配の出張修理の来訪

続いて出張修理の委託業者の方が我が家に到着。もともとのWindows 7のリカバリディスクは作ってないので、まっさらなディスクの交換だけしてもらいました。キーボード面をすべて取り外してやっていたので、自分でやらなくてよかったです。きっとツメを何箇所か破損していたでしょう。メーカー製診断ツールによる診断に立ち会い、問題がないことを確認しました。

2013年5月8日 11:10 ── WIMイメージからのベアメタル回復を開始

　Windows 8のインストール用DVDメディアで起動して、Windows回復環境（WinRE）のコマンドプロンプトを開き、ディスクのパーティションとフォーマットを行います。次にWindowsパーティション（C:)にWIMイメージからディスクイメージを書き戻し、システムボリュームの構成を行えば、復旧が完了するはずです。
　このPCはBIOSシステムなので、次のように350MBのシステムパーティション（S:）と残りの領域でWindowsパーティション（W:）を作成し、それぞれNTFS形式でフォーマットしました。システムパーティションのサイズはWindows 7のときから引き継いだ350MBに合

わせましたが、Windows 8以降のBIOSシステムの既定は500MBです。また、UEFIシステムの場合は、パーティション構成が異なることに注意してください。

`W8` `W10`

```
X:\> DISKPART ↵
DISKPART> LIST DISK ↵
DISKPART> SELECT DISK 0 ↵
DISKPART> CREATE PARTITION PRIMARY SIZE=350 ↵  (←システムボリュームS:を作成)
DISKPART> FORMAT QUICK FS=NTFS LABEL="System" ↵
DISKPART> ASSIGN LETTER=S ↵
DISKPART> ACTIVE ↵    (←これでシステムボリュームに)
DISKPART> CREATE PARTITION PRIMARY ↵   (←残りはC:ドライブに)
DISKPART> FORMAT QUICK FS=NTFS LABEL="Windows" ↵
DISKPART> ASSIGN LETTER=W ↵
DISKPART> EXIT ↵
```

続いて、次のコマンドラインを実行して、WIMイメージの内容を今作成したWindowsパーティション（W:）に展開します。

`W8` `W10`

```
X:\> DISM /Apply-Image /ImageFile:"<WIMファイルのパス>" /Index:1 /ApplyDir:W:\ ↵
```

図8-6　新しいディスクにパーティションを作成し、フォーマットして、WIMイメージをWindowsパーティション（W:）に書き戻す

最後に、次のコマンドラインを実行して、システムパーティション（S:）にブート構成データ（BCD）を作成します。UEFIシステムの場合は、/f UEFIを指定することに注意してください。

`W8` `W10`

```
X:\> BCDBOOT W:\Windows /l ja-jp /s S: /f BIOS ↵
```

2013年5月8日 14:20 ── 正常起動することを確認

　DISM /Capture-Imageによる約300GBのイメージの吸い上げには5時間ほどかかりましたが、DISM /Apply-Imageによる約300GBの書き戻しは3時間ほどで終了しました。再起動して通常起動してみると、問題なくWindows 8が起動します。失われたアプリケーションやデータはありません。Windows 8環境にインストールされていたメーカー製診断ツールを実行してみると、診断結果はすべて正常でした。これで、完全に復旧完了です（図8-7）。懸案であった「システムイメージの作成」のエラー問題も、もちろん解消しました（図8-8）。

　交換したディスクは、返却のため、数日後に配送業者が引き取りに来ることになっているので、USBハードディスクケースに入れてPCに接続し、ボリュームをフォーマットして、Windows SysinternalsのSdeleteユーティリティを使ってゼロクリアしたあと、ボリュームを削除しました。これで、交換したディスクからの情報漏えいを心配する必要はありません。このPCはWindows 8 Proなので、BitLockerドライブ暗号化で暗号化したあとボリューム削除という手もあります。

Windows Sysinternals > Sdelete
https://docs.microsoft.com/ja-jp/sysinternals/downloads/sdelete

[W7] [W8] [W10]

```
C:¥> sdelete -z <ドライブ文字:>
```

図8-7　復旧完了後、メーカー製診断ツールの結果はすべて「正常」に

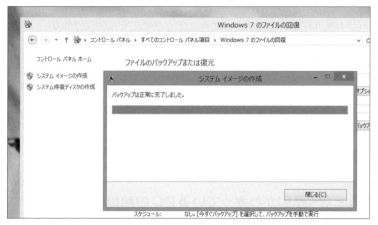

図8-8 復旧完了後、さっそくフルバックアップ。もちろん、正常に完了

> **後日談**

　この記事は、5年以上前のトラブルを日記風に残したものです。しかしながら、このとき使ったテクニックのほとんどは、Windows 8.1やWindows 10でも使えるものばかりです。今回、改めて見返すと、この手順にはローカルのWindows回復環境（WinRE）を登録する手順を含んでいませんでした。その手順については、この章の「8.4「イメージでシステムを回復」がエラーで失敗！　でもそれが最後の希望だとしたら・・・」で説明しますが、今回のシステムパーティション350MBではサイズが足りなかった可能性があります。

　ちなみに、その後、このノートPCでハードウェアの不調は発生しておらず、現在は、最新のWindows 10 Proが稼働しています。無償アップグレードがあったので、Windows 8.1からWindows 10初期リリースを経て、現在までのWindows 10のすべてのバージョンを実行してきました。Windows回復環境（WinRE）はアップグレード時に自動的にアップグレード対象のバージョンのもので再セットアップされます。そのため、Windows回復環境（WinRE）が登録されていない状態は2013年10月のWindows 8.1へのアップグレードの際に解消していました。現在、このノートPCには、Windows回復環境（WinRE）を格納するための約500MBの回復パーティションがディスクの最後尾に作成されています。この回復パーティションは、アップグレード時に自動作成されたものです。

8.2　セーフモードでも起動できないという悪夢からの脱出（Windows 7/8.1）

　この節は、@ITの以下の連載記事を再編集したものです。Windows 10が登場する以前の記事であり、Windows 10は想定していないことに留意してください。Windows 10のケースについては、「8.3　Windows Updateの問題で起動不能になったWindows 10の修復」で紹介し

ます。

@IT連載「山市良のうぃんどうず日記（9）：セーフモードでも起動できないという悪夢からの脱出［その1］」
http://www.atmarkit.co.jp/ait/articles/1407/08/news018.html

@IT連載「山市良のぃんどうず日記（10）：セーフモードでも起動できないという悪夢からの脱出［その2］」
http://www.atmarkit.co.jp/ait/articles/1407/18/news027.html

なんとなく原因がわかっているPCの起動失敗

　Windowsの起動オプションの1つであるセーフモードは、最小限のシステムサービスやドライバーで起動することで、Windowsの正常起動を阻む問題を回避しながら、Windowsを起動して、その問題への対処を可能にする特別なモードです。しかし、そのセーフモードですら起動できなくなってしまったシステムでは、一体どう対処すればよいのでしょうか。

　毎月恒例のWindows Updateを実行してPCを再起動したら、あるいは新しいアプリをインストールしてPCを再起動したらPCが正常に起動しなくなってしまったという場面に出くわした場合、PCの初心者ならきっと途方に暮れてしまうでしょう。よく見ると、何か青い画面が一瞬表示されて再起動がかかったり、あるいは起動しても真っ黒な画面でマウスが反応しなかったりといった症状です。Windowsがスタートアップ環境を自動修復しようとして失敗し、それを永遠に繰り返しているように見えるかもしれません（図8-9）。しかし、筆者個人の経験では、ソフトウェア的なシステム変更が原因のWindowsの起動問題を「スタートアップ修復」が解決してくれたことはありません。

　更新プログラムやアプリのインストールを機に問題が発生したという場合は、おそらく犯人はそのインストールで行われたシステムに対する変更です。Windows Updateを自動実行に任せている場合は、毎月第2火曜日の翌水曜日（日本における毎月の更新プログラムの配信日）から数日中に発生した場合も、更新プログラムが原因の可能性が高いでしょう。

　「セーフモード」でも起動できないとしたらパニックになるかもしれませんが、問題発生のタイミングから原因がなんとなくわかることがあります。一呼吸置いて冷静になりましょう。あせってしまうと最も簡単で有効な回復手段を捨ててしまうことにもなりかねません。

　最初に断っておきますが、ここから紹介するのは、あくまでも筆者がソフトウェアを原因とするPCの起動問題に遭遇したときに、試してみるであろう手順です。これがベストプラクティスというわけではないかもしれませんし、ハードディスクの故障などハードウェア的な原因の場合は別の対処が必要になります。また、Windows VistaおよびWindows Server 2008以降を対象とした手順になります。手順の中にはWindows XPやWindows Server 2003でも使えるものもありますが、話がややこしくなるのでこれらの旧OSについては言及しないことにします。

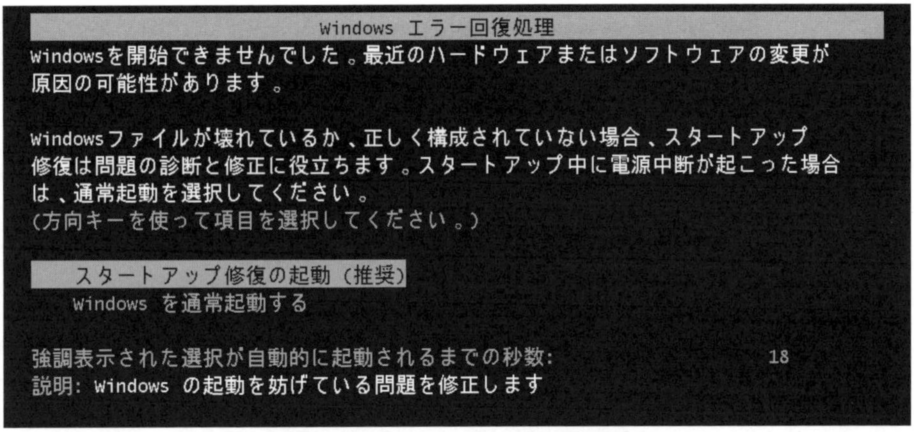

```
┌─────────────────────────────────────────────────┐
│            Windows エラー回復処理               │
│ Windowsを開始できませんでした。最近のハードウェアまたはソフトウェアの変更が │
│ 原因の可能性があります。                        │
│                                                 │
│ Windowsファイルが壊れているか、正しく構成されていない場合、スタートアップ │
│ 修復は問題の診断と修正に役立ちます。スタートアップ中に電源中断が起こった場合 │
│ は、通常起動を選択してください。                │
│ (方向キーを使って項目を選択してください。)      │
│                                                 │
│  ┌─────────────────────────────┐                │
│  │ スタートアップ修復の起動 (推奨) │                │
│  └─────────────────────────────┘                │
│    Windows を通常起動する                       │
│                                                 │
│ 強調表示された選択が自動的に起動されるまでの秒数:        18 │
│ 説明: windows の起動を妨げている問題を修正します │
└─────────────────────────────────────────────────┘
```

図8-9 Windows 7やVistaの場合、Windowsの起動に複数回失敗すると、「スタートアップ修復の起動(推奨)」が実行されるが、修復に失敗するとまたこの画面に戻る

「システムの復元」が可能なら、それが解決の早道

　デスクトップPC向けのWindowsには、「システムの保護／システムの復元」機能が搭載されており、既定で有効になっています。この機能が有効になっている場合、Windows Updateの更新プログラムやアプリ(主にマイクロソフト製)をインストールする直前、定期的な間隔、システムのフルバックアップ作成時に復元ポイントが自動作成されます。この復元ポイントには、重要なシステムファイル、一部のプログラムファイル、およびレジストリ設定が含まれており、問題が発生した場合にユーザーのデータに影響を与えることなく、システムに加えられた変更を元に戻すために使用できます。

　更新プログラムやドライバー、アプリのインストールで起動不能になった場合、「システムの復元」を試してみるのが最善の選択であり、最も手軽な方法です。

　正常に起動しなくなったPCで「システムの復元」を実行するには、Windows Vista/7の場合は「システム回復オプション」を使用します。システム回復オプションは、WindowsプレインストールP環境(WinPE)ベースのミニOS環境であり、Windows回復環境(WinRE)とも呼ばれます。WinREは通常のWindowsのインストールとともに、PCのローカルディスクにインストールされています。WindowsのインストールDVDメディアを使用してPCを起動して、WinREを開始することもできます。

　Windows 7、Windows Vista、およびWindows Serverの場合は、PCに電源を投入してWindowsの起動が開始するタイミングで F8 キーを押して、「詳細ブートオプション」メニューの「コンピューターの修復」からWinREを起動することができます(図8-10)。WinREを利用するには、問題が生じているWindowsインストールのローカル管理者のパスワードを入力する必要があります。

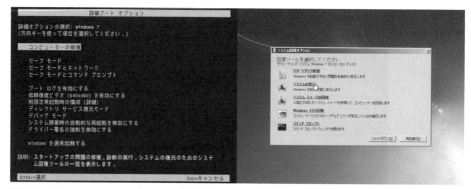

図8-10　Windows Vista/7でWinREを起動するには、F8キーを押して「コンピューターの修復」を選択し、「システムの復元」を実行する

　Windows 8およびWindows 8.1の場合は、スタートアップ高速化の影響でF8キーが事実上使えません。その代わり、複数回起動に失敗すると、「回復」ページが表示され、WinREを起動することができるようになっています。具体的には、「回復」ページで「詳しい修復オプションを表示する」をクリックし、「オプションの選択」ページで「トラブルシューティング」を、「トラブルシューティング」ページで「詳細オプション」を、「詳細オプション」ページで「システムの復元」をクリックします（図8-11、図8-12）。なお、Windows 8およびWindows 8.1の場合も、WinREの環境に入るには、問題が生じているWindowsインストールのローカル管理者のパスワードを入力する必要があります。

図8-11　Windows 8やWindows 8.1で複数回起動に失敗すると、「回復」ページが表示されるので、ここからWinREを起動し、「システムの復元」を実行する

図8-12　以前に作成された回復ポイントから、日付を基に正常な起動が見込める回復ポイントを選択して復元する

　WinREには、「システムの復元」とは別にWindows 7以前の場合は「システムイメージの回復」、Windows 8以降の場合は「イメージでシステムを回復」という項目があります。「システムの復元」と似ていますが、これらはシステムのフルバックアップ（システムイメージ）をリストアするオプションです。また、Windows 8以降の「トラブルシューティング」ページには、「PCのリフレッシュ」や「PCを初期状態に戻す」といったオプションもあります。トラブル解決に役立ちそうな魅力的なオプションに見えるかもしれませんが、使い方を誤ると大事なデータやアプリが消えてしまうので注意してください。

WinREまたはWinPEのコマンドプロンプトを駆使する

　「システムの復元」が問題発生時に常に利用できるとは限りません。例えば、ディスク領域を節約するために、最近、復元ポイントを削除してしまった、あるいは同じ理由で「システムの保護」機能を意図的に無効にしてあるといった場合です。なぜか、トラブルが発生する直前に限って、そんなことをしてしまうものです。また、Windows Serverの場合はそもそも「システムの保護」機能を提供しません。もし、Windows Serverにおいて「システムの復元」と同じことをしようとするなら、事前にハードディスクやDVD、ネットワーク共有に作成しておいたシステムのバックアップから、システム状態をリストアするという操作になります。
　「システムの復元」を利用できない場合、次善の策はWinREやWinPEの「コマンドプロンプト」の環境で原因の調査や対処を行うことです。コマンドプロンプトに慣れていない人にとっては、少々ハードルが高いかもしれませんが、今回は問題の原因調査に役立つかもしれない、いくつかのテクニックを紹介します。
　WinREから「コマンドプロンプト」を起動する方法については、前出の図8-10と図8-11を見ていただければ一目瞭然なので説明しません。WindowsのインストールDVDメディアか

らPCを起動した場合は、「コンピューターを修復する」をクリックして開始するWinREから開く方法の他にも、「Windowsセットアップ」が表示されている状態で[Shift]+[F10]キーを押すことで、すばやく「コマンドプロンプト」を開くことができます。[Shift]+[F10]キーで開く「コマンドプロンプト」も、WinREから開く「コマンドプロンプト」も、どちらもWinPEの「コマンドプロンプト」であって両者に違いはありません。ただし、WinREを起動することがないため、ローカル管理者のパスワードの入力を求められないという違いはあります。

さて、WinPEの「コマンドプロンプト」が起動したら、とりあえず重要な個人データを**XCOPY**コマンドなどで外部メディアにコピーして、起動しなくなったPCから救出しておくことをお勧めします。WinPEで起動したPCにUSBメモリやUSB外付けハードディスクを接続すれば、通常起動のPCと同じように認識されます。また、「コマンドプロンプト」で**startnet**または**wpeutil InitializeNetwork**と入力すると、ネットワークが初期化されるので、ファイル共有との間でファイルをやり取りすることもできます（図8-13）。ただし、ネットワーク機能を利用するには、有線ネットワーク（LAN）であり、Windows標準のドライバーで対応できることが条件になります。また、DHCPが利用可能でないネットワークの場合、**NETSH**コマンドを使用してIPアドレスなどを固定的に設定する必要があるため、ちょっと面倒です（その方法については、本書の「第3章　システム設定の変更」の「3.4　ネットワークの設定変更」を参照してください）。

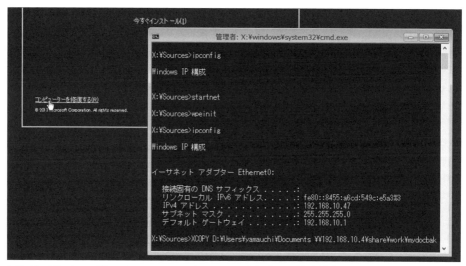

図8-13　WindowsインストールDVDメディアでPCを起動して[Shift]+[F10]キーを押すと、WinPEの「コマンドプロンプト」が開く。まずは、個人データの救出から

　ファイルを救出する場合やその他のトラブルシューティングを行う場合、まずは正常起動時のPCのC:ドライブがどのドライブであるか確認することから始めましょう。ドライブルートに「Windows」「Program Files」「Users」が存在するドライブです。ほとんどの場合、C:ドライブかD:ドライブにマウントされているはずです。正常起動時のPCのC:ドライブが必ずC:ドライブになるとは限らないので注意してください。なお、ユーザーの設定とデータは、通常、「Users¥<ユーザー名>」に存在します。
　DIR C:や**DIR D:**を実行してみれば、どのドライブであるか簡単に特定できるでしょう。

DISKPARTコマンドでLIST VOLUMEを実行して確認するという方法もあります。
　ちなみに、WinRE/WinPEの「コマンドプロンプト」は既定で「X:¥Windows¥System32」または「X:Sources」をカレントディレクトリとして開きます。X:ドライブはRAMディスク（メモリの一部をディスクとして使用）にロードされた、実行中のWinPEのシステム（X:¥Windows）を含むドライブです。ローカルPCのC:ドライブと勘違いしないようにしてください。

STOPエラー発生時の自動再起動を無効化する

　PCが起動不能になる症状の1つに、起動途中のシステムエラーの発生があります。システムエラーとは、STOPエラーやブルースクリーン、あるいはBSoD（Blue Screen of Death：死のブルースクリーン）として知られているものです。
　PCの起動途中でシステムエラーが発生し、再起動を繰り返すという状況に陥った場合、一瞬だけ表示される青い画面上の文字列を確認するのは、普通の人には不可能です。しかしながら、Windowsのシステムエラー発生時に自動的に再起動するのが既定の設定です（図8-14）。システムエラーが発生してからでは、この既定の動作を変更するのは難しいと思っている人がほとんどでしょう。

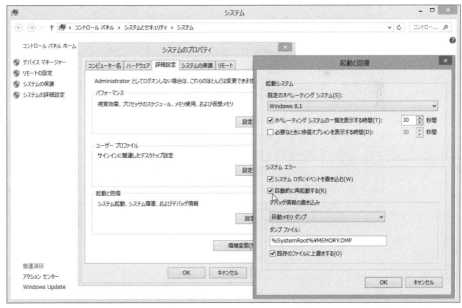

図8-14　システムエラー発生時の自動的な再起動はWindowsの既定値。正常起動できなければ、このUIから既定値を変更することはできない

　WinREやWinPEのコマンドプロンプトからなら、システムエラー発生時の自動的な再起動の動作を無効化することができます。自動的な再起動の動作は、正常起動したPCの以下の場所にある「AutoReboot」というレジストリ値で制御されています。このレジストリ値を何

とか変更できれば、自動的な再起動を無効化できるのです。

```
キー：    HKEY_LOCAL_MACHINE¥SYSTEM¥CurrentControlSet¥Control¥CrashControl
値：      AutoReboot
データ：  0（自動的に再起動しない）または1（自動的に再起動する、既定）
```

　具体的な手順はこうです。WinRE/WinPEのコマンドプロンプトを開き、正常起動時のPCのC:ドライブを確認したら、そのドライブ上の¥Windows¥System32¥Config¥SYSTEMの存在を確認します。このSYSTEMファイルは、問題のPCのHKEY_LOCAL_MACHINE¥SYSTEMキーを格納しているハイブファイルです。

　次にWinRE/WinPEのコマンドプロンプトで**regedit**と入力し、WinPE付属のレジストリエディターを起動します。レジストリエディターが起動したら、HKEY_LOCAL_MACHINEを選択した状態で「ファイル」メニューから「ハイブの読み込み」を選択し、先ほど確認しておいた¥Windows¥System32¥Config¥SYSTEMを指定して、わかりやすいキー名（例えば、Offline）を付けて読み込みます。これで、HKEY_LOCAL_MACHINE¥＜指定したキー名＞の下にオフラインのWindowsのHKEY_LOCAL_MACHINE¥SYSTEMキーの配下にあるキーが読み込まれます。

　目的のAutoReboot値は、HKEY_LOCAL_MACHINE¥＜指定したキー名＞¥ControlSet001¥Control¥CrashControlキーに存在するので、レジストリ値を開いて既定の「1」から「0」に変更してください（図8-15）。CurrentControlSetキーは、Windows起動時にControlSet001から生成されるもので、オフラインのときにはControlSet001に対して変更するところがポイントです。

　レジストリ値の編集が終了したら、読み込んだハイブのルート（指定したキー名）を選択して、「ファイル」メニューから「ハイブのアンロード」を選択し、レジストリエディターを終了します。その後、WinPEのコマンドプロンプトで**WPEUTIL Reboot**コマンドを実行してPCを再起動します。

　レジストリエディターを使用せずに、コマンドライン（**REG**コマンド）だけでオフラインのレジストリを編集する方法については、「第4章　Windows回復環境（WinRE）」の「4.4　コマンドプロンプトでのオフラインメンテナンス」を参照してください。また、STOPエラー発生時の自動的な再起動の無効化は、Windows 7の「詳細ブートオプション」メニューにある「システム障害時の自動的な再起動を無効にする」、Windows 8以降の「トラブルシューティング」メニューの「詳細オプション」にある「スタートアップ設定」から選択することも可能です。実は、このより簡単な方法の存在のことを、この記事を最初に書いた頃の筆者は知りませんでした。

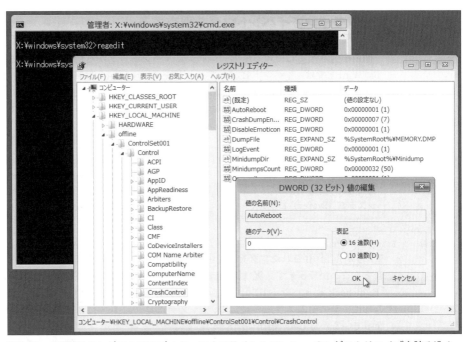

図8-15 WinPEのレジストリエディターにオフラインのWindowsのレジストリハイブを読み込んで編集し、システムエラー発生時の自動的な再起動を無効化する

　再起動後のPCでシステムエラーが発生すると、青い画面の状態で停止するので、「0x0000007B」や「INACCESSIBLE_BOOT_DEVICE」のようなエラー番号やエラーメッセージを控えてください（図8-16）。他の発生条件（例えば「YYYY年MM月のWindows Update」など）と組み合わせてインターネットで検索すれば、同様の問題の発生報告や、原因、回避策が見つかるかもしれません。

図8-16 Windows 8以降はエラーメッセージだけの簡単なものだが、Windows 7以前はエラーコードやその他のメッセージが表示される。重要なのはエラーコードとそれに対応するエラーメッセージの部分

オフラインでイベントログを調査する

　問題を引き起こしている原因について、イベントログから情報が得られる可能性があります。WinPEでは「イベントビューアー」（Eventvwr.mmc）は利用できませんが、イベントログが保存されている、次の場所にあるイベントログファイル（拡張子.evtx）にアクセスすることは可能です。標準的なWindowsログとイベントログファイルとの対応は以下のとおりです。

```
アプリケーション (Application) ログ：   ¥Windows¥System32¥winevt¥Logs¥Application.evtx
セキュリティ (Security) ログ：          ¥Windows¥System32¥winevt¥Logs¥Security.evtx
Setupログ：                              ¥Windows¥System32¥winevt¥Logs¥Setup.evtx
システム (System) ログ：                 ¥Windows¥System32¥winevt¥Logs¥System.evtx
```

　これらのファイルを外部メディアやファイル共有にコピーし、別のPCの「イベントビューアー」から「保存されたログを開く」で開けば、イベントログに異常が記録されていないか調査することができます。実は、先ほどのシステムエラーについても、システムログにソース「BugCheck」、イベントID「1001」のエラーイベントとして詳細な情報が記録されています。これは、システムエラーの設定で、「システムログにイベントを書き込む」が既定で有効になっているからです（前出の図8-14）。

　正常に起動する別のPCを用意できない場合は、WinPEの「コマンドプロンプト」からイベントログファイルの内容を参照する方法を利用できます。それには、「Windowsイベントコマンドラインユーティリティ」（WEVTUTIL.EXE）を使用します。例えば、D:ドライブにあるSystem.evtxから新しいイベントをテキスト形式で参照するには、次のコマンドラインを実行します（**WEVTUTIL**コマンドについては、「第2章　ターゲットのシステムを知る」や「第4章　Windows回復環境（WinRE）」でも説明しています）。

```
C:¥> wevtutil qe /lf D:¥Windows¥System32¥winevt¥Logs¥System.evtx /rd:true /f:text
```

　膨大なテキストが出力されるので、コマンドラインの実行結果をファイルにリダイレクトして（コマンドライン ＞ 出力先のファイル名）、WinPE付属の「メモ帳」（notepad.exe）で開くと検索できて便利です。RAMディスクであるX:ドライブ上のパスは、一時的にファイルを保存するのに利用できます（再起動すると消えます）。

原因を特定できたらその原因を取り除く

　トラブルが発生する直前に行った作業や、Windows Updateによる自動更新のタイミング（毎月第2火曜日の翌水曜日）に、調査で得られたシステムエラーのエラー番号やエラーメッセージ、イベントログに記録されたエラーや警告イベントを付き合わせれば、問題を引き起こした更新プログラムやデバイスドライバー、アプリを特定できることがあります。

　「システムの復元」で簡単に回復することもできますが、問題の原因を特定しなければ、問題が再発してしまうかもしれません。例えば、特定の更新プログラムに原因がある場合、その更新プログラムを自動インストールしないようにWindows Updateを構成しておかなけれ

ば、すぐにまた問題の更新プログラムが自動インストールされて、問題が再発してしまうでしょう。

オフラインのWindowsから更新プログラムを削除する

問題の原因がWindows Updateまたは手動でインストールされたWindowsの更新プログラムであるとわかった場合は、WinREやWinPEで起動したコマンドプロンプトから次の方法で問題の更新プログラムをアンインストールすることができます。

まず、WinREやWinPEにマウントされた、起動しなくなったWindowsのインストールを含むボリュームのドライブ文字を特定します。正常起動時のC:ドライブであった、「Windows」「Program Files」「Users」フォルダーが存在するボリュームです。WinREやWinPEで起動した場合、通常、C:またはD:ドライブにマウントされます。X:ドライブはWinREやWinPEが使用しているRAMディスク上のボリュームなので探しているドライブではありません。

オフラインのWindowsイメージを含むドライブ文字を指定して、次のコマンドラインを実行し、更新プログラムの「パッケージID」を取得して、パッケージを削除します。問題のパッケージは、「パッケージID」の一部に含まれるKB番号やファイルバージョン情報、「インストール時刻」などから判断します。パッケージIDは、「コマンドプロンプト」ウィンドウのタイトルバーの左端をクリックすると表示される「編集」—「範囲指定」—「コピー｜貼り付け」コマンドを使用して、コピー＆ペーストすると入力が簡単です。なお、Windows 10およびWindows Server 2016以降のコマンドプロンプトは機能強化されており、「簡易編集モード」が既定で有効になっています。この変更は、WinREやWinPEのコマンドプロンプトでも同様です。そのため、「編集」メニューの「マーク」または「範囲指定」（Windows 10のバージョンや編集モードによってメニュー表示は異なります）を操作しなくても、コンソール上で直接にコピー＆ペーストできます。

```
C:¥> DISM /Image:<ドライブ文字:¥> /Get-Packages
C:¥> DISM /Image:<ドライブ文字:¥> /Remove-Package /PackageName:<パッケージID>
```

WPEUTIL Rebootコマンドを実行してPCを再起動すると、更新プログラムの構成が始まります。その後、正常に起動できれば当面の問題は解決です。Windows Updateを実行して、問題の更新プログラムが今後、自動インストールされないように非表示にしておきましょう。

オフラインのWindowsからドライバーを削除する

問題の原因が最近更新あるいはインストールした、サードパーティ製のデバイスドライバーであるとわかった場合は、WinREやWinPEで起動したコマンドプロンプトから次の方法で問題のドライバーをシステムから削除することが可能です。

更新プログラムの場合と同様に、起動しなくなったWindowsのインストールを含むボリュームのドライブ文字を特定したら、次のコマンドラインを実行して、問題のドライバーの「公開名」と取得し、問題のドライバーを削除します。問題のドライバーを識別するのは難

しいかもしれませんが、「元のファイル名」「クラス」「プロバイダー名」「日付」「バージョン」が参考になるでしょう。

```
C:¥> DISM /Image:<ドライブ文字:¥> /Get-Drivers
C:¥> DISM /Image:<ドライブ文字:¥> /Remove-Driver /Driver:<公開名(.inf)>
```

　この方法でPCの起動トラブルを解決できるケースは、実際にはないかもしれません。例えば、ディスプレイドライバーの問題によりPCが正常に起動しない（図が真っ黒、表示が乱れるなど）の場合は、この方法ではなく、低解像度ビデオモードでPCを起動して、問題のドライバーを削除または入れ替えるのが教科書的な方法でしょう。
　低解像度ビデオモードでPCを起動するには、Windows 7やWindows Vistaの場合はPC起動時の F8 キー入力で表示される「詳細ブートオプション」メニューで「低解像度ビデオ（640×480）を有効にする」を選択します。Windows 8やWindows 8.1の場合は、「回復」ページから「オプションの選択」ページに入り、「トラブルシューティング」「詳細オプション」「スタートアップ設定」と選択して、「スタートアップ設定」ページで「低解像度ビデオモード」を選択します。

オフラインのWindowsから機能を無効化する

　これはこの記事を書いた当時、実際に筆者が経験したことですが、Windows Serverを管理していて、サーバーに特定の役割または機能を追加して再起動したタイミングで、サーバーが正常に起動しなくなるということがありました。具体的には、フェールオーバークラスターに参加するサーバーに「マルチパスI/O（MultipathIO）」の機能を追加したところ、1台のサーバーだけシステムエラー「INACCESSIBLE_BOOT_DEVICE（0x0000007B）」が発生して、再起動を繰り返すようになったのです。
　デスクトップ向けのWindowsの場合は追加で機能を有効化することはあまりないかもしれませんが、例えば、64ビット版のWindows 8/8.1 Pro/EnterpriseのHyper-V（クライアントHyper-V）を有効化しようとして問題が発生したとしましょう。
　Windowsの役割や機能についても、**DISM**コマンドを用いてオフラインのWindowsから削除することが可能です。逆に、オフラインのWindowsに対して、新たに役割や機能を追加することも可能です。
　例えば、Hyper-Vの役割（管理ツールを除くコア部分、機能名「Microsoft-Hyper-V」）を削除するには、次のコマンドラインを実行します（図8-17）。Hyper-Vの役割は単に例として挙げただけです。Hyper-Vの影響で起動しなくなるなどの問題が発生した場合は、**BCDEDIT**コマンドで**hypervisorlaunchtype**を**off**にする方が簡単ですし、適切です。その方法については、「第4章　Windows回復環境（WinRE）」の「4.4.5　ブート構成ストアの編集」を参考にしてください。

```
C:¥> DISM /Image:<ドライブ文字:¥> /Disable-Feature /FeatureName:Microsoft-Hyper-V
```

　役割や機能のインストール状況や「機能名」を確認するには、次のコマンドラインを実行してください。

```
C:\> DISM /Image:<ドライブ文字:\> /Get-Features ↵
```

役割や機能の削除後に再起動が必要なものについては、次回の通常起動時に構成が行われます。その後、正常に起動できれば問題は解決です。あとは、問題の回避策が公開されるまで、問題の機能を有効化しないように注意しましょう。

図8-17　オフラインのWindowsからHyper-Vの役割を無効化する

SysinternalsのAutorunsで起動問題に対処する

問題の原因が特定のアプリのインストールであったとわかった場合、WinREやWinPEで起動したPCからそのアプリを削除するのは、アプリの提供元がその手順を公開していない限り困難です。

そんなときに役立つのが、マイクロソフトが無償提供しているWindows SysinternalsのAutorunsユーティリティです。Autorunsは、Windowsの起動問題やパフォーマンスの問題、あるいはマルウェアの問題を調査し、対処するのに役立つユーティリティです。これを使えば、アプリのアンインストールは難しくても、アプリに関連するサービスやドライバーが自動開始するのを一時的に無効化したり、削除したりできます。

Windows Sysinternals > Autoruns for Windows
https://docs.microsoft.com/ja-jp/sysinternals/downloads/autoruns

Autorunsは、Windowsの起動時やユーザーのログオン時、スケジュールタスクなど、自動実行するように構成することが可能な、考えられる既知の場所すべてを検索し、レポートしてくれるユーティリティです。検出されたエントリのチェックボックスをオフにすることで、一時的に無効化して影響を試すことができますし、チェックボックスを再びオンにすれば元の状態に戻ります。問題があるエントリであれば完全に削除してしまうことも可能です（エントリを右クリックして「Delete」を選択）。ただし、エントリの削除は、通常、システムに入り込んで自動起動するように構成されたマルウェアを駆除するようなときに使用します。正規のエントリを安易に削除してしまうと、かえって状況が悪くなってしまうことがあるので注意してください。

Autorunsを起動すると、現在、実行中のWindowsを対象に自動実行されるエントリを列挙しますが、オフラインのWindowsイメージを対象に実行することも可能です。また、Autorunsは単体で実行できるユーティリティであるため、WinREやWinPEの環境で実行することも可能です。マルウェアが問題の原因となっている場合、PCを起動できても、マルウェアの隠蔽により、Autorunsでは検出できないかもしれません。しかし、WinREやWinPEでPCを起動すれば、マルウェアが動作していない状態で調査できるので有効です。

WinREやWinPEでPCを起動したら、コマンドプロンプトを開いてUSBメモリやファイル共有を介してAutoruns.exeまたはAutoruns64.exe（64ビット版のWinPE/WinREの場合）を実行し、「File」メニューから「Analyze Offline System...」を選択します（図8-18）。「Offline System」ダイアログボックスでオフラインのWindowsの「Windows」ディレクトリのパスと、ユーザープロファイルのディレクトリのパスを指定すれば、オフラインのWindowsとそのユーザーに設定された自動開始エントリが検索され、列挙されます（図8-19）。

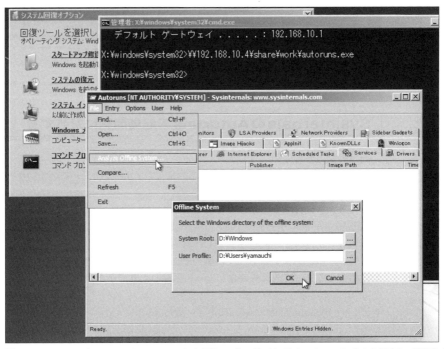

図8-18　WinREやWinPEでAutorunsを実行し、オフラインのWindowsのパスを指定して調査する

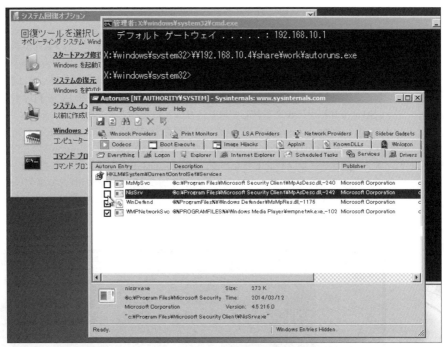

図8-19 チェックボックスをオフにするとPCを次に通常起動した際に、この項目が読み込まれない

なお、64ビットOS環境のPCにプレインストールされるWinREや、64ビットOSのインストールメディアから起動するWinPEは、32ビットサブシステム（WOW64）を搭載していません。Autoruns.exeは32ビットの実行イメージとして開始し、必要に応じて64ビットバイナリを展開して起動しますが、それにはWOW64が必要です。そのため、64ビット環境ではAutoruns.exeは実行できないことに注意してください。Autorunsのダウンロードファイル（Autoruns.zip）に含まれるAutoruns64.exeを明示的に指定して実行する必要があります。詳しくは、「第4章　Windows回復環境（WinRE）」の「4.1.2　WinPEのバージョンと注意点」を参照してください。

ネットからツールを直接ダウンロードしたい！

WinREやWinPEのコマンドプロンプトで**startnet**または**wpeutil InitializeNetwork**を実行すると、有線ネットワークを初期化して、TCP/IPによる通信が可能になります。DHCPによるIPアドレスの自動割り当てが可能なネットワークに接続されていれば、すぐに**ping**や**arp**といった基本的なTCP/IPコマンドの実行や、**NET USE**コマンドやUNC名（¥¥コンピューター名またはIPアドレス¥共有名）によるWindowsファイル共有（SMB共有）への接続が可能です。

問題の調査や処理のために、インターネットで公開されているツールを使いたいという場合があるでしょう。例えば、先ほどのAutoruns.exeのようなツールです。手元に正常の起動するWindows PC（MacやLinuxでも構いません）があれば、ファイル共有を介してツールを

WinREやWinPE環境に取り込むことが可能です。その際、ツールのサイズがよほど大きくない限り、RAMディスクであるX:ドライブ上のパスに配置することができます。

　手元にあるPCが、正常に起動しないその1台だけの場合は、このような手段はとれません。残念ながら、WinREやWinPEではInternet Explorerは利用できないため、Webで公開されているツールをWinREやWinPEの環境から直接ダウンロードすることは難しそうです。できるとすれば、友人に頼む、ネットカフェを利用する、職場のPCを利用するなどの方法で、USBメモリにツールを格納して取り込むことになるでしょう。

　もし、目的のツールがFTPサイトに公開されているなら、WinREやWinPEに標準搭載されているFTPクライアント（ftp.exe）を使えます。ただし、WindowsのFTPクライアントはファイアウォールフレンドリなパッシブ（Passive、PASV）モードをサポートしていないので、既定でWindowsファイアウォールが有効なWinREやWinPEではデータ転送の着信（**ls**や**get**）がブロックされてしまいます。これを許可するには、**wpeutil DisableFirewall**を実行してWindowsファイアウォールを無効化する必要があります（図8-20）。

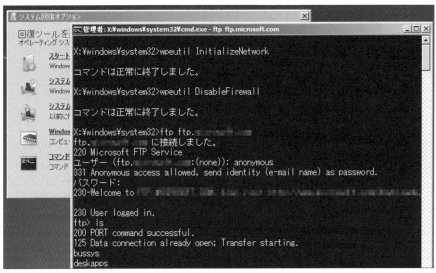

図8-20　WinREやWinPEでは、レガシなFTPクライアントなら利用可能

　なお、パッシブモードに対応していないという同じ理由で、インターネット接続に使用しているルーターのファイアウォール構成によっては、データの転送に失敗することがあります。

8.3　Windows Updateの問題で起動不能になったWindows 10の修復

　この節は、@ITの以下の連載記事を再編集したものです。

@IT連載「山市良のうぃんどうず日記（73）：セーフモードでも起動できないという悪夢からの脱出、再び —— Windows 10の場合」
http://www.atmarkit.co.jp/ait/articles/1609/05/news021.html

ある日突然、PCが起動不能に。原因がWindows Updateだとしたら

「8.2 セーフモードでも起動できないという悪夢からの脱出（Windows 7/8.1）」では、正常に起動できなくなったシステムを正常起動できるように回復するテクニックを紹介しました。Windows 10の登場以前に書いた記事ですが、その多くはWindows 10にも適用されます。ここでは、Windows 10の更新プログラムが原因でPCが起動しなくなってしまったときの対処方法に絞って解説します。

Windows 10のWindows Updateは、個人ユーザーが更新プログラムのインストール方法のカスタマイズが細かくできなくなりました。Windows 10バージョン1607からは、以前は存在したWindows Updateの詳細オプションで「自動（推奨）」と「自動の日時を設定するように通知する」の選択肢も消えてしまっています。

Windows 10 Homeエディションを使用する個人ユーザーは、事実上、Windows Updateに関してマイクロソフトのなすがままに従うしかなくなっています。それで、セキュリティが維持され、既知の不具合が修正されるのであれば文句はないのですが、問題のある更新プログラムが自動でインストールされ、PCが正常に起動しなくなるというリスクが増えるでしょう。実際、すべての利用者に影響したわけではありませんが、そのような事例がユーザーフォーラムなどに数多く報告されています。

起動しないPCから特定の更新プログラムをアンインストールする

まず、PCが突然起動できなくなった原因が、Windows Updateで配布された更新プログラムであるとわかっている場合、あるいはその疑いがあるという場合の対処方法です。

ここでは仮に、Windows 10バージョン1607のOSビルド14393.51以前をOSビルド14393.82にアップデートする累積更新プログラム「KB3176934」が原因でPCが起動しなくなったとして、対処方法を説明します。なお、KB3176934は例に挙げただけで、KB3176934でPCが起動しなくなるということはありません。「KB3176934」が現時点で最新の累積更新プログラムであると想定してください。

PCの起動に何度か失敗すると、自動修復のプロセスが始まるはずです。自動修復の処理が終わり、「再起動」と「詳細オプション」のボタンがあるページが表示されたら、次の手順でWindows回復環境（WinRE）のコマンドプロンプトを開始します。

1. 自動修復の最後のページで「詳細オプション」をクリックする（図8-21）。
2. 「オプションの選択」ページで「トラブルシューティング」をクリックする。
3. 「トラブルシューティング」ページで「詳細オプション」をクリックする。
4. 「詳細オプション」ページで「コマンドプロンプト」をクリックする。

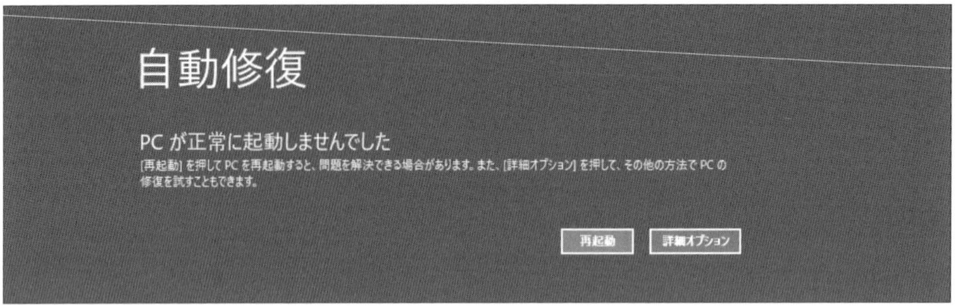

図8-21 「詳細オプション」をクリックする（画面のテキストはWindows 10のバージョンによって多少異なる場合があります）

　自動修復のプロセスが始まらない場合は、電源ボタンを長押しして何度かリセットしてみてください。それでもだめなら、Windows 10のインストールメディア（DVDやUSB）、システム修復ディスク、あるいは回復ドライブで起動し、「コンピューターを修復する」から「コマンドプロンプト」を開きます。これらの起動メディアが手元にないという場合は手詰まりです。知人に頼むか、PC販売店などに相談しましょう。

　Windows回復環境（WinRE）のコマンドプロンプトは、物理メモリ上（RAMディスク）に展開され、起動する、Windowsプレインストール環境（WinPE）をベースとした別のOS環境です。X:ドライブはRAMディスクに展開されたWinPEのイメージであり、起動しなくなったWindows 10のC:ドライブではありません。

　そこで、コマンドプロンプトで次のコマンドラインを実行し、起動しなくなったWindows 10のC:ドライブを探します。C:ドライブかもしれませんし、D:ドライブにマウントされているかもしれません。**DISKPART**コマンドの**LIST VOLUME**でボリュームを確認し、**DIR**コマンドでドライブを参照して、Windowsフォルダーが存在することを確認してください（図8-22）。

```
X:¥> DISKPART
DISKPART> LIST VOLUME
DISKPART> EXIT
X:¥> DIR <ドライブ文字:¥>
```

　起動しなくなったWindows 10のC:ドライブ（ドライブ文字はC:ではないかもしれません）を見つけたら、次のコマンドラインを実行して問題の更新プログラムのパッケージ名を取得し（**DISM**の**/Get-Packages**）、アンインストールして（**DISM**の**/Remove-Package**）、再起動（**WPEUTIL Reboot**）します（図8-23）。C:¥の部分は実際のドライブ文字に置き換えてください。なお、Windows 10の累積的な更新プログラムは、KB番号からは判断できない場合があります。「パッケージID」の文字列に含まれるビルド番号や「インストール時刻」を参考に特定してください。

```
X:¥> DISM /Image:C:¥ /Get-Packages
X:¥> DISM /Image:C:¥ /Remove-Package /PackageName:Package_for_RollupFix~31bf3856ad364e35~amd64~~14393.82.1.0
X:¥> WPEUTIL Reboot
```

第8章 トラブルシューティング事例

図8-22 起動しなくなったWindows 10はC:ドライブにマウントされている

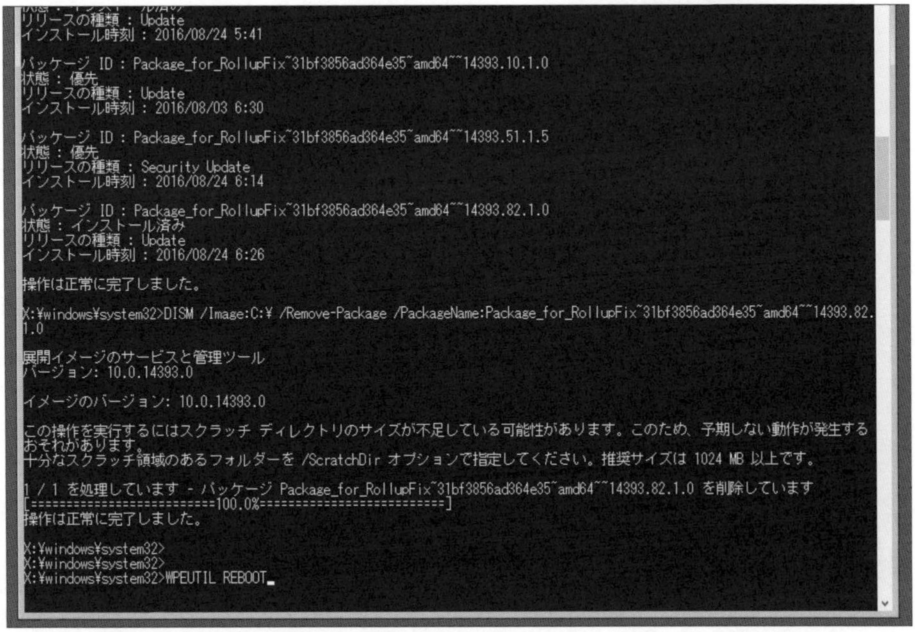

図8-23 起動しなくなったWindows 10のオフラインイメージ（この例ではC:）からインストール済みの更新プログラムを検索し、アンインストールしたら、再起動

Windows 10が正常に起動したら、以下のMicrosoftサポート情報のページからダウンロードできる「Show or hide updates」トラブルシューティングツール（wushowhide.diagcab）をダウンロードして実行し、問題の更新プログラムが再びインストールされないように更新プログラムを非表示にします。

Windows更新プログラムがWindows 10に一時的に再インストールされないようにする方法
（Microsoftサポート）
https://support.microsoft.com/ja-jp/help/3183922/

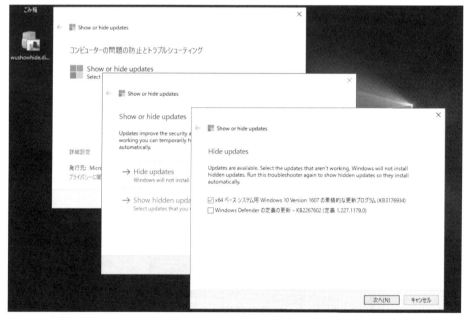

図8-24　問題が再発しないように、「Show or Hide updates」トラブルシューティングツール
　　　　（wushowhide.diagcab）で問題の更新プログラムを非表示にする

　Windows 10バージョン1703以降（Homeエディションを除く）では、「更新の一時停止」機能を利用することもできます。詳しくは、「第5章　Windows Updateのトラブルシューティング」の「5.3.2　問題のある更新のブロック」を参照してください。

起動しないPCの問題を修復するために
更新プログラムをインストールする

　PCがある日突然起動しなくなり、修復するには別の更新プログラムのインストールが必要というケースもあります。例えば、一部のデバイスドライバーの証明書の問題で、PCが起動しなくなるという事例が実際にありました。
　ここでは仮に、PCが起動しない問題を修正するために、累積的な更新プログラム

「KB3176934」をインストールする必要があるとして、対処方法を説明します。なお、KB3176934は例に挙げただけで、KB3176934にそのような修正は含まれません（注：KB3176934は2018年7月現在、提供されていません）。

　まず、正常に利用できる別のWindows PCを使用して、Microsoft Updateカタログのサイトから更新プログラムのスタンドアロンインストーラー(.msu)をダウンロードします。更新プログラムのスタンドアロンインストーラー（.msu）を入手したら、USBメモリに保存します。NAS（ネットワーク接続型ストレージ）デバイスなどの共有フォルダーを利用できる場合は、そこに配置してもかまいません。ただし、Windows 10バージョン1709以降のWindows回復環境（WinRE）は、SMB1プロトコルに対応していないことに注意してください（第4章の「4.1.2 WinPEのバージョンと注意点」を参照）。

Microsoft Updateカタログ
https://www.catalog.update.microsoft.com/

　先ほどと同じ手順でWindows回復環境（WinRE）のコマンドプロンプトを開き、更新プログラムをインストールし、再起動します。例えば、起動しないWindows 10のオフラインイメージが現在、C:ドライブに割り当てられていて、更新プログラムをC:¥Work¥AMD64-all-windows10.0-kb3176934-x64.msuのコピーした場合は、次のコマンドラインを実行します。この例では、C:¥tempを作業ディレクトリとして指定しています。

```
X:¥> DISM /Image:C:¥ /Add-Package /PackagePath:.¥AMD64-all-windows10.0-kb3176934-x64.msu /ScratchDir:C:¥temp
X:¥> WPEUTIL Reboot
```

　共有フォルダーから更新プログラムをコピーする場合は、**STARTNET**または**WPEUTIL InitializeNetwork**コマンドを実行してネットワークを初期化し、**COPY**コマンドでUNCパス（¥¥コンピューター名またはIPアドレス¥共有名¥ファイルパス）からローカルディスクにコピーしてください。X:ドライブにコピーも可能ですが、RAMディスクであるため容量に限りがあります。

8.4 「イメージでシステムを回復」がエラーで失敗! でもそれが最後の希望だとしたら…

　この節は、@ITの以下の連載記事を再編集したものです。

@IT連載「山市良のうぃんどうず日記（129）：続・フルバックアップからのWindows 10の復元が失敗!?　でもそれが最後の希望だとしたら……」
http://www.atmarkit.co.jp/ait/articles/1806/12/news012.html

問題ないはずのバックアップからの復元になぜか失敗

　これは、あるレガシなPCでWindows 10バージョン1803（x86）の新規インストールを試してみるために、Windows 10バージョン1709（x86）のシステムイメージを作成し、Windows 10バージョン1803（x86）の評価が終わったのでシステムイメージから元の環境を戻そうとしたときに起こった最近の出来事です。

　Windows 10バージョン1803（x86）の新規インストールの評価では、PCのディスクパーティションをすべてクリアして行いました。その評価が終わった後、もともとのWindows 10バージョン1709（x86）の環境に戻そうと、事前に作成しておいたフルバックアップ（システムイメージ）をリストアしようとしたところ、図8-25のようなエラーに遭遇して、リストアすることができませんでした。

　Windows 10バージョン1803（x86）のバックアップと復元機能には不具合がある（x86のみ）ことがわかっていたので、Windows 10バージョン1709で作成した回復ドライブ（USBメモリ）を使用して実行しました。ちなみに、このPCには光学ドライブがありません。また、同じシステムイメージで復元できることは、Windows 10バージョン1803（x86）の新規インストールの評価の前に、実際に実行したので確認済みです。実は、Windows 10バージョン1803のアップグレードに失敗し、バックアップから戻したという経緯があります。Windows 10バージョン1803（x86）の新規インストールを評価したのは、アップグレードではなく、新規インストールなら成功するかもしれないと考えたからです。今回の話とは関係ありませんが、新規インストールも通常の方法ではだめでした。

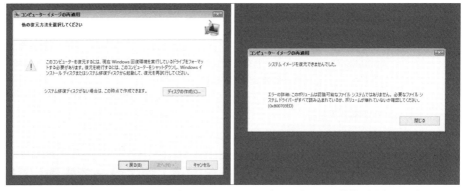

図8-25　パーティション操作を含む新規インストールの評価のあと、元の状態に戻すためバックアップからリストアしようとしたところ、これらのエラーに遭遇

　リストアに失敗する理由はわかりませんが、筆者は慌てませんし、理由を調べるつもりもありません。バックアップやバックアップに含まれるデータには問題がないことはわかっています。今回はバックアップに含まれるWindowsパーティション（バックアップ時のC:¥ドライブ）だけを復元し、システムパーティションやWindows回復環境（WinRE）は自分で準備することにしました。別の方法については、次の「8.5　バックアップからの回復エラーの回避策あれこれ」を参照してください。

復元対象バージョンのWinREで起動して、パーティションを準備する

　まず、前回のバックアップの時に作成しておいたWindows 10バージョン1709（x86）の回復ドライブ（USBメディア）を使用して、PCを起動し、トラブルシューティングオプションのコマンドプロンプトを開きます。次に、**DISKPART**コマンドを使用して、パーティションをいったん削除し、再構成します。現在のシステムパーティションを維持する場合は、ローカルのWindows回復環境（WinRE）のコマンドプロンプトから実行することもできます。可能な限り、復元対象のWindows 10バージョンと、Windows回復環境（WinRE）のバージョンを揃えることをお勧めします。ちなみに、Windows 10バージョン1803（x86）のシステムイメージの作成と回復には、どちらも不具合が存在することがわかっています。

　Windows 10バージョン1803（x86）の新規インストールの評価の際、このPCに存在していた無駄なパーティションを削除しました。このPCには、以前のバージョンのWindows（このPCには最初にWindows Vistaがプレインストールされていました）から引き継がれた、意味のないパーティションがあったからです。Windows 10の起動と実行に使用されないボリュームのデータは、そもそもバックアップには含まれません。しかしながら、パーティション構成の情報はバックアップに含まれています。今回はWindowsパーティションだけを復元するので、パーティション構成は標準的なものでかまいません。そのため、Windows 8.1/10で標準的な500MB程度のシステムパーティションをブート用およびWindows回復環境（WinRE）用に作成し、残りをWindowsパーティションにすることにしました。**DISKPART**コマンドによる操作手順は、次のようになります。

　まず、不要なパーティションをすべて削除します。先頭にOEMパーティションが存在する場合は、OEMのメンテナンスツールが入っているかもしれないので、残しておいた方がよいでしょう。

```
X:\> DISKPART
DISKPART> list disk
DISKPART> select disk 0
DISKPART> list partition
DISKPART> select partition <パーティション番号>
DISKPART> delete partition override
DISKPART> select partition <パーティション番号>
DISKPART> delete partition override
DISKPART> ...
DISKPART> EXIT
```

　不要なパーティションを削除したら、新しいパーティションを作成します。このPCはレガシなBIOSシステムであるため、500MB以上のシステムパーティションをアクティブパーティションとして作成し、残りをWindowsパーティションとして作成し、両者をNTFS形式で初期化します。また、システムパーティションとWindowsパーティションのそれぞれに、S:とW:のドライブ文字を割り当てます（作業用のドライブ文字のため別の文字でもかまいません）。回復パーティションは、システムパーティションと兼用させることにします（ただし、Windows 10では回復パーティションを別にすることが推奨されるようになりました）。

```
X:\> DISKPART
DISKPART> create partition primary size=500
DISKPART> format quick fs=NTFS label=System
DISKPART> assign letter=S
DISKPART> active
DISKPART> create partition primary
DISKPART> format quick fs=NTFS label=Windows
DISKPART> assign letter=W
DISKPART> exit
```

参考までに、システムパーティションを最小の100MBで作成し、500MBの回復パーティションを別にする場合は、次のように操作します。下線部が上記と異なる部分です。

```
X:\> DISKPART
DISKPART> create partition primary size=100
DISKPART> format quick fs=NTFS label=System
DISKPART> assign letter=S
DISKPART> active
DISKPART> create partition primary
DISKPART> shrink minimum=500
DISKPART> format quick fs=NTFS label=Windows
DISKPART> assign letter=W
DISKPART> create partition primary
DISKPART> format quick fs=NTFS label=Recovery
DISKPART> assign letter=R
DISKPART> set id=27
DISKPART> exit
```

もう1つ、参考までにUEFIベースのシステムの場合のパーティション作成について紹介しておきます。以下の例は、GPTディスクとして構成し、100MBのEFIシステムパーティション（FAT32、S:）、16MBのMBR隠しパーティション、Windowsパーティション（NTFS、W:）、500MBの回復パーティション（NTFS、R:）を準備しています。

```
X:\> DISKPART
DISKPART> select disk 0
DISKPART> clean
DISKPART> convert gpt
DISKPART> create partition efi size=100
DISKPART> format quick fs=fat32 label=System
DISKPART> assign letter=S
DISKPART> create partition mbr size=16
DISKPART> create partition primary
DISKPART> shrink minimum=500
DISKPART> format quick fs=NTFS label=Windows
DISKPART> assign letter=W
```

```
DISKPART> create partition primary
DISKPART> format quick fs=NTFS label=Recovery
DISKPART> assign letter=R
DISKPART> set id=de94bba4-06d1-4d40-a16a-bfd50179d6ac
DISKPART> gpt attributes=0x8000000000000001
DISKPART> exit
```

　BIOS/MBRベースのパーティション構成、およびUEFI/GPTベースのパーティション構成については、それぞれ、以下のドキュメントで詳しく説明されています。なお、Windows 10バージョン1803以降の場合は、回復パーティションとして1GB程度確保（上記のコマンドラインの shrink minimum=500 を shrink minimum=1024 で実行）することをお勧めします（その理由については、次のコラムを参照）。

BIOS/MBR-based hard drive partitions
https://docs.microsoft.com/en-us/windows-hardware/manufacture/desktop/configure-biosmbr-based-hard-drive-partitions

UEFI/GPT-based hard drive partitions
https://docs.microsoft.com/en-us/windows-hardware/manufacture/desktop/configure-uefigpt-based-hard-drive-partitions

　今回はBIOS/MBRベースのシステムにおいて、システムパーティションとWindowsパーティションの2パーティション構成にし、システムパーティションと回復パーティションを兼用させています。PCベンダーが回復パーティションを用意しない場合、この2パーティション構成は標準的なものです。しかし、Windows 10ではBIOS/MBRベースのシステムにおいても既定でWindowsパーティションの後ろに作成される回復パーティションが使用される場合があり、現在では回復パーティションをディスクの最後に配置する構成が推奨されています。Windows 7やWindows 8.1からアップグレードした場合、アップグレード前のシステムパーティションのサイズ（100MBや350MB）ではWindows 10の回復用のwinre.wimを格納するには十分でないため、Windowsパーティションが縮小され、新たに回復パーティションが作成されます。

クリーンインストール時の既定のパーティション構成とWinRE.wimのサイズ増

　「BIOS/MBR-based hard drive partitions」や「UEFI/GPT-based hard drive partitions」で説明されている既定のパーティション構成は、Windows 10のクリーンインストールで作成される既定のパーティション構成とは異なります（少なくとも、Windows 10バージョン1803まで）。クリーンインストール時の既定のパーティション構成のこの違いは、これまで問題になることはありませんでした。しかし、最近のWindows 10バージョンのWindows回復環境（WinRE）のサイズ増加の影響で、ユーザーが知らぬ間に新たな回復（OEM）パーティションが追加されるという要因になっています。
　Windows 10バージョン1709以前のWindows 10をBIOSベースのシステムに新規インストールした場合、500MBのシステムパーティション（兼回復パーティション）と残りのWindowsパーティションの2パーティション構成が標準でセットアップされます（これは、「BIOS/MBR-based hard drive partitions」の既定のパーティション構成とは異なります）。このWindows 10をWindows 10バージョン1803にアップグレードした場合、Windowsパーティションが縮小

され、新たに回復（OEM）パーティションが作成されて、Windows回復環境（WinRE）のwinre.wimが配置されます。これは、500MBのシステムパーティションのサイズでは、Windows 10バージョン1803のブート構成とwinre.wimの両方を配置するには容量不足（winre.wimの配置後の空き領域も必要）だからだと筆者は考えています。最初から500MBの回復パーティションを持つUEFIシステムには影響しませんでした。

　しかし、BIOSシステムにWindows 10バージョン1803半期チャネル（対象指定）向け2018年4月リリース版のインストールメディアを使用して新規インストールの場合、従来の2パーティション構成でセットアップされ、システムパーティションにwinre.wimが配置されます。Windows 10バージョン1803の半期チャネル向け2018年7月リリース版のインストールメディアを使用して、Windows 10を新規インストールした場合も、BIOSシステムでは2パーティション構成でセットアップされますが、winre.wimの配置に失敗し、C:¥Recovery¥WindowsREにWindows回復環境（WinRE）がセットアップされるという現象が確認されています。UEFIシステムでも標準的な500MBの回復パーティションがディスクの先頭に作成されますが（これも、「UEFI/GPT-based hard drive partitions」の既定のパーティション構成とは異なります）、そのパーティションへのwinre.wimの配置に失敗し、代わりにC:¥Recovery¥WindowsREにセットアップされます。この問題は、Windows 10バージョン1803の半期チャネル向け2018年7月リリース版のwinre.wimが500MB前後（64ビット版のwinre.wimは500MB以上）に肥大化したのにも関わらず、Windows 10の新規インストールにおける既定のパーティション構成の作成ロジックが、以前のバージョンから変更されていないために発生する不具合ではないかと筆者は想像しています。

　Windows回復環境（WinRE）がC:¥Recovery¥WindowsREにセットアップされている場合、BitLockerドライブ暗号化やデバイス暗号化の有効化に影響することを確認しています（暗号化に失敗する、WinREが無効になる）。Windowsパーティションとは別の場所（例えば、Windowsパーティションを1GB（1024MB）程度縮小して、新しい回復パーティションを作成）にwinre.wimの環境を移すことで、影響を回避することができます。前出の「BIOS/MBR-based hard drive partitions」や「UEFI/GPT-based hard drive partitions」のドキュメントに説明されていますが、回復パーティションが500MBより小さい場合50MBの空き領域、500MB以上の場合320MBの空き領域（1GB以上の場合は1GBの空きを推奨）を確保する必要があることに注意してください。または、同じインストールメディアを使用して、アップグレードインストールを実行することでも、アップグレードインストールの際に適切なサイズの回復パーティションが準備され、問題を解消することができます。これからクリーンインストールするという場合は、インストールメディアから起動したWindowsプレインストール環境（WinPE）のコマンドプロンプト（**Shift**+**F10**キーで開く）で**DISKPART**コマンドを使用してBIOSまたはUEFIシステム用のパーティションを手動で構成してから（いずれの場合も1GB程度のサイズの回復パーティションを準備するように）、「Windowsセットアップ」に進むことで、適切なパーティション構成でインストールできます。

　Windows 10バージョン1803の品質更新プログラムでwinre.wimが置き換えられることは通常ないため、半期チャネル（対象指定）向け2018年4月リリース版のときにアップグレードしたWindows 10バージョン1803には影響しませんが、半期チャネル向け2018年7月リリース版以降のインストールメディアによるインストールではこのような問題の影響を受ける可能性があります。この状態をこのまま放置したとしても、次の機能更新プログラムによるアップグレードで解消されることになるでしょう。winre.wimのサイズは今後も大きくなる可能性があるため、「Windowsセットアップ」が改善されるまでは、回復パーティション用に手動でより大きなサイズ（例えば、1GB）を割り当てる必要があるかもしれません。

　本書の執筆時点で、この問題に関する公式情報は確認できていません。筆者が調査したレポートは、以下のブログ記事で公開しています。

山市良のえぬなんとかわーるど「Windows 10 ver 1803 のクリーンインストール
（WinRE 問題を回避しながら、シンプルなパーティション構成で）」
https://yamanxworld.blogspot.com/2018/08/windows-10-ver-1803-winre.html

バックアップに含まれる情報を確認し、C:ドライブだけを復元する

パーティションを構成し、システムパーティションとWindowsパーティション（BIOSベースの場合）のボリュームを準備したら、WBADMINコマンドを使用して、バックアップが格納されているドライブにある復元対象のPCのバックアップ情報を調べます。回復対象のバージョン識別子を確認し、C:にマウントされていたボリュームのバックアップが存在することを確認します（図8-26）。

```
X:¥> WBADMIN GET VERSIONS -BackupTarget:<バックアップ格納ドライブ:> -Machine:<コンピューター名>
X:¥> WBADMIN GET ITEMS -Version:<バージョン識別子> -BackupTarget:<バックアップ格納ドライブ:> -Machine:<コンピューター名>
```

次のコマンドラインを実行して、バックアップ作成時のC:ドライブのボリュームをWindowsパーティションの作業用ドライブ（W:¥）に回復します。「ボリューム（C:）の回復操作が正常に完了しました。」と表示されれば、成功です（図8-27）。

```
X:¥> WBADMIN START RECOVERY -Version:<バージョン識別子> -ItemType:volume -Items:C: -BackupTarget:<バックアップ格納ドライブ:> -RecoveryTarget:W: -Machine:<コンピューター名>
```

なお、「イメージでシステムを回復」と同等のWBADMIN START SYSRECOVERYコマンドもありますが、今回の場合、おそらく「イメージでシステムを回復」と同じエラーで失敗したでしょう。

図8-26　WBADMIN GET VERSIONS/GET ITEMS/START RECOVERYコマンドを実行して、バックアップに含まれるC:ドライブの内容だけを新しいWindowsパーティション（W:¥）に回復する

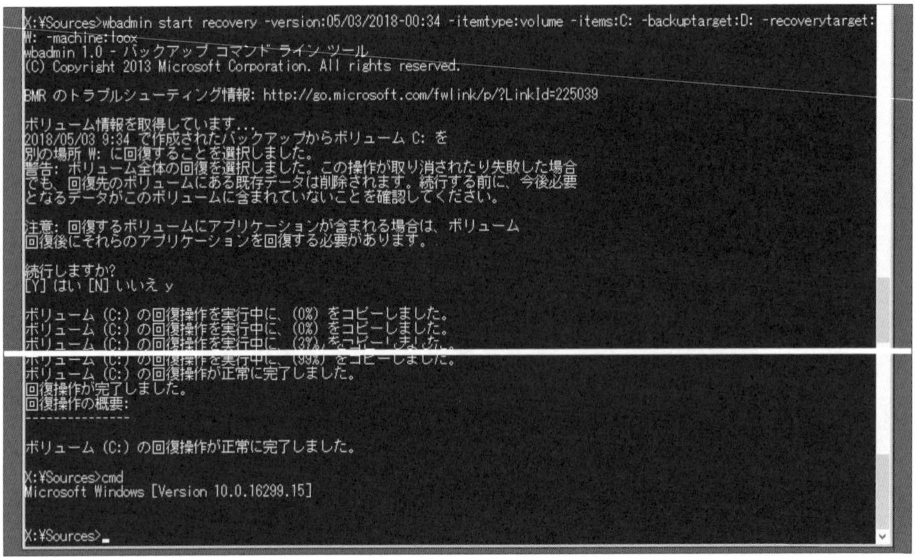

図8-27 「ボリューム（C:）の回復操作が正常に完了しました。」と表示されれば、Windowsパーティションの回復は完了。ただし、まだブート環境が存在しないため、起動はできない

システム／回復パーティションを構成する

バックアップに含まれるC:ドライブの内容を新しいWindowsパーティション（作業用のW:¥）に回復したら、次のコマンドラインを実行して、システムパーティション（作業用のS:¥ドライブ）にブートファイル（Windowsブートマネージャーとブート構成データ）を作成します。ちなみに、UEFIベースのシステムの場合は /f UEFI を指定します。

```
X:¥> BCDBOOT W:¥Windows /l ja-jp /s S: /f BIOS↵
```

最後に、システムパーティション（または回復パーティションがある場合はそのパーティション）と同じボリュームにWindows回復環境（WinRE）をインストールして、Windowsパーティションの回復ツールとして設定します（図8-28）。このとき、回復するWindows 10バージョンと同じバージョンのインストールメディアにあるSources¥Install.wimが必要になります。Windows 10のインストールメディアにInstall.esd形式で格納されている場合は、Install.wim形式にエクスポートしておく必要があります（その方法については、「第1章　トラブルシューティングを始める前に」の「1.1.3　Install.wimの準備」を参照してください）。

ここでは、BIOSベースのシステムにおいて、D:¥Sources¥Install.wimが利用可能であることを前提に説明します。まず、Windowsパーティション（作業用のW:¥ドライブ）に作業用のディレクトリ（W:¥work¥mount）を作成し、インストールメディア内のSources¥Install.wimの内容を読み取り専用でマウントします。

```
X:\> MKDIR W:\work\mount ↵
X:\> DISM /Mount-Image /ImageFile:D:\Sources\Install.wim /Index:1 /MountDir:W:\work\mou
nt /ReadOnly ↵
```

次に、システムパーティション（作業用のS:\ドライブ）に回復ツール用のディレクトリ\Recovery\WindowsREを作成し、**XCOPY**コマンド（**/H**オプション付き）でマウント先のWindows\System32\Recovery\Winre.wimを回復ツール用ディレクトリにコピーします。UEFIベースのシステムの場合（および回復パーティションを準備したBIOSベースのシステムの場合）は、システムパーティションとは別の回復パーティション（作業用のR:）に作成します。

```
X:\> MKDIR S:\Recovery\WindowsRE ↵
X:\> XCOPY /h W:\work\mount\Windows\System32\Recovery\Winre.wim S:\Recovery\WindowsRE
 ↵
```

マウント先の**Windows\System32\reagentc.exe**コマンドを使用して、回復ツールのパスをWindowsパーティション（作業用のW:\ドライブ）のWindowsインストールの回復用に登録し、有効化します。Windows 10インストールのGUIDは、**BCDEDIT**コマンドの**/v**オプションで既定の起動エントリのidentifierで確認します。

```
X:\> W:\work\mount\Windows\System32\reagentc /setreimage /path S:\Recovery\WindowsRE /t
arget W:\Windows ↵
X:\> BCDEDIT /store S:\boot\bcd /v ↵
X:\> W:\work\mount\Windows\System32\reagentc /enable /osguid {<Windows 10インストールの
GUID>} ↵
X:\> W:\work\mount\Windows\System32\reagentc /info /target W:\Windows ↵
```

最後のコマンドラインを実行してEnabledになっていない（Disabledのまま）の場合は、インストールメディアの\Boot\Boot.sdiをS:\Recovery\WindowsREにコピーしてみてください。うまくいくかもしれません。

最後に、Install.wimのマウントを解除し、PCを再起動します。

```
X:\> DISM /Unmount-Image /MountDir:W:\work\mount /Discard ↵
X:\> WPEUTIL Reboot ↵
```

なお、Windows REの展開についてさらに詳しく知りたい場合は、以下の公式ドキュメントが参考になります。

Deploy Windows RE
https://docs.microsoft.com/en-us/windows-hardware/manufacture/desktop/deploy-windows-re

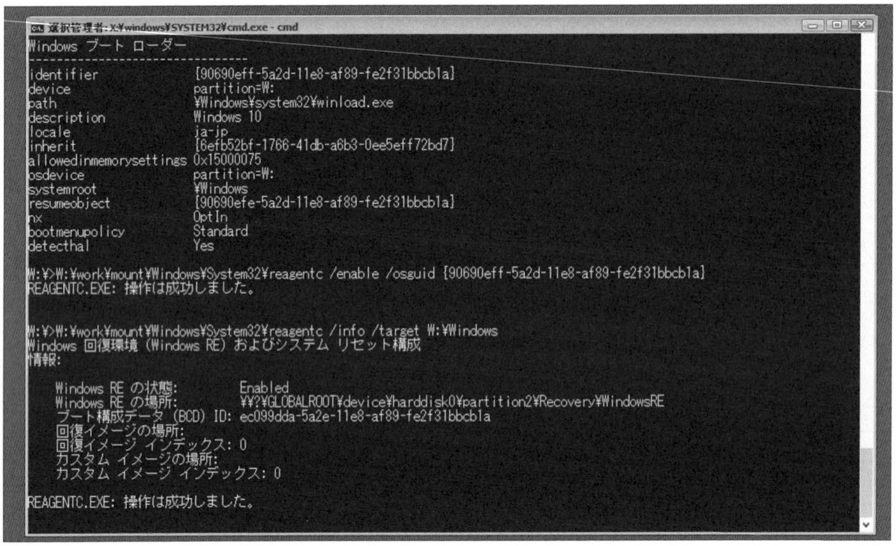

図8-28 システムパーティション（S:¥）にブートファイルを作成し、Windows回復環境（WinRE）のイメージWinre.wimをインストールする

　以上の作業の結果、バックアップに含まれるC:ボリュームの回復だけで、システム全体を以前のバージョンに回復することができました（図8-29）。このように、問題なく作成に成功したバックアップ（システムイメージ）さえあれば、バックアップ/回復ツールが誤動作したとしても何とかなるものです。ただし、複雑なコマンドラインを操作するのは、大変かもしれません。決して、一般ユーザー向けの方法ではありませんので、もしチャレンジするなら、もうこれが最後の手段であるという場合にしてください。

図8-29 無事、Windows 10 x86バージョン1709の環境に戻った

8.5　バックアップからの回復エラーの回避策あれこれ

　この節は、@ITの以下の連載記事の一部を再編集したものです。この記事はWindows 10のバックアップからの回復エラーを想定したものですが、Windows 8.1やWindows 7に応用できる可能性はあります。

@IT連載「山市良のうぃんどうず日記（122）：フルバックアップからのWindows 10の復元が失敗⁉　でもそれが最後の希望だとしたら……」
http://www.atmarkit.co.jp/ait/articles/1803/20/news012.html

万が一に備えておいたバックアップに裏切られる

　Windowsで「システムの保護」を有効化しておくと、Windows Updateによる品質更新プログラムやアプリケーションのインストールや更新で問題が発生したとしても、「システムの復元」機能を使って簡単に元の問題のない状態に回復することができます。より安心を求めているユーザーなら、外部メディア（外付けUSBディスクやUSBメモリなど）にシステムイメージを定期的に作成したり、システムイメージを含むスケジュールバックアップを自動化していることでしょう。Windows 10は、システムイメージ作成機能を標準機能としてコントロールパネルの「バックアップと復元（Windows 7）」に備えています。この機能はWindows 10 Fall Creators Update（バージョン1709）から非推奨になり、将来削除されるのではという話もありますが、重要なのは現行バージョンでもまだ"使えるはずの機能"であるということです。他のバックアップソフトは必要ありません。Windows標準のものを使うのか、他のバックアップソフトを使うのかは、ユーザーの好み次第です。

　システムイメージのバックアップがあれば、ディスクの物理的な故障のためにまっさらなディスクに交換したとしても、Windows回復環境（WinRE）の「イメージでシステムを回復」を使用して、バックアップ作成時の正常な状態に復元できます。もちろん、Windows Updateが原因で発生した問題に、他の方法で対処できないときに回復できる可能性がある、最後から一歩手前（クリーンインストールが最終手段として）の方法になります。バックアップ後に作成、更新された個人データや、変更されたWindowsの設定、新たにインストールされたアプリケーションは失われますが、それでもゼロから自分の環境を取り戻す手間を考えれば手軽です。

　しかし、万が一に備えて作成しておいたシステムイメージが、回復時に原因不明のエラーで役に立たないということがあります。実際、Windows 10バージョン1709のOSビルド16299.192以前、正常に作成できたシステムイメージを使用して、「イメージでシステムを回復」を実行すると、予期しないエラー「0x80042302」が発生して失敗するという問題がありました。この問題は、すべての環境で再現するわけではありませんでした。また、OSビルド16299.214以降で修正されたという非公式の情報があります。

　もし、筆者が不明なエラー「0x80042302」に遭遇したとしたらと考え、代替案を2つ考えてみました。どちらも正常なバックアップと復元が可能なシステムイメージを使用して確認しました。不明なエラー「0x80042302」で失敗するバックアップが手元にないため、これらの方法が有効かどうかはわかりませんが、他に方法がない場合、別のエラーで失敗する場合、他に手段が残っていないのであればチャレンジする価値はあると思います。

復元に失敗するバックアップからの回復（その1）
── WBADMINの使用

システムイメージからの復元時の不明なエラー「0x80042302」の原因はよくわかりませんが、もしWindows回復環境（WinRE）にあるGUIツール（コンピューターイメージの再適用）の問題だとすれば、バックアップおよび復元のコマンドラインツールである**WBADMIN**コマンドを使用して復元できる可能性があります。ここでは、バックアップに含まれるC:ドライブだけを復元する手順を紹介します。

ローカルまたはメディアからWindows回復環境（WinRE）を起動して、Windows回復環境（WinRE）のコマンドプロンプトを開き（BitLockerデバイス暗号化やドライブ暗号化が有効な場合は、回復キーの入力が必要）、バックアップが格納されているディスクのドライブ文字を確認します（**DIR**コマンドや**DISKPART**の**LIST VOLUME**コマンドを使用）。バックアップが格納されているドライブには「WindowsImageBackup」というサブディレクトリが存在するので、それをヒントに調べてください。

バックアップディスクのドライブ文字がわかったら、次のコマンドラインを実行して、バックアップディスク上に存在するバックアップのバージョン識別子（MM/DD/YYYY-HH:MMの形式）を確認します。バックアップディスクに複数のコンピューターのバックアップが存在する場合は、さらに**-Machine:<コンピューター名>**オプションを指定してください。

```
X:\> WBADMIN GET VERSIONS -BackupTarget:<バックアップのあるドライブ:> ↵
```

続いて、次のコマンドラインを実行して、確認したバージョン識別子のバックアップに含まれるアイテム（ボリュームやレジストリなど）を確認します。C:ドライブにマウントされていたボリュームのボリュームIDを調べます。

```
X:\> WBADMIN GET ITEMS -Version:<バージョン識別子> -BackupTarget:<バックアップのあるドライブ:> ↵
```

最後に、次のコマンドラインを実行して、C:ドライブのボリュームをバックアップから復元します（図8-30）。「ボリューム（C:）の回復操作が正常に完了しました。」と表示されたら、コマンドプロンプトを閉じて、PCを再起動します。これで復元完了です。C:ドライブ以外（ブート構成を含むシステムパーティションなど）はそのままなので、問題なく起動するはずです。

```
X:\> WBADMIN START RECOVERY -Version:<バージョン識別子> -ItemType:volume -items:\\?\Volume{<ボリュームID>} -BackupTarget:<バックアップのあるドライブ:> ↵
```

第8章 トラブルシューティング事例

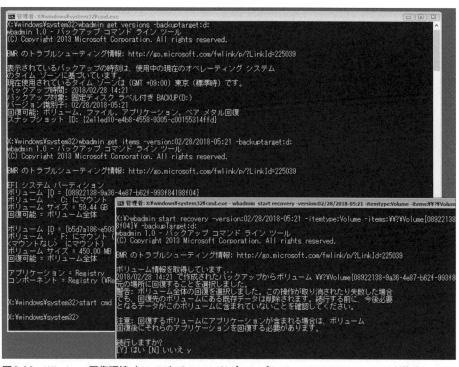

図8-30 Windows回復環境（WinRE）のコマンドプロンプトで、WBADMINコマンドを使用してC:ドライブだけをバックアップから復元する

復元に失敗するバックアップからの回復（その2）── DISMの使用

　WBADMINコマンドを使用した復元が失敗する場合は、次の方法を試してみることができます。Windows標準の「バックアップと復元（Windows 7）」および「システムイメージの作成」は、仮想マシンの仮想ハードディスクと共通のVHDX形式（Windows 7はVHD形式）のイメージにバックアップを保存しています。これをローカルにマウントし（**DISKPART**コマンドを使用）、マウント先のイメージをキャプチャしてWIMファイル化し（**DISM**コマンドを使用）、WIMファイルの内容をC:ドライブ（またはもともとのC:ドライブがマウントされているドライブ）に適用する（**DISM**コマンドを使用）という方法です。

　これは複雑な手順になります。途中でWindowsパーティション（もともとのC:ドライブ）をフォーマットするというリスクの高い手順が含まれるので、もう回復手段が存在しない、ディスクの内容は最悪あきらめてよいという場合にのみチャレンジすることをお勧めします。なお、復元に失敗したとしても、バックアップが存在する限り、同じ方法でマウント（または別の正常なPCにマウント）して中にあるデータを救出することができるという、最後の希望が残されていることを覚えておいてください。

　ローカルまたはメディアからWindows回復環境（WinRE）を起動して、Windows回復環境（WinRE）のコマンドプロンプトを開き、バックアップが格納されているディスクのドライブ

とVHDXファイルのパスを確認します。C:ドライブの内容が格納されているVHDXファイルは、「<ドライブ文字>:¥WindowsImageBackup¥<コンピューター名>¥Backup YYYY-MM-DD HHMMSS¥XXXXXXXX-XXXX-XXXX-XXXXXXXXXXXX.vhdx」のようなパスになるはずです。ファイルサイズをヒントに確認してください。

DISKPARTコマンドを実行し、次の手順でVHDXファイルの差分ディスクを作成して、差分ディスクをローカルマウントし、ボリュームにドライブ文字を割り当てます。なお、差分ディスクを配置するボリュームに十分な空き領域が存在しない場合、ローカルマウントに失敗することに注意してください。バックアップ先ディスクと同じボリュームなど、十分な空き領域のあるボリュームを用いて作業する必要があります。

```
C:¥> DISKPART
DISKPART> CREATE VDISK FILE="<差分ディスクのパス>" PARENT="<バックアップの仮想ハードディスクのパス>"
DISKPART> SELECT VDISK FILE="<差分ディスクのパス>"
DISKPART> ATTACH VDISK
DISKPART> LIST VOLUME
DISKPART> SELECT VOLUME <接続した差分ディスクのボリュームのボリューム番号>
DISKPART> ASSIGN LETTER=V:
DISKPART> EXIT
```

DIRコマンドなどでマウントしたドライブの内容を確認し、「Windows」や「Program Files」、「USERS」ディレクトリなどが存在することを確認してください。存在しなければ、別のVHDXファイルなので、DISKPARTコマンドのDETACH VDISKサブコマンドで切断し、もう一度やり直します。

```
C:¥> DISKPART
DISKPART> SELECT VDISK FILE="<差分ディスクのパス>"
DISKPART> DETACH VDISK
DISKPART> EXIT
```

図8-31　C:ドライブのバックアップを含むVHDXファイルのパスを確認し、DISKPARTコマンドを使用して、VHDXファイルを接続し、ドライブ文字を割り当てる（この例ではV）

　VHDXファイルのボリュームをマウントしたドライブの内容を、次のコマンドラインのようにDISMコマンドを使用してキャプチャし、WIMファイル（バックアップディスクと同じドライブ上のパス）に保存します。もともとのC:ドライブ上のパスはこのあとの手順でフォーマットすることになるため、WIMファイルの保存先としては使用できません。

```
X:¥> DISM /Capture-Image /ImageFile:"＜キャプチャしたイメージを格納するWIMファイルのパス（.wim）＞" /CaptureDir:＜先ほどマウントしたドライブ文字:¥＞ /Name:"＜イメージの説明＞"
```

　ローカルのもともとのC:ドライブが現在マウントされているドライブ文字を確認します。Windows回復環境（WinRE）では、同じC:ドライブにマウントされているかもしれませんし、別のドライブにマウントされているかもしれません。ドライブ文字を確認したら、**FORMAT**コマンドを使用してNTFS形式でフォーマットします。そのドライブの内容はフォーマットした時点で消えてしまいますので、くれぐれも間違いのないように。

```
X:¥> FORMAT ＜復元先のドライブ文字:＞ /FS:NTFS /V:"＜適当なボリュームラベル（例：Windows）＞"
```

　次のコマンドラインを実行して、WIMファイルの内容を復元先のドライブに展開します。「操作が正常に完了しました。」と表示されたら、コマンドプロンプトを閉じて、PCを再起動します。これで復元完了です。

```
X:¥> DISM /Apply-Image /ImageFile:"<WIMファイルのパス (.wim) >" /Index:1 /ApplyDir:<先
ほどフォーマットしたドライブのルート:¥> ⏎
```

図8-32 バックアップに含まれる内容をキャプチャしたWIMファイルを、復元先ドライブに展開する

8.6 「アンインストールしますか?：Y」はインストール

　Windows PowerShell 5.1（Windows 10 バージョン 1607 および Windows Server 2016 からの標準）には、PackageManagement モジュールを標準で利用することができ、PSGallery（マイクロソフト提供）といったパッケージソースから、さまざまな PowerShell モジュールやソフトウェアのインストールと更新を簡単に行えるようになっています。PSGallery で公開されているパッケージプロバイダーの1つからあるパッケージをインストールしようとしたところ、不可思議なメッセージを目にしました。

Install-Packageの日本語メッセージと挙動が一致しない

そのメッセージとは、次のようなものです。ユーザーが入力できる選択肢は、「Y（はい）」「A（すべて続行）」「N（いいえ）」「L（すべて無視）」「S（中断）」の5つで、何も入力しないで Enter キーを押した場合の既定は「N」です。

> "パッケージは、信頼済みとマークされていないパッケージソースから取得されています。'<パッケージプロバイダー名>'からソフトウェアをアンインストールしますか？"

インストールをさせたいのでNと入力すると、インストールしてくれませんでした。これは一体どういうことでしょうか（図8-33）。

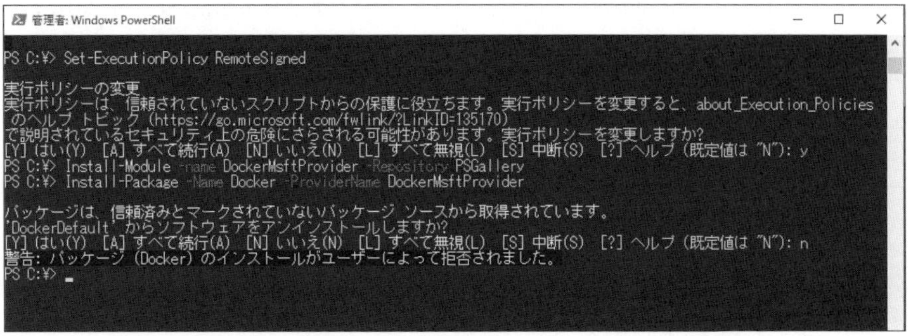

図8-33　インストールしたいので「N」と入力すると、インストールしてくれない

まったく別のパッケージでも同じメッセージです。また、Windows PowerShell 5.1にアップグレードしたWindows 8.1でも同様でした。インストールを続行させるには、「ソフトウェアをアンインストールしますか？」という問い合わせに「Y（はい）」または「A（すべて続行）」を選択する必要があるのです（図8-34）。

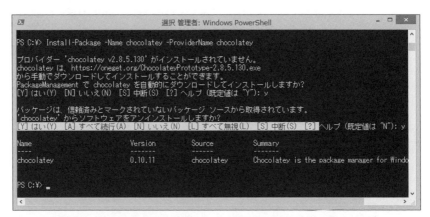

図8-34　Windows PowerShell 5.1を導入したWindows 8.1でも同じメッセージ。インストールさせるには「Y」または「A」と入力

英語のメッセージを確認すると誤訳であることが判明

オリジナルの英語メッセージはどうなているのでしょうか。それを確認するためだけに英語（en-us）の言語パックをインストールしたくはありません。そこで、マイクロソフトランゲージポータルの「用語検索」ページで調べてみました。

マイクロソフトランゲージポータル
https://www.microsoft.com/ja-jp/language/

検索する用語は「ソフトウェアをアンインストールしますか」で、「日本語」→「英語」を検索します。その結果、Windows 10 Anniversary Update（バージョン1607）と Windows 10 Creators Update（バージョン1703）に該当する探していた用語が見つかりました（2018年7月時点では、Windows 10 バージョン1703および Windows Server 2016 までの製品用語が検索可能です）。

「…からのソフトウェアをアンインストールしますか？」の英語メッセージは、「Are you sure you want to install software from…?」となっています（図8-35）。つまり、明らかにローカライズ時の翻訳ミスです。筆者はこの問題を1年ほど前に Windows 10 の「フィードバックHub」を通じてフィードバックしましたが、残念ながら、本書執筆時点で最新の Windows 10 バージョン1803になっても修正されていません。

Windowsでは（特に Windows 10 からは）、機能強化や品質改善のためにユーザーからのフィードバックが重要視されています。しかしながら、日本語環境固有の問題は、残念なことに優先順位が低くなってしまうようです。

製品別用語

英語	訳	製品	ページ 1-5/5
Are you sure you want to install software from '{1}'?	'{1}' からソフトウェアをアンインストールしますか？	Windows 10 Anniversary Update	
Are you sure you want to install software from '{1}'?	'{1}' からソフトウェアをアンインストールしますか？	Windows 10 Creators Update	
Are you sure you want to install software from '{1}'?	'{1}' からソフトウェアをアンインストールしますか？	Windows 10 Creators Update	
This action removes the SQL Server Analysis Services (PowerPivot) instance and the PowerPivot System Service from the farm. If you have other PowerPivot for SharePoint servers in the farm, they will continue to work. This action only removes information from the SharePoint configuration database. Program files will remain on the server after this action is performed. To remove the program files, run SQL Server Setup to unintall the software.	この操作は、ファームから SQL Server Analysis Services (PowerPivot) インスタンスと PowerPivot System サービスを削除します。ファーム内に他の PowerPivot for SharePoint サーバーがある場合、それらは機能し続けます。この操作は、SharePoint 構成データベースから情報を削除するだけです。プログラム ファイルは、この操作を行った後も、サーバー上に残ります。プログラム ファイルを削除するには、SQL Server セットアップを実行して、ソフトウェアをアンインストールします。	SQL Server Versions	

図8-35 「install」が「アンインストール」と誤訳されている

8.7 未知のポリシー設定を探せ!

この節は、@ITの以下の連載記事と筆者の個人ブログの以下の記事を再編集したものです。

@IT連載「山市良のうぃんどうず日記(49):Windows 10のトラブルシューティング事例――未知のポリシー設定を探せ!」
http://www.atmarkit.co.jp/ait/articles/1510/09/news031.html

山市良のえぬなんとかわーると「Windows 10 Enterprise への RemoteFX USB デバイス リダイレクトには追加のポリシー設定が必要(Windows 10 へのその他の PnP デバイスのリダイレクトも)」
https://yamanxworld.blogspot.com/2015/10/windows-10-enterprise-remotefx-usb.html

Windows Server 2016におけるデバイスリダイレクトの仕様変更について

2台のWindowsコンピューター間のリモートデスクトップ接続(RDP接続)では、接続元のさまざまなデバイスを接続先のリモートセッションにリダイレクトして使用できます。標準でプリンターやドライブ、スマートカード、オーディオ、デジカメやメディアプレーヤーなどをリダイレクトできます。デジカメやメディアプレーヤーはPTP (Picture Transfer Protocol) またはMTP (Media Transfer Protocol) プロトコルに対応したもので、「その他のサポートされているプラグアンドプレイ (PnP) デバイス」と表現されます。

接続先が対応していれば、標準の方法でリダイレクトできないWebカメラやVoIPデバイス、生体認証デバイスといったUSBデバイスを、リモートセッションにリダイレクトすることも可能です。USBデバイスのリダイレクトは「RemoteFX USBデバイスリダイレクト」という機能であり、接続元はRDP 7.1以降のリモートデスクトップ接続クライアント (Mstsc.exe)、接続先はWindows 8以降のEnterpriseエディション、Windows Server 2012以降のリモートデスクトップセッションホスト、RDP 8.0をサポートするWindows 7 Enterprise SP1/Ultimate SP1、およびRemoteFX 3Dビデオアダプターが割り当てられたRDP 7.1を使用するWindows 7 Enterprise/Ultimate SP1、Windows 8.1 Enterprise、Windows 10 Enterprise/Education、Windows 10 Pro (バージョン1607以降) のVDI仮想デスクトップやリモートコンピューター、およびWindows Server 2016のリモートデスクトップセッションホストでサポートされます。RemoteFX USBデバイスリダイレクトでリダイレクトできるデバイスは、「その他のサポートされているRemoteFX USBデバイス」と表現されます。

リモートデスクトップ接続の接続先がWindows 10またはWindows Server 2016の場合、「その他のサポートされているプラグアンドプレイ (PnP) デバイス」と「その他のサポートされているRemoteFX USBデバイス」は、既定でリダイレクトが許可されないように既定値が変更されました。Windows 8.1およびWindows Server 2012 R2以前は既定でリダイレクトが許可されていました。この既定の仕様がまったく逆に変更されたため、従来と同じ方法で「その他のサポートされているプラグアンドプレイ (PnP) デバイス」や「その他のサポートされているRemoteFX USBデバイス」のデバイスをリダイレクトしようとしても失敗してしま

います。なお、接続先のWindows Server 2016がリモートデスクトップセッションホストである場合や、MultiPoint Servicesが有効なサーバーである場合は、既定で許可されます。

以前のバージョンのWindowsと同じように、接続先のWindows 10やWindows Server 2016に対して「その他のサポートされているプラグアンドプレイ（PnP）デバイス」のリダイレクトを許可したい場合、および接続先のWindows 10 Enterpriseに対して「その他のサポートされているRemoteFX USBデバイス」を許可したい場合は、ローカルコンピューターポリシーまたはグループポリシーで、接続先のコンピューターの以下のポリシーを「無効」に設定し、コンピューターを再起動する必要があります（図8-36）。繰り返しますが、リモートデスクトップセッションホストやMultiPoint Servicesが有効なWindows Server 2016では、この設定を行わなくてもリダイレクトが許可されます。

> コンピューターの構成￥管理用テンプレート￥Windows コンポーネント￥リモート デスクトップ セッション ホスト￥デバイスとリソースのリダイレクト￥サポートされているプラグ アンド プレイ デバイスのリダイレクトを許可しない：無効

図8-36　「サポートされているプラグ アンド プレイ デバイスのリダイレクトを許可しない」ポリシーの説明には、Windows Server 2012 R2以前との既定（未構成時）の違いが書かれているが、わかりにくい

筆者はこの仕様変更を、Windows Server 2016の正式リリース前、当時のWindows 10 Enterpriseバージョン（初期リリース）やWindows Server 2016 Technical Previewのときに発見し、従来の挙動に戻すポリシー設定を見つけました。その過程は、トラブルシューティングの良い手本になると思うので、順を追って説明します。Windows 10やWindows Server 2016では仕様変更がかなり後になって公表されることがよくあります。未公表の仕様変更にどう対処すればよいかのヒントにもなるでしょう。

調査1:イベントログから情報収集

　Windowsで何かトラブルが発生した際に、真っ先に確認したいのがイベントログです。「イベントビューアー」(Eventvwr.msc)を開いて、「アプリケーション」ログや「システム」ログに異常がないかどうかを確認するのはもちろんのこと、「アプリケーションとサービスログ」のほうのアプリケーションやサービスごとのログも確認しましょう。

　「その他のサポートされているプラグアンドプレイ(PnP)デバイス」のリダイレクトの成功と失敗のイベントは、接続先のコンピューターの「Microsoft￥Windows￥TerminalServices-PnPDevices」の「Operational」と「Admin」に記録されます。「その他のサポートされているRemoteFX USBデバイス」の成功と失敗のイベントは、接続先のコンピューターの「Microsoft￥Windows￥TerminalServices-USBDevices」の「Operational」と「Admin」に記録されます。

　PnPまたはUSBデバイスのリダイレクトに失敗した接続先のWindows 10コンピューターでは、イベントID「36」の警告イベント「サポートされた追加のデバイスのリダイレクトは、ポリシーによって無効にされています。」が記録されていました(図8-37)。

図8-37　USBデバイスのリダイレクト失敗の理由として、接続先のWindows 10のイベントログに「サポートされた追加のデバイスのリダイレクトは、ポリシーによって無効にされています。」と記録されていた

調査2:Procmonで参照されるレジストリを確認

　Windowsのエラーメッセージは実際の状況を示しておらず、役に立たないものが多いと捉える人がいるようです。例えば、エラーの内容が「この操作は中止されました。システム管理

者に問い合わせてください」ならそうでしょう。しかし、今回のイベントログに記録されたエラーのようなものは、まず、その表現のとおりに受け取るべきでしょう。つまり、今回の問題は、「ポリシーによって無効化されている」ことが原因と考えられます。しかし、筆者は問題の発生しているWindows 10に対して、ローカルポリシーやグループポリシーを何も構成していません。

　Windowsのポリシー設定は、レジストリの「HKEY_LOCAL_MACHINE¥SOFTWARE¥Policies」や「HKEY_LOCAL_MACHINE¥SYSTEM¥CurrentControlSet¥Policies」、あるいは「HKEY_CURRENT_USER¥SOFTWARE¥Policies」といった場所に書き込まれ、既定のローカル設定よりも優先されます。そこで、PnPやUSBデバイスのリダイレクトの際に、これらの場所にあるどのようなポリシー設定を参照しているのかを、Windows Sysinternalsの「Process Monitor」ユーティリティ（Procmon.exe）を使用して追跡してみました。Procmonは、Windowsで行われているファイル、レジストリ、ネットワークへのアクセス、プロセスとスレッドの処理の情報をリアルタイムにキャプチャし、表示するツールです。

Windows Sysinternals > Process Monitor
https://docs.microsoft.com/ja-jp/sysinternals/downloads/procmon

　Procmonをリモートデスクトップ接続のセッション内で開始し、いったんセッションを切断して、PnPデバイスやUSBデバイスをリダイレクトするように指定してから再接続します。接続が完了したらProcmonのキャプチャを停止して、「Policies」を含むレジストリアクセスを探します。Procmonは膨大な情報を記録しますが、Procmonのフィルター機能を利用すると、ある程度、絞りこむことができます（図8-38）。

　どうやら、探しているレジストリ値は「HKEY_LOCAL_MACHINE¥SOFTWARE¥Policies¥Microsoft¥Windows NT¥Terminal Servces¥fDisablePNPRedir」のようなのですが、結果が「NAME NOT FOUND」なので、Windows 10にこのポリシー設定は適用されていません。どういうことでしょうか。

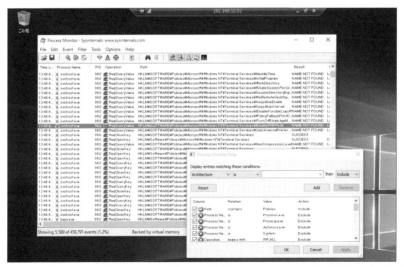

図8-38　探しているポリシーは、レジストリ値「fDisablePNPRedir」に関係しているようだ

調査3：管理用テンプレート（.admx）で該当ポリシーを探す

続いて、レジストリ値「HKEY_LOCAL_MACHINE¥SOFTWARE¥Policies¥Microsoft¥Windows NT¥Terminal Servces¥fDisablePNPRedir」が、どのポリシーに対応しているのかを調べてみました。

ポリシーの管理用テンプレート（.admx）は、C:¥Windows¥PolicyDefinitionsに格納されています。コマンドプロンプトで次のコマンドラインを実行すれば、「fDisablePNPRedir」を含む管理テンプレートを特定できます。また、「fDisablePNPRedir」のポリシーのポリシー名や説明に紐付いたIDを取得できます。

```
C:¥> FIND "fDisablePNPRedir" C:¥Windows¥PolicyDefinitions¥*.admx
```

Windows PowerShellの場合は、次のコマンドラインを実行します。

```
PS C:¥> Get-ChildItem C:¥Windows¥PolicyDefinitions¥*.admx | Select-String "fDisablePNPRedir"
```

「fDisablePNPRedir」が関係するポリシー設定は、「C:¥Windows¥PolicyDefinitions¥TerminalServer.admx」に「TS_CLIENT_PNP」というIDで存在しました。次に、この管理用テンプレートに対応する言語サポートファイル「C:¥Windows¥PolicyDefinitions¥ja-jp¥TerminalServer.adml」をメモ帳で開いて、「TS_CLIENT_PNP」を検索します。その結果、探しているポリシーの名前は「サポートされているプラグアンドプレイデバイスのリダイレクトを許可しない」であると特定できました（図8-39）。

あとは、管理用テンプレートが「TerminalServer.admx」であることや、コンピューターの

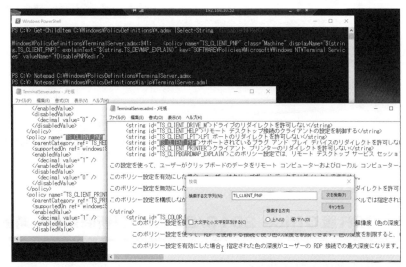

図8-39　ポリシーの管理用テンプレート（*.admx）の中から「fDisablePNPRedir」を含むものを探し出し、対応する言語ファイル（*.adml）からポリシー名を特定する

構成（class="Machine"）であることを考慮すれば、「ローカルグループポリシーエディター（Gpedit.msc）」で簡単に探しているポリシーを見つけることができます（前出の図8-36）。

調査4：ポリシーの説明を新旧比較

Windows 10の「サポートされているプラグアンドプレイデバイスのリダイレクトを許可しない」のヘルプの説明には、「既定では、サポートされているプラグアンドプレイデバイスとRemoteFX USBデバイスのリダイレクトが、リモートデスクトップサービスで許可されていません。」と書いてあります。ポリシー設定の既定とは、ポリシーが未構成の場合の動作仕様のことです。PnPデバイスやUSBデバイスをリダイレクトできなかったのは、このポリシー設定が未構成だったからです。

同じポリシーをWindows 8.1以前と比較してみましょう。Windows 7や8.1における同じポリシーのヘルプには、「既定では、サポートされているプラグアンドプレイデバイスのリダイレクトは、リモートデスクトップサービスにより許可されています。」となっています。

これは、「サポートされているプラグアンドプレイデバイスのリダイレクトを許可しない」の既定の動作仕様は、Windows 8.1以前の「既定で許可」から、Windows 10の「既定で許可しない」に変更になったということを示しています。

筆者はこの仕様変更に関して公式な情報は見つけていませんが、たとえマイクロソフトのサポートサービスに問い合わせたとしても、正しい回答を得るまでにはしばらく時間がかかるでしょう。今回の事例が、今後のトラブルシューティングのヒントになればと思います。

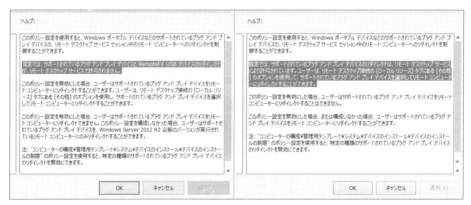

図8-40 「サポートされているプラグアンドプレイデバイスのリダイレクトを許可しない」ポリシーの説明。画面左はWindows 10、画面右はWindows 8.1（Windows 7も同様）

8.8 C2R版Office 2013/2016の更新問題の一時的な回避

Office 2013以降に主流となったクイック実行（Click to Run：C2R）形式のOfficeアプリは、個別の更新プログラムで一部のコンポーネントが更新されるのではなく、Officeアプリの更

新バージョンとのイメージの差分をダウンロードして置き換える形になります。そのため、C2R版Officeアプリの更新の影響で、問題が発生した場合、個別の更新プログラムをアンインストールして回避するという従来の方法（ボリュームライセンス製品で提供されるWindowsインストーラー形式のMSI版Officeアプリは従来の方法です）は使えません（第2章の「2.3.3 クイック実行（C2R）版Officeアプリの更新状況」および第7章の「7.5 C2R版Office 2016の更新スクリプト」を参照）。

実際の問題としてこれまで、2017年8月〜10月には日本語環境においてOfficeアプリの更新によりExcelなどでVBAがエラーになる、2018年1月にはOfficeアプリの更新によりWordから数式エディター3.0が削除される（これは不具合ではなく脆弱性対策のための意図的な機能削除であり、その後のバージョンで復活することはありません）、2018年4月〜6月にはOutlookで添付ファイル付きのリッチテキスト形式メールを送信できない、Windows 10バージョン1803とOutlookの組み合わせで日本語入力に問題が発生するなど、Officeアプリの更新の影響による不具合がありました。これらの問題は現在のバージョンで修正されていますが（日本語入力の問題はWindows 10バージョン1803の2018年7月の品質更新プログラムで修正）、今後も日常的なOfficeアプリの利用に支障をきたすようなさまざまな問題が出てくるでしょう。

クイック実行（C2R）版Officeアプリの特定の更新バージョンで問題が発生した場合は、それ以前の問題が発生していないバージョンにロールバックするという方法で、問題を一時的に回避することができます。過去のバージョンを指定しての更新というわけです。数式エディター3.0の削除は仕様変更ですが、ロールバックすることで一時的に機能を復活し、仕様変更に対応するために別の方法に切り替える（あるいは作成中のドキュメントを仕上げる）ことで、影響を最小限にすることはできました。数式エディター3.0が削除された時期に、この機能を利用して卒業論文を書いていた学生さんもいたはずです。

Officeアプリのバージョンをロールバックする方法については、以下のサポート情報で説明されていますが、ここではC2R版Office 2016を中心に具体的な手順を説明します。

以前のバージョンの Office 2013 または Office 2016 クイック実行に戻す方法（Microsoftサポート）
https://support.microsoft.com/ja-jp/help/2770432/

C2R版Officeアプリのコマンドラインからの手動更新

　C2R版Officeの更新バージョンのロールバックに利用する「OfficeC2RClient.exe」は、コマンドラインからの最新バージョンの確認、より新しい更新バージョンのダウンロードおよびインストールにも使用できます。例えば、C2R版Office 2016の場合は、コマンドプロンプト（管理者権限は不要）を開いて次のコマンドラインを実行します。**DisplayLevel=True**は省略可能です。ユーザーに更新状況のダイアログボックスを表示したくない場合は、代わりに**DisplayLevel=False**を指定します。

```
C:\> cd %ProgramFiles%\Common Files\Microsoft Shared\ClickToRun
C:\Program Files\Common Files\Microsoft Shared\ClickToRun> OfficeC2RClient.exe /update user displaylevel=True
```

　C2R版Office 2013の場合は、%ProgramFiles%\Microsoft Office 15\ClientX86（32ビットWindowsの場合）または%ProgramFiles%\Microsoft Office 15\ClientX86（64ビットWindowsの場合）に移動してOfficeC2RClient.exeを同じように実行します。

C2R版Office 2016の更新バージョンのロールバック

　C2R版Office 2016の更新バージョンを過去のバージョンにロールバックする手順を説明します。

　この方法は、ボリュームライセンス製品であるMSI版のOffice 2016製品（Office 2016 Professional Plusなど）には適用されません。MSI版は、コントロールパネルの「プログラム」―「プログラムと機能」の「インストールされた更新プログラム」から、個別の更新プログラムをアンインストールできます。

■ 更新チャネルを確認する

　最初に、使用しているOfficeアプリのバージョン/ビルド、および更新チャネルを確認します。それには、任意のOfficeアプリ（WordやExcelなど）を開き、「ファイル」メニューの「アカウント」（Outlookの場合は「Officeアカウント」）のページを開きます。バージョン/ビルドと更新チャネルを確認します（図8-41）。

　なお、この時点では、「更新オプション」で「更新を無効にする」は選択しないでください。必要な情報を控えたら、すべてのOfficeアプリを終了します。

　「第7章　便利なスクリプト」では、C2R版Office 2016のアプリを開始せずに、現在の更新チャネルとビルドをコマンドラインから確認できるWindows PowerShellスクリプト（Get-O365ver.ps1）を紹介しています。

図8-41　C2R版Office 2016のバージョン/ビルド情報と更新チャネルを確認する

　更新チャネルはロールバック先の適切なバージョンを選択するために重要な情報です。C2R版Office 2016の更新チャネルの名称はこれまで何度か変更されてきました。現在は、通常、表8-42の3つのうちいずれかの更新チャネルに設定されているはずです。コンシューマー向けおよびスモールビジネス向けの製品の既定は「月次チャネル」、企業向けのOffice 365 ProPlusの既定は「半期チャネル」です。更新チャネルの選択や切り替え方法については、本

書の範囲外であるため説明しません。現在、サポートされているOffice 2016バージョン（YYMM形式のバージョン番号でリリース後18か月サポート）は、すべて新名称になっていますが、2018年6月まで提供されていたバージョン1705まで、「段階的提供チャネル（Deferred Channel）」の表示が残っていました。

表8-42　C2R版Office 2016の更新チャネル

更新チャネル	日本語表示名	以前の名称
Monthly Channel	月次チャネル	最新機能提供チャネル （Current Channel）
Semi-Annual Channel (Targeted)	半期チャネル（対象指定） バージョン1708までは半期チャネル （対象限定）	段階的提供チャネルの初期リリース （First Release for Deferred Channel）
Semi-Annual Channel	半期チャネル	段階的提供チャネル （Deferred Channel）

　確認した更新チャネルにおける、問題を含まない過去のバージョン/ビルド（できるだけ新しいもの）を以下のサイトで確認します。最新情報については、英語サイト（/ja-jp/を/en-us/に置き換える）で確認してください。その際、更新チャネルの英語名称を知っていると役に立ちます（図8-43）。

Office 365 ProPlusの更新履歴（日付別の一覧）
https://docs.microsoft.com/ja-jp/officeupdates/update-history-office365-proplus-by-date

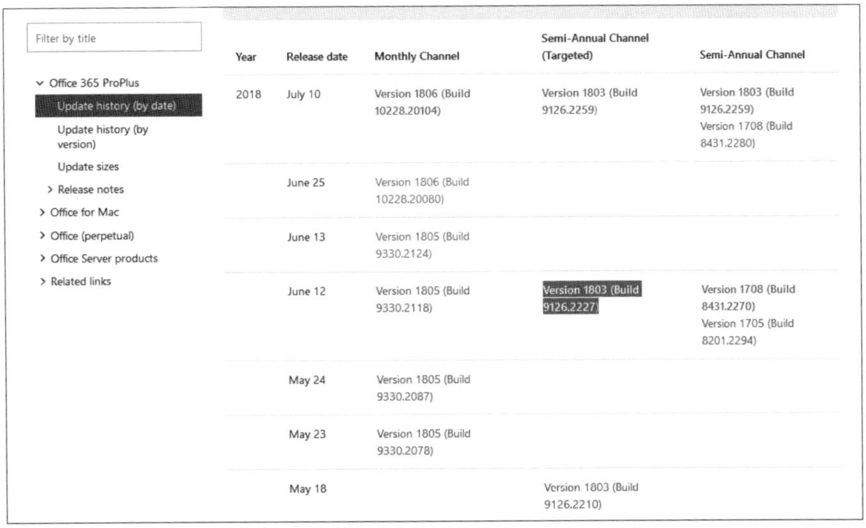

図8-43　Office 365 ProPlusの更新履歴のページでロールバック先のビルド番号を調べる

　今回は、2018年7月11日に更新された「半期チャネル（対象指定）」のバージョン1803/ビルド9126.2259に問題があって（実際に問題があるわけではありません）、1つ前のバージョン1803/ビルド9126.2227にロールバックするとします。

■ 過去のバージョンを指定して更新する

ロールバックを開始するには、コマンドプロンプトを開いて（管理者権限は不要）、次のコマンドラインを実行します。ロールバック先のバージョンは、16.0.<ビルド番号>の形式で指定します。

```
C:¥> cd %ProgramFiles%¥Common Files¥Microsoft Shared¥ClickToRun
C:¥Program Files¥Common Files¥Microsoft Shared¥ClickToRun> OfficeC2RClient.exe /update user updatetoversion=16.0.9126.2227
```

すると、Officeの更新プログラムのダウンロードとインストールが始まります（図8-44）。

図8-44　過去のバージョンを指定してOfficeを更新する

■ 自動更新を無効にする

更新プログラムのダウンロードとインストールが完了したら（Officeの更新プログラムのダイアログボックスが消えたら）、問題のあったOfficeアプリを起動して、問題が解消されていることを確認します。

また、「ファイル」メニューの「アカウント」（Outlookの場合は「Officeアカウント」のページを開き、バージョン情報を確認します。さらに、問題のある更新プログラムが自動的にインストールされて、問題が再現しないように、「更新オプション」をクリックして「更新を無効にする」に切り替えておきます（図8-45）。

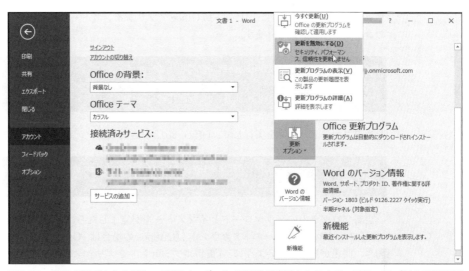

図8-45 問題が修正された新しい更新バージョンの提供が確認されるまで、Officeアプリの自動更新機能を無効にする

　Office 2016の更新問題が報告されているマイクロソフトの公式ブログの更新情報や、Office 365 ProPlusの更新履歴にリンクされている更新バージョンのサポート情報をこまめにチェックして、問題が解消された更新バージョンがリリースされたことを確認したら、再び更新を有効にします。

C2R版Office 2013の更新バージョンのロールバック

　C2R版Office 2013の更新バージョンを過去のバージョンにロールバックする手順を説明します。

　この方法は、ボリュームライセンス製品やMSDNサブスクリプションで提供されるMSI版のOffice 2013製品（Office 2013 Professional Plusなど）には適用されません。MSI版は、コントロールパネルの「プログラム」ー「プログラムと機能」ー「インストールされた更新プログラム」から、個別の更新プログラムをアンインストールできます。

　ロールバックの手順は、C2R版Office 2016と似ていますが、少し異なります。まず、C2R版Office 2013には更新チャネルはありません。以下のOffice 2013の更新履歴のページでロールバック先のバージョン番号（15.0.X.X）を調べます。最新情報については、英語サイト（/ja-jp/ を /en-us/ に置き換える）で確認してください。

Office 2013の更新履歴
https://docs.microsoft.com/ja-jp/officeupdates/update-history-office-2013

　Officeロールバックを開始するには、コマンドプロンプトを開いて（管理者権限は不要）、次のいずれかのディレクトリに移動します。32ビット（x86）Windowsの場合は1つ目のコマンドライン、64ビット（x64）Windowsの場合は2つ目のコマンドラインを実行します。64

ビット（x64）Windowsに32ビット版Officeアプリがインストールされている場合も、2つ目のコマンドラインになります。

```
C:\> cd %ProgramFiles%\Microsoft Office 15\ClientX86
または
C:\> cd %ProgramFiles%\Microsoft Office 15\ClientX64
```

次のコマンドラインを実行して、Office 2013の過去のバージョンに更新します。

```
C:\Program Files\Microsoft Office 15\...\> OfficeC2RClient.exe /update user updateoversion=15.0.x.x
```

更新プログラムのダウンロードとインストールが完了したら、任意のOfficeアプリを開いて、「ファイル」メニューの「アカウント」（Outlookの場合は「Officeアカウント」のページを開き、問題が再現しないように、「更新オプション」をクリックして「更新を無効にする」に切り替えておきます。

8.9 Windows 10 Sモード、セーフモードでもSモード

皆さんは、Windows 10 SあるいはWindows 10 Sモードをご存じでしょうか。簡単に言うなら、Microsoft Storeのアプリだけを使用でき、Microsoft EdgeによるWebブラウジングが可能な、ロックダウンされたWindows 10プレインストールOSです。

Windows 10 SやWindows 10 Sモードを、Windows 8のときにあった、デスクトップアプリやデスクトップに対応していないWindows RTのような別系統のOSを想像しているとしたら、それは間違いです。Windows 10 Pro（または他のエディション）をロックダウンしたOSであり、すべてのコンポーネントを共通で備えています。

主に教育市場向けを想定したWindows 10 Sは、Windows 10バージョン1703で初めて登場しました。期間限定で無料でWindows 10 Proにアップグレードする選択肢も提供されました（その後限定なしに）。Windows 10バージョン1709への機能更新も提供されました。そして、Windows 10バージョン1803からは、Windows 10 Home、Pro、Enterprise、Educationの特別なモード「Sモード」と呼ばれるようになり、Microsoft Storeを通じてSモードをオフにできるようにもなりました（図8-46）。この切り替えは一方向であり、非Sモードのモードをすることはできません。

Windows 10（Sモード）に関してよくあるご質問（Windowsのサポート）
https://support.microsoft.com/ja-jp/help/4020089/

図8-46　Sモードは無料でオフにすることができるが、再びオンにする道はない

Windows 10 S/Sモードでできること、できないこと

　Microsoft Storeのアプリだけを使用できると言いましたが、「ペイント」（Mspaint.exe）や「メモ帳」（Notepad.exe）、「コンピューターの管理」スナップイン（Compmgmt.msc）など、Windows標準のデスクトップ（Win32）アプリケーションや管理ツールも利用できます。Windowsの機能の追加や削除も可能です。もちろん、通常のWindows 10とまったく同じように、Internet Explorer 11は標準搭載しており、Microsoft Edgeではなく、こちらでWebブラウジングも可能です。

　しかし、Microsoft Storeで提供されるアプリ以外を追加でインストールすることはできませんし、ベースのOSのエディションに関係なく、Active Directoryドメインへの参加もできません。

　また、「コマンドプロンプト」（Cmd.exe）、「Windows PowerShell」（Powershell.exe）、「レジストリエディター」（Regedit.exe）、Windows Script Host（WSH）エンジン（Cscript.exe/Wscript.exe）は明示的に実行が禁止されています。この制限は機能が削除されているわけではなく、Windows 10の企業向けのセキュリティ機能である、Windows Defenderアプリケーション制御（以前はデバイスガードと呼ばれていたものです）と共通の技術で、実行できるアプリの許可/禁止を強制しているのです（図8-47）。

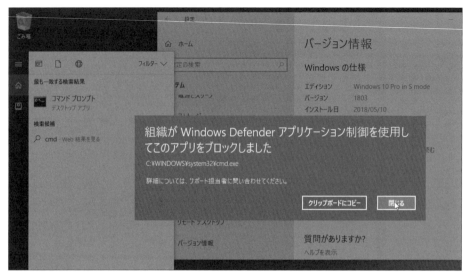

図8-47 コマンドプロンプト、PowerShell、レジストリエディターは実行しようとしてもブロックされる

　Windows 10 SおよびWindows 10 Sモードは、悪意のあるコードが実行される可能性が通常のWindows 10と比べて少ないため、セキュリティ面で堅牢と言えるでしょう。システム設定が不要にに変更されるリスクも減るため、システムの安定性についても大いに期待できます。しかし、Windows 10の品質更新プログラムや機能更新プログラム（これらはWindows 10と完全に共通のものです）の不具合の影響から逃れることは、Windows 10 SおよびWindows 10 Sモードでもできません。

　つまり、本書で説明したオンラインのWindowsに対する、さまざまなコマンドライン操作やスクリプトによる操作はトラブルシューティングに利用できないということになります。トラブルシューティングに利用できる手段があるとすれば、Windows 10が標準で備える「システムの復元」「このPCを初期状態に戻す」「新たに開始」といった復元機能や、Windows Defender Antivirusによるオンライン/オフラインのウイルス検査と駆除くらいでしょう。

セーフモードで起動してみたら

　Windows 10 SおよびWindows 10 Sモードは、通常のWindows 10と同じように、Windows回復環境（WinRE）を備えています。「詳細オプション」の「スタートアップの設定」から、コンピューターを「セーフモード」や「セーフモードとネットワーク」、あるいは「セーフモードとコマンドプロンプト」で起動してみれば、制限が解除されるのではないかと思うかもしれません。

　残念ながら、セーフモードで起動したところで、Windows Defenderアプリケーション制御の制限が解除されて、コマンドプロンプトなどが利用可能になることはありません（図8-48）。逆に考えれば、セーフモードでも重要なシステム変更は許可されないという意味で、堅牢と言えるでしょう。ちなみに、「セーフモードとコマンドプロンプト」を選択して起動しても、「セーフモード」で起動したのと同じ環境でした。

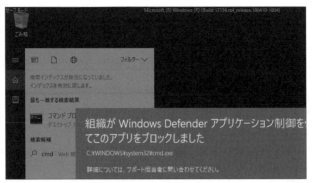

図4-48　セーフモードで起動しても、コマンドプロンプトなどの実行がブロックされることに変わりはない

Windows回復環境（WinRE）のコマンドプロンプトなら

　実は、トラブルシューティングの手段はもう1つ残っています。Windows回復環境（WinRE）のコマンドプロンプトがあるではないですか。Windows回復環境（WinRE）のコマンドプロンプトは、Windowsプレインストール環境（WinPE）で起動した別OSであり、ローカルにインストールされているWindows 10 SやWindows 10 Sモードとは別物です。

　Windows回復環境（WinRE）でのトラブルシューティングについては、本書の「第4章 Windows回復環境（WinRE）」を中心に、さまざまなテクニックを紹介しました。例えば、レジストリハイブをロードしてシステム設定を編集することができます（図8-49）。

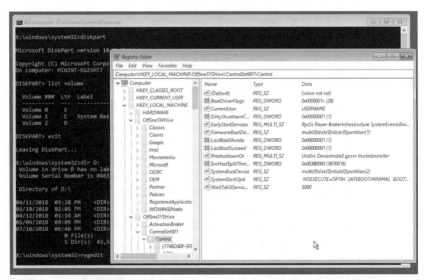

図8-49　Windows回復環境（WinRE）のコマンドプロンプトなら、別OS環境なのでコマンドプロンプトの操作はもちろん、レジストリエディター（Regedit.exe）によるオフラインレジストリの編集も可能

なお、このPCは、英語版のみで提供された初期のWindows 10 Sを日本語化し、その後、機能更新プログラムでアップグレードしたものなので、図8-49のコマンドプロンプトが英語環境になっています。現在、OEMベンダーから提供されているWindows 10 SモードのプレインストールPCの状況がどうなっているのか（完全な日本語環境なのか、英語環境を日本語化したものなのか）はわかりません。

もう1つの最終手段として、Sモードをオフにするという手段もあります。しかし、Windows 10 Sモードのまま使用しているのは、堅牢なセキュリティや安定性を求めているからのはずです。Sモードはいったんオフにすると、再びオンにすることはできません。トラブルシューティングのためだからといって、安易にSモードをオフにすることを考えるべきではないでしょう。

8.10　もしもSTOPエラー（BSoD）が発生したら…

この節は、@ITの以下の連載記事の一部を再編集したものです。

@IT連載「その知識、ホントに正しい？ Windowsにまつわる都市伝説（72）：STOPエラーのQRコードに救われる人、救われない人」
http://www.atmarkit.co.jp/ait/articles/1612/06/news007.html

歴代のBSoD画面とWindows 10のQRコード

"死のブルースクリーン（Blue Screen of Death：BSoD）"や単に"ブルースクリーン"と呼ばれることもある青い画面は、何らかの原因でWindowsのシステムが突然停止したときに表示されます。"STOPエラー"や"システムエラー"、"バグチェック（BugCheck）"と呼ばれることもあります。昔から何度も見てきたという人もいれば、まだ遭遇したことがないという人もいるでしょう。

Windows XPまでは青い背景に白い字で大量の情報が表示されましたが、だんだんとシンプルになり、Windows 8以降は数行の情報に顔文字が表示（日本版には顔文字は表示されません）されるようになって、見た目はフレンドリーになりました（図8-50、図8-51）。しかし、Windows 8/8.1のブルースクリーンから取得できる情報は「PAGE FAULT IN NON PAGED AREA」や「DRIVER IRQL NOT LESS OR QEUAL」といったSTOPエラーのコード（バグチェックコードとも呼ばれます）に対応する名称（数字ではなく）だけで、それがトラブル解決のヒントになることもあれば、そうでないこともありました。

Windows 10バージョン1607からは、ブルースクリーンにQRコードが表示されるようになりました（図8-52）。Windows 10と同じカーネルがベースになっているWindows Server 2016のSTOPエラーにも同じQRコードが表示されるはずです。

なぜQRコードが追加されたのでしょうか。おそらくPCを1台しか持っていない個人ユーザー向けのサービスなのでしょう。スマートフォンや携帯電話でQRコードを読み取れば、トラブル解決を支援するWebサイトに誘導してくれます。ただし、STOPエラーの種類や状況に応じてQRコードが変化するということはありません。QRコードはすべてのSTOPエラーで共通であり、読み取り結果は常に「http://windows.com/stopcode」です。

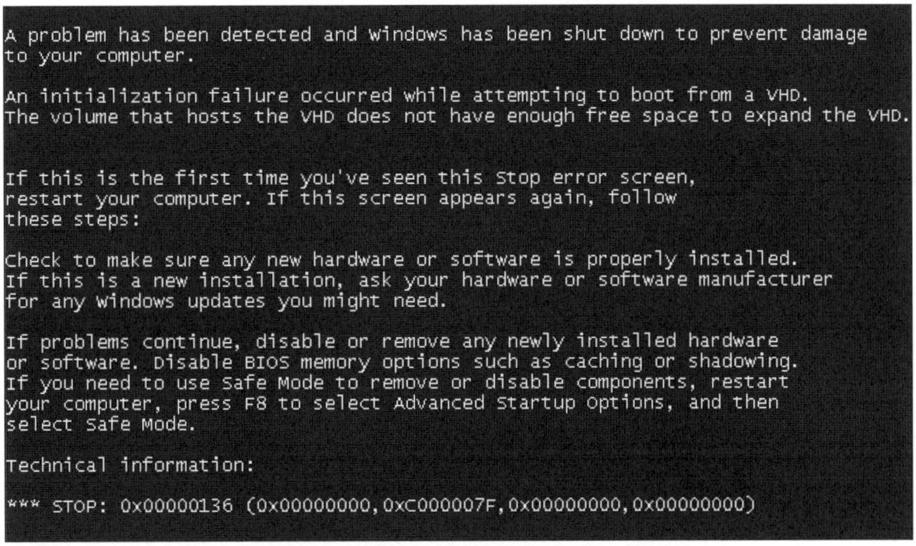

第8章 トラブルシューティング事例　　237

```
A problem has been detected and windows has been shut down to prevent damage
to your computer.

An initialization failure occurred while attempting to boot from a VHD.
The volume that hosts the VHD does not have enough free space to expand the VHD.

If this is the first time you've seen this Stop error screen,
restart your computer. If this screen appears again, follow
these steps:

Check to make sure any new hardware or software is properly installed.
If this is a new installation, ask your hardware or software manufacturer
for any windows updates you might need.

If problems continue, disable or remove any newly installed hardware
or software. Disable BIOS memory options such as caching or shadowing.
If you need to use Safe Mode to remove or disable components, restart
your computer, press F8 to select Advanced Startup Options, and then
select Safe Mode.

Technical information:

*** STOP: 0x00000136 (0x00000000,0xC000007F,0x00000000,0x00000000)
```

図8-50　Windows 7のBSoDの画面。この例では2行目と3行目に明確な理由が書かれているが、通常、重要なのは「STOP: 0x00000136」のところ

問題が発生したため、PC を再起動する必要があります。
エラー情報を収集しています。再起動できます。(0% 完了)

詳細については、次のエラーを後からオンラインで検索してください: INACCESSIBLE_BOOT_DEVICE

図8-51　Windows 8.1のBSoDの画面。重要なのは「検索してください:」に続く文字列

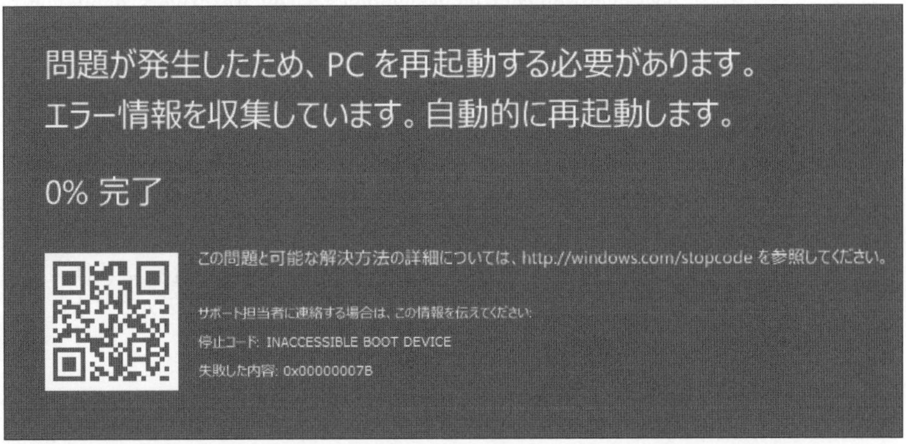

問題が発生したため、PC を再起動する必要があります。
エラー情報を収集しています。自動的に再起動します。

0% 完了

この問題と可能な解決方法の詳細については、http://windows.com/stopcode を参照してください。

サポート担当者に連絡する場合は、この情報を伝えてください:
停止コード: INACCESSIBLE_BOOT_DEVICE
失敗した内容: 0x0000007B

図8-52　Windows 10のBSoDの画面。重要なのは「停止コード」と「失敗した内容」のところ

トラブルシューティング手順はWindows 10向けの汎用的なもの

Webブラウザーで「http://windows.com/stopcode」にアクセスすると、「ブルースクリーンエラーのトラブルシューティング」というページに誘導されます。このページで、「1 ブルースクリーンが発生したのはいつですか」の問いに対して次の3つから1つを選択すると、それぞれのケースに応じた汎用的な対処手順を示してくれます。

- Windows 10へのアップグレード中
- 更新プログラムをインストールした後
- PCの使用中

あくまでも汎用的な手順なので、解決できることもあれば、できないこともあります。

重要な情報はSTOPエラーコード

STOPエラーが発生したときに重要なのは、ブルースクリーンの画面でエラーコード(番号および/または名称)を控えることと、発生するタイミングです。これらを条件にインターネットを検索すれば、原因や回避方法がすぐに見つかるかもしれません。なお、STOPエラーの16進コード、例えば「0x000000D1」は、「0x1D」と表現することがあります。16進数の表記方法として、これらは同じ意味です(0xは16進数を表し、それに続く0は省略できますし、0の数も問いません)。検索する際には、両方を試してみるとよいでしょう。

Windowsで発生する可能性があるSTOPエラーの16進コードとその名称は、以下のサイトに一覧があります。この一覧が問題の原因を示すものではまったくありませんが、ブルースクリーンで一瞬だけ目にしたSTOPエラーの名称が正確には何だったのか(スペルなど)を確認するのに有効です。

Bug Check Code Reference (Hardware Dev Center)
https://docs.microsoft.com/en-us/windows-hardware/drivers/debugger/bug-check-code-reference2

「システムのプロパティ」の「詳細設定」の「起動と回復」の「設定」で、システムエラー発生時に「自動的に再起動する」がオン(既定)になっている場合、ブルースクリーンの表示は一瞬、あるいはダンプファイルの生成が完了するまでの数秒しかありません。しかし、起動後にイベントログの「システム」ログに記録されたソース「BugCheck」、イベントID「1001」を確認すれば、必要な情報は得られます。例えば、次の図8-53ではSTOPエラーの16進コード「0x000000D1」を確認できます。上記のURLの一覧を見れば、この16進コードが「DRIVER_IRQL_NOT_LESS_OR_EQUAL」であることがわかります。

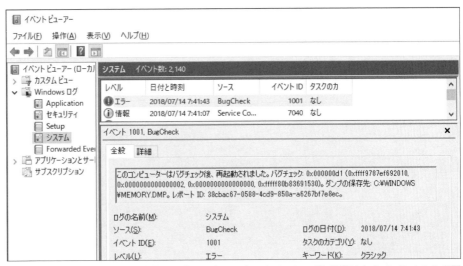

図8-53 ブルースクリーンの内容を見逃したとしても、イベントログに記録されたイベントから必要な情報を取得できる

　しかし、コンピューターが正常に起動できずに、イベントログを確認できないという場合はどうしたらよいのでしょうか。その方法については、本書でさまざまなテクニックを紹介してきました。

　STOPエラー発生時に作成されるメモリダンプ（%SystemRoot%¥Memory.dmp、クラッシュダンプとも呼ばれます）から、何かトラブルシューティングに役立つ情報が得られると考える人がいるかもしれません。しかし、通常、メモリダンプはアプリケーション開発者やドライバー開発者が、自身で書いたプログラムコードのどこに問題があるのかを調査するために解析するものです。また、メモリダンプの解析のために、デバッグツールやデバッグ環境（シンボル情報やソースコードへのアクセス）が必要です。原因不明のトラブルの調査のために、そこまで準備したところで、ブルースクリーンのSTOPエラーが示す情報以外に何かわかるとは到底思えません。時間の無駄でしょう。

　もちろん、マイクロソフトのサポート担当技術者がWindowsのコンポーネントの問題を調査するためにメモリダンプの取得を要求する場合もあるでしょう。しかし、そのようなケースがある有償のサポートサービスを利用できる状況でない限り、ほとんどのWindowsユーザーにとってメモリダンプを取得する意味はないと思います。実際、開発者ではない筆者のコンピューターでは、システムエラー発生時の「デバッグ情報の書き込み」オプションは「なし」に設定しています。メモリダンプを書き込むのにかかる時間とディスク容量が無駄に思えるからです。

索引

■記号

.adml	71, 73, 74
.admx	71, 72, 73, 74, 225
.evtx	103
.msi	43, 128
.msu	117, 129, 203
.NET Frameworkのバージョンを取得	37
.NET Framework用セキュリティおよび品質ロールアップ	113, 115
.NET Framework用セキュリティのみの更新プログラム	113, 115
.ps1	149
.vbs	149

■A

Add-Printer	79
Appwiz.cpl	9
Autoruns	195
Azure Active Directory参加（Azure AD参加）	35

■B

BCD（ブート構成データ）	181
BCDBOOT	181
BCDEDIT	106, 211
Bits (Background Intelligent Transfer Service)	130
BITSAdmin	13
boot.wim	85, 86
BSoD	104, 189, 236
BugCheck	236, 238

■C

C2R（クイック実行）	43, 169, 226
cacls	73
Caption	39
CBS (Component Based Servicing)	42
Certlm.msc	9
Certmgr.msc	9
CHCP	53
COM+ Event System	130
Compmgmt.msc	9
Control.exe	9
Cscript	149
curl	13, 14
CustomRefresh.wim	6, 134, 178

■D

Defenderモジュール	43
Devmgmt.msc	9, 11
Disable-NetFirewallRule	60
Disable-ScheduledTask	70
DISKPART	17, 95, 106, 144, 181, 200, 205, 216
DISM	7, 15, 16, 105, 114, 116, 121, 144, 148, 178, 181, 193, 194, 203, 211, 215
Dismount-DiskImage	17
Dismout-WindowsImage	16
Dosvc (Delivery Optimization)	130
dsregcmd	35

■E

Enable-NetFirewallRule	60, 62
Enable-PSRemoting	65
Enable-ScheduledTask	70
Enter-PSSession	65
ETW (Event Tracing for Windows)	19, 112
EVENTCREATE	48
Eventsystem (COM+ Event System)	130
Eventvcui.vbs	150, 151
Eventvwr.msc	9, 45, 47

■F

FIND	41, 72, 225
FINDSTR	41
Firewall.cpl	9
FTPクライアント (ftp.exe)	198

■G

Get-ChildItem	38, 225
Get-Command	43

Get-ComputerInfo ··· 32, 38, 41
Get-Content ·· 18
Get-DotNetVer.ps1 ··· 171, 172
Get-EventLog ··· 45, 46
Get-ExecutionPolicy ·· 150
Get-Hotfix ·· 41
Get-ImageInfo ··· 15
Get-ItemProperty ·· 19, 35
Get-ItemPropertyValue ··· 38
Get-MpComputerStatus ·· 43
Get-NetConnectionProfile ································· 58, 59
Get-NetFirewallRule ··· 60
Get-O365ver.ps1 ·· 228
Get-Printer ··· 80
Get-Process ·· 76
Get-PSDrive ·· 35
Get-ScheduledTask ·· 70
Get-Service ·· 68
Get-Volume ·· 17
Get-WindowsImage ·· 15
Get-WindowsUpdateLog ·································· 19, 112
Get-WinEvent ··· 47
Get-WinSystemLocale ··· 53
Get-WmiObject ·· 34, 81, 82
GetClientSKU.vbs ·· 166, 167
GetVersionEx関数 ·· 33
Gpedit.msc ·· 9, 71, 226
gwmi ··· 34

■ I

Install-Package ·· 219
Install.esd ··· 7, 210
Install.wim ·· 7, 210
Invoke-Command ·· 65
Invoke-WebRequest ······································· 13, 124
ipconfig ··· 56
IPアドレス ··· 56
isoburn.exe ·· 3
ISOイメージ ··· 3

■ L

LCU (Latest Cumulative Update) ···························· 42
logoff ··· 23, 53

■ M

MdSched.exe ·· 96
Microsoft Updateカタログ ···························· 115, 132, 203
Mount-DiskImage ·· 14, 17
Mount-WindowsImage ·· 16
MpCmdRun.exe ··· 43
ms-settings:windowsupdate ···································· 10
ms-settings:windowsupdate-history ·························· 10
Msconfig.exe ·· 82
Msinfo32.exe ··· 29, 31
MSIServer (Windows Installer) ························ 128, 130

■ N

NBTSTAT ·· 57
net localgroup ·· 55
NET START ··· 67
NET STOP ·· 67, 113, 114
NET USE ·· 99
NET USER ·· 54
NETSH ·· 57, 60, 62, 188
netstat ·· 57
Network Location Awareness (NlaSvc) サービス ········· 58
New-EventLog ·· 49
New-NetFirewallRule ·· 61
New-Object ·· 79, 80
New-PSSession ·· 65
NLA (ネットワークレベル認証) ·································· 62
Npca.cpl ·· 9
nslookup ··· 57
NTEVENT ··· 45
NTFS圧縮 ··· 148

■ O

Office ··· 43
OfficeC2RClient.exe ······································ 227, 230
OperatingSystemSKU ······································ 38, 39
OSOperatingSystemSKU ······································· 38
OSServerLevel ·· 41

■ P

PackageManagementモジュール ····························· 218

PCのリカバリー 134
PCのリセット 134
PCのリフレッシュ 96, 134, 139
PCを初期状態に戻す 97
powercfg 25
PowerShell Remoting 65
PowerShellスクリプト 149
printui.dll 78, 81
Procmon 118, 224

Q

query 23

R

reagentc 24, 86, 211
RecDisc.exe 5
recimg 178
Reconstruct.wim 6
RecoveryDrive.exe 6
REG 35, 36, 44, 62, 69, 104, 128, 131, 132
Regedit.exe 35, 36, 104, 190
RemoteFX USBデバイスリダイレクト 221
Remove-Printer 80
Remove-PrinterDriver 81
REN 113
ReportingEvents.log 19, 112
Resolve-DnsName 58
Restart-Computer 24, 53
Restart-Service 68
robocopy 74
rundll32 ..... 78, 81

S

SC 68
SC CONFIG 69
SCHTASKS 70
Sconfig 20
Sdelete 182
Secpol.msc 9
Server Core 40
Service Packのバックアップファイル 146
Services.msc 9

SCM（サービスコントロールマネージャー） 68
Set-ExecutionPolicy 150
Set-Item 67
Set-ItemProperty 62
Set-NetConnectionProfile 58
Set-WinSystemLocale 53
Set-WinUILanguageOverride 53
Set-WSManQuickConfig 64
「Show or hide updates」トラブルシューティングツール
..... 123, 202
shutdown 23, 24, 25, 51
Sigcheck 19
SKU (Stock Keeping Unit) 38
SKU番号 38
SMB1プロトコル 88
SoftwareDistributionディレクトリ 113
SSU (Servicing Stack Update) 42, 115
Start-BitsTransfer 13
Start-Service 68
startnet 107, 188, 197, 203
Stop-Computer 23
Stop-Process 77
Stop-Service 68
STOPエラー 104, 189, 236
Streaming SIMD Extensions 2 (SSE2) 116
Sysdm.cpl 9, 55, 140
Systeminfo.exe 31

T

tail 18
takeown 73
TASKKILL 77
TASKLIST 76
Taskmgr.exe 9
Taskschd.msc 9, 70
TechNetフォーラム 26
Timedate.cpl 9
tokens.dat 38
TrustedHosts 66
TrustedInstaller 74

U

UEFIファームウェアの設定 98

Update-MpSignature ·· 43
Update-o365.ps1 ·· 169
Update-o365ver.ps1 ·· 170
Usoclient ··· 21
Usosvc（Update Orchestrator Service）················ 130

■V

VBScript ··· 149
ver ·· 29, 30
Version ·· 39

■W

WBADMIN ··································· 141, 143, 209, 214
WebClient.DownloadFile ·· 14
WEVTUTIL ·· 46, 103, 192
Wf.msc ·· 9, 61
wget ··· 13
Win32_Printer ·· 80, 81
Windows 10 Sモード ·· 232
Windows 7のファイルの回復 ································· 175
Windows Defender ··· 43
Windows Defenderウイルス対策 ···························· 99
Windows Defenderオフライン ························· 99, 100
Windows Defenderセキュリティセンター ··········· 99, 136
Windows DefenderのGUI ···································· 43
Windows Defenderファイアウォール ········· 9, 58, 59, 60
Windows Installerサービス ························· 128, 130
Windows Script Host（WSH）··························· 149
Windows Serverバックアップ ······························· 141
Windows Sysinternals ············· 27, 89, 118, 182, 195, 224
Windows Update ·································· 10, 20, 109, 199
Windows Update Agent（WUA）API ··········· 158, 164
Windows Update for Businessポリシー ··········· 117
Windows Update ··· 121
Windows Updateスタンドアロンインストーラー
 ·· 117, 129
Windows Updateトラブルシューティング ··········· 111
Windows Updateのクリーンアップ ····················· 146
Windows Updateのログ ····································· 112
WindowsCurrentVersion ····································· 33
WindowsUpdate.log ····································· 18, 112
WindowsUpdate.ps1 ··································· 159, 162
WindowsUpdate.vbs ·· 158

WindowsUpdateHistory.vbs ························· 42, 164
WindowsUpdateProviderモジュール ·················· 21
WindowsVersion ··· 33
Windowsイベントトレーシング（ETW）·········· 19, 112
Windowsインストーラー ································· 43, 128
Windowsインストールのリフレッシュ ····················· 134
Windowsエラー回復処理 ······································· 91
Windowsセットアップ ·· 93, 94
Windowsバージョン情報 ···································· 29, 30
Windowsファイアウォール ······················· 9, 58, 59, 60
Windowsプレインストール環境（WinPE）
 ··· 12, 36, 85, 86, 94, 95
Windowsメモリ診断 ·· 96
WindowsリモートシェルWinRS）······················· 64
Windowsリモート管理（WinRM）······················ 32, 63
Windows回復環境（WinRE）
 ······· 1, 2, 4, 12, 24, 36, 85, 90, 93, 95, 107, 116, 133, 185, 199
WinRE.wim ·· 85
winrm ·· 64, 67, 70
winrs ·· 64
Winver.exe ··· 29, 30
WMIC ································· 34, 38, 41, 45, 51, 89, 120
WMIフィルター ··· 38
WOW64（Windows 32-bit On Windows 64-bit）······ 89
WPEUTIL
 ··············· 23, 24, 99, 107, 116, 188, 190, 193, 197, 198, 200, 203
Write-EventLog ·· 49
Wscui.cpl ·· 10
wuapi.dll ·· 22
Wuapp.exe ·· 10, 121
Wuauclt ··· 10, 20
wuaueng.dll ·· 22
Wuauserv（Windows Update）········· 69, 113, 114, 129, 130
WUSA ··· 120
wushowhide.diagcab ································· 123, 202

■X

X:ドライブ ································· 87, 95, 189, 200
XCOPY ···································· 102, 188, 211
XPathクエリ ·· 47

■あ

アップグレードインストール ································· 137

索引

新たに開始 ……………………………………… 136
以前のWindowsのインストール ……………… 146
以前のバージョンに戻す ………………… 98, 139, 140
イベントビューアー ……………………… 9, 45, 47
イベントログ ………………… 45, 103, 192, 223, 238
イメージ情報の参照 ……………………………… 15
イメージでシステムを回復 ……… 97, 133, 139, 142, 187, 213
インストールされた更新プログラム ……………… 41
インストールメディア ……………………………… 1, 2, 3
英語キーボード（101配列） ……………………… 11
エラーコード ……………………………………… 238

■か

回復ドライブ ………………………………… 1, 4, 6
回復ドライブの作成 ……………………………… 6
回復（OEM）パーティション …………………… 207
「回復」ページ …………………………………… 186
カスタムイベント ………………………………… 48
カスタムルール …………………………………… 60
キーボードショートカット ……………………… 10
キーボードレイアウトの選択 ……………………… 93
既定のプリンター ………………………………… 81
クイック実行（C2R） ………………… 43, 169, 226
クリーンブート …………………………………… 82
グループポリシー ………………………………… 38
グループポリシー管理用テンプレート ……… 71, 74, 225
言語サポートファイル …………………………… 74
言語パック ………………………………………… 52
更新チャネル ……………………………………… 228
更新の一時停止 …………………………………… 123
更新の履歴 ………………………………………… 10
更新プログラム ……………………… 41, 105, 112
更新プログラムのアンインストール ……………… 98
更新プログラムの既知の問題 …………………… 109
更新プログラムのスタンドアロンインストーラー … 203
更新プログラムの非表示 ………………………… 121
更新履歴 ………………………………………… 109
高速（Express）インストール ………………… 119
高速スタートアップ ……………………………… 24
コードページ ……………………………………… 53
このPCを初期状態に戻す …………… 97, 135, 139
コマンドプロンプト ……………… 96, 97, 98, 187, 199
コントロールパネル ……………………………… 9
コンピューターの管理 …………………………… 9
コンピューターの修復 ………………………… 92, 185
コンピューター名の変更 ………………………… 51
コンピューターを修復する ……………………… 93
コンポーネントストア ………………… 42, 114, 147

■さ

サーバーグラフィックシェル（Server-Gui-Shell） …… 40
サービス ………………………………………… 9, 67
サービスコントロールマネージャー（SCM） …… 68
サービススタックの更新プログラム（SSU） … 42, 115
サービスのスタートアップの種類 ……………… 68
再起動 …………………………………………… 23
最後の累積更新プログラム（LCU） …………… 42
差分更新プログラム …………………………… 115
差分パッケージ ………………………………… 115
システムイメージの回復 ……… 96, 139, 142, 187
システムイメージの作成 ……… 139, 141, 142, 175
システムエラー ……………………… 104, 189, 236
システム回復オプション ……………… 5, 91, 92, 185
システム構成 …………………………………… 82
システム修復ディスク …………………………… 4
システム修復ディスクの作成 …………………… 5
システム情報 ………………………………… 29, 31
システムの復元 ……… 96, 97, 139, 140, 142, 185, 186
システムのプロパティ ………………………… 9, 55, 140
システムの保護 ………………………… 140, 213
システムファイル ……………………………… 71
システムライセンスファイル …………………… 38
システムロケール ……………………………… 53
実行ポリシー …………………………………… 150
「自動更新を構成する」ポリシー ……………… 124
自動修復 ………………………………………… 90
死のブルースクリーン（BSoD） ……………… 236
シャットダウン ………………………………… 23
重要データの救出 ……………………………… 102
従量制課金接続 ………………………………… 125
受信の規則 ……………………………………… 60
詳細ブートオプション ……… 24, 92, 96, 105, 185
証明書（現在のユーザー） ……………………… 9
証明書（ローカルコンピューター） ……………… 9
信頼性モニター ………………………………… 49
スクリプトセンター …………………………… 149
スタートアップ修復 ………………………… 96, 97
スタートアップ設定 ……………………… 97, 105

ストレージセンサー ･････････････････････････････ 145
セーフモード ･･････････････････････････････ 127, 184
セキュリティが強化されたWindows Defenderファイア
　ウォール ･･････････････････････････････････････ 10
セキュリティが強化されたWindowsファイアウォール ･･ 9
セキュリティ更新プログラム ･･････････････････････ 112
セキュリティとメンテナンス ･･･････････････････････ 10
セキュリティのみの更新ロールアップ ･･････････ 113, 115
セキュリティマンスリー品質ロールアップ ･･･････ 112, 115
接続状況 ･･ 57

■た

タイムゾーン ････････････････････････････････････ 52
タスク ･･ 70
タスクスケジューラ ････････････････････････････ 9, 70
タスクマネージャー ････････････････････････････････ 9
低解像度ビデオモード ･･･････････････････････････ 194
ディスククリーンアップ ････････････････････ 145, 147
デバイスマネージャー ･････････････････････････ 9, 11
ドライバー ････････････････････････････････････ 105
ドライブから回復する ････････････････････････････ 97

■な

名前解決 ･･･････････････････････････････････････ 57
日本語キーボード（106/109配列） ･･････････････････ 11
日本語入力システム（Microsoft IME） ･･････････････ 90
ネットワーク接続 ･･･････････････････････････････････ 9
ネットワークプリンター ･････････････････････ 79, 81
ネットワークプロファイル ････････････････････････ 58
ネットワークレベル認証（NLA） ････････････････････ 62

■は

バグチェック ･･････････････････････････････････ 236
バックアップイメージ ･･･････････････････････････ 143
バックアップと復元（Windows 7） ･･････････ 4, 139, 141
発信の規則 ･･････････････････････････････････････ 60
日付と時刻 ･･･････････････････････････････････････ 9
評価版 ･･･ 2
表示言語 ･･ 53
ビルド番号 ･･････････････････････････････････････ 30
ファイアウォールプロファイル ･････････････････････ 58
ファイル履歴 ･･････････････････････････････ 139, 141

ブータブルUSBメモリ ････････････････････････････ 3
ブート構成ストア ･･････････････････････････････ 106
ブート構成データ（BCD） ･･･････････････････････ 181
プリンター ･････････････････････････････････････ 78
プリンタードライバー ････････････････････････････ 81
プリンターユーザーインターフェイス ･･･････ 78, 79, 81
ブルースクリーン ･･････････････････････････････ 236
フルパッケージ ････････････････････････････････ 115
プログラムと機能 ････････････････････････････････ 9
プロセス ･･ 75
ベアメタル回復 ････････････････････････････････ 142
ホットフィックス情報 ･･･････････････････････････ 32

■ま

マイクロソフトランゲージポータル ･･･････････ 25, 220
マイナービルド番号 ･････････････････････････････ 30
マルチキャストDNS ････････････････････････････ 61
メジャービルド番号 ･････････････････････････････ 30

■ら

リスン状況 ･････････････････････････････････････ 57
リソースモニター ･･････････････････････････････ 119
リモートデスクトップ接続 ･･･････････････････ 62, 221
累積更新プログラム ･････････････････････････ 112, 115
ルールグループ ････････････････････････････････ 60
レジストリエディター ･･････････････････ 35, 36, 104, 190
ローカル管理者 ････････････････････････････････ 55
ローカルグループポリシーエディター ･･･････ 9, 71, 226
ローカルセキュリティポリシー ･･････････････････････ 9
ローカルプリンター ････････････････････････････ 80
ローカルマウント ･･････････････････････････ 16, 143
ローカルユーザー ･･････････････････････････ 54, 55
ログオフ ･･ 23
ログオンセッションの確認 ･････････････････････････ 22
ログ参照 ･･ 18

著者紹介

山内 和朗

フリーランスのテクニカルライター。大手SIerのシステムエンジニア、IT専門誌の編集者、地方の中堅企業のシステム管理者を経て、2008年にフリーランスに。IT系のWebメディアへの寄稿（ペンネーム：山市良）、技術書の執筆/翻訳、ITベンダーのWeb/オフラインのコンテンツ制作、システムのコンサルティングや問題解決を中心に活動。2008年にMicrosoft MVPアワード（カテゴリHyper-V）を初受賞し、以後、毎年受賞。最新の受賞は2018-2019 Microsoft MVP（カテゴリ：Cloud and Datacenter Management）。

- @IT長期連載：
  山市良のうぃんどうず日記
  http://www.atmarkit.co.jp/ait/series/1439/
  その知識、ホントに正しい？ Windowsにまつわる都市伝説
  http://www.atmarkit.co.jp/ait/series/1435/

- 個人ブログ：
  山市良のえぬなんとかわーるど
  https://yamanxworld.blogspot.com/

- 主な近著：
  『インサイドWindows第7版　上』（翻訳、日経BP社、2018年）
  『Windows Sysinternals徹底解説　改訂新版』（翻訳、日経BP社、2017年）
  『Windows Server 2016テクノロジ入門　完全版』（日経BP社、2016年）
  『Windows Server 2012 R2テクノロジ入門』（日経BP社、2014年）

本書は、新規書き起こしに加え、@IT（アイティメディア株式会社運営）で著者が「山市良」の筆名で連載する「山市良のうぃんどうず日記」および「その知識、ホントに正しい？ Windowsにまつわる都市伝説」の厳選記事と、著者の個人ブログ「山市良のえぬなんとかわーるど」に投稿した記事を再編集し、本書制作時点の最新情報に合わせて大幅に加筆・修正したものです。

- 本書についてのお問い合わせ方法、訂正情報、重要なお知らせについては、下記Webページをご参照ください。なお、本書の範囲を超えるご質問にはお答えできませんので、あらかじめご了承ください。

    http://ec.nikkeibp.co.jp/nsp/

- ソフトウェアの機能や操作方法に関するご質問は、ソフトウェア発売元または提供元の製品サポート窓口へお問い合わせください。

ITプロフェッショナル向け
Windowsトラブル解決コマンド＆テクニック集

2018年10月16日　初版第1刷発行

著　者	山内 和朗（山市 良）
発行者	村上 広樹
編　集	生田目 千恵
発　行	日経BP社
	東京都港区虎ノ門4-3-12　〒105-8308
発　売	日経BPマーケティング
	東京都港区虎ノ門4-3-12　〒105-8308
装　丁	コミュニケーションアーツ株式会社
DTP制作	株式会社シンクス
印刷・製本	図書印刷株式会社

本書に記載されている会社名および製品名は、各社の商標または登録商標です。なお、本文中に™、®マークは明記しておりません。
本書の例題または画面で使用している会社名、氏名ほかのデータは、すべて架空のものです。
本書の無断複写・複製（コピー等）は著作権法上の例外を除き、禁じられています。購入者以外の第三者による電子データ化および電子書籍化は、私的使用を含め一切認められておりません。

© 2018 Kazuo Yamauchi
ISBN978-4-8222-5381-3　　Printed in Japan